抗战研究丛书

GUDAO YINGXIANG

AOMEN YU
KANGRI ZHANZHENG
TUZHI

孤岛影像

澳门与抗日战争图志

林发钦　王　熹　编著

SPM 南方出版传媒

全国优秀出版社　全国百佳图书出版单位　广东教育出版社

·广州·

策　划
澳门理工学院中西文化研究所
支　持
澳门怀旧收藏学会

《抗战研究丛书》总序

澳门理工学院是澳门首家通过国际高等教育权威学术评鉴机构——英国高等教育质量保障局（QAA）国际认可评鉴的公立高等学府。学院以“普专兼擅，中西融通”为校训，秉承“教学与科研并重”的办院方针，坚持“扎根澳门，背靠祖国，面向世界，争创一流”的治校理念，创立“教学标准国际化、科研工作规范化、校园设施电子化、行政工作法治化”的治校模式，始终贯彻多学科与应用型为主的发展战略，不断优化和完善教研系统，以服务澳门经济社会发展为努力方向。学院下设的语言暨翻译高等学校、管理科学高等学校、体育暨运动高等学校、艺术高等学校和高等卫生学校等六个教学单位，是培养社会所需应用学科和行业技术实用性人才的重要基地。而因应澳门经济社会发展特点所设的博彩教学暨研究中心、理工·贝尔英语中心、成人教育及特别计划中心、“一国两制”研究中心、社会经济与公共政策研究所和中西文化研究所，则主要开展相关短期培训和专项研究工作，为澳门经济社会发展提供必要的研究和及时的服务。其中中西文化研究所是体现澳门理工学院“小而美、小而精”特色、坚持“教研并重”，专门从事澳门历史文化研究、中西文化交流史研究及相关文化推广工作的学术单位，在澳门内外具一定学术声誉和影响力。

2001年成立的中西文化研究所，虽然时间不长，但凭借澳门丰富多样的文化遗产和人文传统优势，专门开展中西历史与文化交流研究。配合学院教研需要，研究所不仅承担了学院部分通识课程的授课任务，而且将中西文化交流史、澳门历史与社会、口述历史、文化遗产及中国地方志确定为五大研究方向，并通过教学、专题研究、口述历史、史料整理、出版书刊、学术会议、专题讲座等方式，致力于澳门历史文化的整理、普及与推广工作，主动为政府部门和社会团体提供学术咨询。2015年，中西文化研究所经过调整充实，发生了两个显著变化：一方面立足澳门本土，围绕澳门历史与社会问题，发挥研究所人员的专业优势，展开深入研究，逐渐建立自身“澳门本土”的研究特色；另一方面，坚守大学使命和社会责任，将理论研究与实际应用相结合，努力为澳门发展文化创意事业、实现产业多元化和建设旅游休闲中心服务，既开阔了研究视野和领域，突出了研究所在澳门历史文化研究方面的特点和优势，强化了研究的功能与作用，又赋予研究所新的生机和活力，使路子越走越宽，前景美好，大有发展前途。

2015年是中国人民抗日战争胜利暨世界反法西斯战争胜利70周年，国家、特区政府和澳门社会各界相继举办各种隆重的纪念活动。澳门作为中国抗日战争的一个有机组成部分，虽处在“孤岛”的恶劣环境，困难重重，危机四伏，但在中华民族面临危亡的紧要关头，澳门全体同胞决然挺身而出，投入波澜壮阔的抗战救亡运动中。很多澳门优秀儿女直接参与了祖国的抗战洪流，抛头颅洒热血，献出了年轻的生命。在澳门社会，各界同胞以满腔爱国热忱，秉承人道主义精神，冲破重重限制与封锁包围，以认购抗战救国公债、捐输抗战急需物资、募捐现金、组建抗战宣讲团、创办抗战刊物、赈济战争难民等方式，开展抗战救亡的活动与宣传。澳门人为祖国抗战提供了力所能及的支持和帮助，谱写了澳门抗战救亡的壮丽篇章。

然而由于史料不足和客观条件限制，在澳门史研究中，有关澳门抗战救亡史的研究较为薄弱，甚至诸多历史真相湮没无闻，语焉不详或众说纷纭，莫衷一是，不利于对澳门历史发展的全面认识和研究，也不利于爱国爱澳的教育与宣传。为全面系统地研究、整理和出版抗战时期的澳门历史资料，保存先辈抗战的光辉事迹，弘扬澳门人爱国爱澳的光荣传统，中西文化研究所从2014年起开展“澳门与抗日战争”系列学术研究。这些研究包括史料整理、口述访谈、图像分析、专题研究、学术会议和主题展览等，特别关注学术界过往忽略的口述访谈和影像，构成相对完整的学术研究体系，注意不同形式史料的互证，全面推进澳门抗日战争的研究。

本人40年来一直从事葡萄牙语和澳门历史文化的教学与研究工作，2001年倡导创立中西文化研究所，并一度以院长身份兼任所长，深谙本所的研究优势与特色，也深知本所承担的研究工作对于澳门文化建设和社会发展的重要意义。现在喜见“澳门与抗日战争”系列学术研究陆续取得阶段性研究成果，并汇编成《抗战研究丛书》，成熟一种，出版一种。根据研究规划，本丛书以“抗战”为主题，内容以“澳门与抗战”为主，但又不限于澳门，分册包括：档案汇编、报刊资料选辑、口述历史、历史图志、专题史论等，形式多样，内容厚实。透过这些研究成果，我们可以清楚看到澳门在70多年前的中国抗战救亡运动中，绝不是置身于祖国灾难与抗争之外的世外桃源，而是始终跟祖国同呼吸、共命运，澳门人在祖国南陲边土，尽自己最大能力、一切可能地守卫着祖国，为她流血牺牲、为她奉献人力财力、为她庇护陷入绝境的难民。特殊的历

史背景，使澳门真实经历了“朱门酒肉臭，路有冻死骨”的悲壮，留下了不一样的战争记忆。澳门自身的社会赈济和支持祖国抗战的爱国活动，涌现了一个个感人的澳门抗战故事，谱写了中国人不一样的抗战历史，在中国抗战史中具有独特的地方特色和历史意义。

值中国人民抗日战争胜利暨世界反法西斯战争胜利70周年，谨以本丛书纪念在抗日战争中惨烈牺牲的千千万万抗战英烈和无辜平民，中华民族将铭记那段山河破碎、艰苦卓绝的抗战历史，面向未来，追求永远的和平。

是为序。

李向玉

2015年7月28日于澳门理工学院汇智楼

（李向玉先生是澳门理工学院院长）

目录

概述

1937年“七七”卢沟桥事变后，日本帝国主义发动了全面侵华战争，位于南国海隅的澳门，以奉行“中立”而成为东南亚以及华南地区唯一未受战火蹂躏的城市。随着日本不断扩大侵略范围，中华民族面临着更加严峻的生存危机，澳门同胞虽然生活在中立的安全地带，免遭战火的侵袭，但是在1938年至1941年12月，华南广大地区、香港及邻近地区相继陷落之后，遭受战乱而逃至澳门的难民接踵不断，在国内外华人侨胞掀起的抗战救国热潮的感召下，澳门同胞的民族自觉意识大为提高，自愿组织起来援助中国内地抗战，成为当时澳门同胞的共同心愿。然而由于澳门政府执行中立政策，其目的是想在交战国以及周边多种政治力量之间寻求平衡和生存空间，所以澳门政府面对日益高涨的抗战救亡运动，以及澳门同胞强烈的民族救亡热情，一方面制定各种法律法规加以限制，甚至刁难压制，以讨好日军；另一方面，又对人道主义方式的救助活动采取容忍的态度，而这种特殊的政治生态，给澳门社团及民间组织以超人的政治智慧和灵活多样的方式开展社会救亡运动，提供了空间和活动舞台，小小澳门很快在残酷复杂多变的政治格局中，充当了中国抗战救亡的重要角色，并为抗战的最终胜利发挥了特殊而积极的作用。

首先，澳门同胞积极投身抗战救亡的历史潮流中，以募捐义卖筹款献金等人道主义方式援助祖国内地的抗战救亡运动。澳门各界救灾会以及原有的华人代表性社团或慈

善组织，如中华总商会、镜湖医院慈善会、同善堂等充当了倡议与组织实施的角色，同时还成立了各种救亡组织。社会各界广泛参与、积极行动，采取献金运动、捐献运动、工友捐薪运动、学生“一仙运动”、各种游艺会、体育比赛、义演、义卖、义展、义舞、人力车义拉、擦皮鞋者义擦等方式筹款，从1937年到1940年3年多的时间里，开展大小各种形式的募捐活动100多次，募集大量财物以捐输支持内地抗战救亡运动。如各界救灾会组织“七七卖花队”筹款；中华妇女慰劳会澳门分会出售“胜利灯”“复兴灯”和“统一灯”筹款，并为前方抗战将士购买棉衣。1937年11月中央侨务委员会特致函澳门各界救灾会予以表彰嘉许，称赞他们“同仇敌忾，踊跃捐输，致足嘉佩”。国民政府主席林森亲自题匾对澳门同胞援助抗战救亡的热情和慷慨捐输的爱国情怀予以表彰，并特派国府参议蒋国光亲自将匾额送交中华总商会保存。除捐输筹款外，澳门各救亡赈难团体还动员澳门各界踊跃购买各种救国公债。1937年7月抗战开始后，国民政府为募集军费特发行5亿元救国公债，分配到各省市推销。澳门购买第一期公债33万多元，第二期购买了14万元，并于当年10月专门成立救国公债劝募委员会澳门分会，号召澳门同胞“购债救国，抗战到底”，其公函信封上印有：“救国自救，胜利属己。购债愈多，国防愈伟。同心制敌，何敌不靡。劝君购债，一洗前耻。爱国者，必须购买救国公债！要抗战胜利者，必须购买国债！”澳门各界群起响应，积极购买国债。如中央舞场的舞女“义舞”筹款，将当晚收入全部用于购买国民政府发行的“救国公债”。不仅如此，澳门各界还根据国内前方将士的急需，组织实物募集。如1938年2月，以广西为根据地的国民革命军第五路司令长官李宗仁，致电香港请求捐助军需物资，后香港广西银行将李的电文转致澳门总商会主席徐伟卿。澳门各界纷纷响应，妇女慰劳会率先捐送1500件棉衣及药物千余磅，其他人则捐献雨衣、胶鞋和现金，以支援前方抗战。4月，应广东国防公债总会的要求，澳门正式成立分会，其主旨是筹款购买飞机，保卫大广东，为扩大筹款范围，并在广东各地成立了16个分会。澳门的抗战救亡活动因此获得国民政府的肯定，4月底，国民政府军事委员会主席蒋中正致电澳门中华总商会转救国公债劝募委员会澳门分会及澳门各界救灾会，对澳门民间团体对抗战的援助予以感谢和勉励。

其次，澳门是中国华南地区宣传抗战救亡的重要舞台和窗口。中共澳门地下党、国民政府港澳支部、四界[①]救灾会、中华教育会等团体，其成员以青年为主体，其领导人来自文化教育界，或是具有丰富的宣传实践与鼓动才能的有识之士，且在青年学生中颇具影响力与号召力。他们团结联合在一起，以学校和各种民间社团为依托，成为澳门抗战救亡的先锋和主力。1937年8月，以廖锦涛、陈少陵等为首组织了“旅澳中国青年乡村服务团”（简称“旅澳服务团”）。8月12日，澳门四界救灾会成立，其成员基本上包括了澳门新闻界、教育、美术等各方面的青年爱国人士，具有广泛的社会群众基础，一时间成为全澳最为活跃的救亡宣传团体。抗战救亡期间，澳门的中小学校也是抗日宣传的摇篮和重要基地，如1932年旅日青年鲍雁波（鲍华）、黄新英先后被日方递解出境，回澳联同鲍梦光、杨振声、杨雪溪创办濠江小学，黄仁辅为首任校长，以培育爱国人才为宗旨，同时成为抗战活动的基地，该校教师思想进步，是旗帜鲜明的爱国学校。为宣传抗战，鲍雁波组织绿光剧社、歌咏团，除在澳门公演外，假日组织师生下乡，以唤醒国人认识局势，宣传抗战救亡的道理。1937年暑假，培正中学学生自治会组织“暴风剧社暑期流动宣传团”和“培正中学暑期流动演出宣传队”，冒着生命危险分别到广东的乡村演出和宣传抗战救亡的道理。1938年11月避难到澳门的廖平子，担任汉文小学教习，同时创办手书杂志《淹留》，以诗、画抒发爱国情怀，声讨日军罪行，歌颂抗日英雄，激发澳门同胞团结一致，奋起救国图存。蔡元培称廖氏为“南国一诗人”，赞《淹留》为“抗战史诗”。抗战避难到澳门的岭南画派创始人之一高剑父创作的《扑火灯蛾》《白来送死图》《难童》《白骨犹深国难悲》等以抗战救亡为题材的作品，渗透着画家对国家危亡、民众困苦的深深悲哀，其意在唤起世人的民族救亡激情，这些画作在澳门展出后对抗战救亡宣传产生了积极作用。其弟子关山月在澳门避难期间创作的《三灶岛之所

① “四界”指“学界、音乐界、体育界、戏曲界”，以下同，不另注。

见》《渔民之劫》《从城市撤退》《游击队之家》《中山难民》《流血逃亡记》与《三个侵略者》等众多以抗战为题材的“新国画”，不仅真实地描绘了劳苦大众在日军铁蹄践踏下的非人生活，有力地控诉了日军的野蛮行径，而且在澳门和香港等地展出后，产生了极大反响，激起了港澳同胞的抗战热忱。

再次，澳门同胞积极声援全国和直接参与广东地区的抗战救亡运动，涌现出了许多抗战英烈。在澳门本土声援抗战的活动是以救亡赈难的形式展开的，同时又有许多澳门同胞的直接回国参战，投身抗日救国的潮流中，如身怀大刀绝技的澳门柿山结义堂开山祖师李福伍，任国民革命军第十九路军大刀队教头，在上海前线杀敌，名震四方。人民音乐家冼星海，抗战期间创作了《救国军歌》《保卫卢沟桥》《黄河大合唱》《延安与八路军》等作品，用音乐为抗战呐喊。飞机机械师吴势任中央航空委员会运输大队机械长。澳门青年学生蔡志昌、林耀直接驾驶飞机与日军激战，血洒长空。澳门青年李寿南、柳志彬、何少初、“驼峰天使”黄欢笑等人在云南抗战前线，或为航空地勤，或穿梭于滇缅公路战时运输，或为机场服务，或为美军飞虎队护士，都为抗战救亡做出贡献。而很多澳门青年或学校教师及学生直接投入广东的抗战救亡宣传和战斗，如澳门四界救灾会组织的“回国服务团”，分批到内地参加战地服务或投入战斗，不少人英勇献身，如廖锦涛、杨维学、梁捷、侯杰光、郑诚之、陈衡葆和陈寿彭父子等。濠江中学总务主任欧梦觉、体育老师郑少康，纪念中学的李成俊（即李嘉）等一大批师生前往五桂山、凤凰山游击区抗战救亡第一线。镜湖护校师生在校长柯麟的影响、教育和组织下，成立澳门中国青年救护团，柯麟校长亲自为学生讲授战地救伤知识，以便爱国青年奔赴战区服务，同时还秘密为游击区输送医护人员。而参加澳门抗战救亡运动的师生甚为众多，四界救灾会十一名理事中，教育界有李哲夫（即李桂森）、张铁柔（即张钊、张阳）和张志成三位。除了顾问梁彦明之外，陈公善、陆望明、龙帆荪、周筱真都参与了组织工作。中葡官校教师崔瑞琛也是抗战的中坚分子。

最后，澳门是抗战救亡期间的战争避难所，也是广东当局学校的疏散地之一，更是连接广州、香港与抗战根据地及内地的中转枢纽。抗战爆发后，葡萄牙当局为保护其在澳门的利益宣布中立，因此澳门与香港一样成为华南地区重要的战争避难所。1938年10月广州沦陷、1941年12月香港被日军占领后，澳门成为华南唯一“孤岛”。1942年澳门总督戴思乐通过电台公开宣布凡欲避难澳门者，都将受到保护。他说，“按照1938年9月17日第579号立法例之引端已明确表示，凡为政府与人民之职责必须以公益为依归，故凡因战事影响避乱来澳而托庇于葡国国旗之下者，莫不竭力以保护之”。难民如潮水般涌入澳门，他们之中既有从上海来澳门避难的，也有香港的葡侨和英美籍难民，又有华南各地的难民教友以及中山、四邑等地的难民。到1939年，澳门的人口由战前的15万人增至24万多人，到1941年底增至45万多人。为救济众多难民，1938年澳门政府成立中葡官民合组的救济难民兼管理粮食委员会，将战前由民间社团内部救济与政府个别救济并行的救济制度，发展为与民间救亡赈难社团分工合作的救济模式，如青洲难民营最初由政府和同善堂合办，后来在政府的建议下改由澳侨赈饥会接办。由于经费困难，该收容所又转交政府办理。澳门政府还先后在路环、台山建立两家难民收容所，都是采取与社团合作的方式管理。政府通过开征慈善税增加救济收入，通过政府专事慈善救济的机构——慈善委员会与物品统制会向民间社团拨付救济款项，由民间社团与慈善团体具体组织施救。如同善堂施派难童餐、镜湖医院的难童收容与留医、澳门中华妇女慰问会经办的新口岸贫民粥场与望厦粥场、天主教救济会在东区长亭与西区妈阁设立的两个贫民饭场、难民回乡运动等均得到政府的拨款或资助。救助难民的“以工代赈”也是通过民间工商慈善团体组织实施的。由于广东当局将澳门作为学校的疏散地之一，故从1937年开始，陆续有总理故乡纪念中学、岭南中学、执信中学、中德中学、培英中学、协和女子中学、洁芳女子中学、培正中学等学校迁至澳门办学，到1939年澳门共有中学和中专学校36所、学生3万多人，小学140所、学生约4万人。此外，在抗战期间澳门被称为“革命者的走廊”，内地的一些游击队伤病员经

常被送到镜湖医院秘密救治。东江纵队司令员曾生、博古的妻子刘群仙曾在镜湖医院治病。1941年12月，太平洋战争爆发后，中国共产党利用澳门作为中转站，营救了一批从香港撤出的政界、文化界和爱国民主人士。1942年1月10日，夏衍、司徒慧敏、金山、蔡楚生、王莹、郁风、金仲华、张云乔及谢和赓等21位文化名人在八路军驻香港办事处负责人廖承志、潘汉年等的帮助下，乘渔船抵达澳门，成功脱离香港沦陷区，经镜湖医院柯麟医生接应、掩护返回内地。同一时期从香港抢救出来的重要政界、文化界人士及民主人士300多人，其中包括何香凝、柳亚子、茅盾、邹韬奋、胡绳、范长江、梁漱溟、乔冠华、千家驹等人，此外还包括国民党官员吴铁城和国民党第七战区司令余汉谋夫人上官德贤、著名电影明星胡蝶等。

2015年是中国人民抗日战争胜利70周年，回顾历史，展望未来，为了纪念这个特殊的日子，给海内外研究者提供更为丰富和形象的影像与实物资料，让当代澳门人和世人了解、认识这段特殊的历史过程，澳门理工学院中西文化研究所与澳门怀旧收藏学会的同仁合作，并以他们收藏的文物、图照等影像资料为主，兼及出版的澳门与这段历史有关的图录、画册，以及澳门镜湖医院、同善堂、中华教育会等珍藏的历史图片资料，编著了这本图志。此图志的出版标志着澳门抗战救亡历史各种实物、影像资料以及物品的征集、研究才刚刚开始，并非完结，后续工作将深入展开。图志当中所收录和展示的几百件（套）实物与影像资料，虽然不是价值连城的稀世珍品，但每一件实物、影像资料背后都有一个感人的澳门抗战救亡时期的历史故事，为我们审视那个特殊年代澳门人的爱国情怀、精神风貌以及社会变迁等，提供更加直观、形象和富有具体内涵的本土历史信息。

澳门理工学院中西文化研究所，将以此为开端和契机，继续系统地发掘和整理有关澳门抗战救亡方面的各种历史文化与实物、影像资料，并希望更多的本土历史爱好者参与进来，主动探讨澳门的乡土故事，提供或分享有关文献、影像与实物资料，共同为复原和构筑抗战救亡时期澳门的真实形象、丰富小城深厚的历史文化内涵做出自己应有的贡献。

一

澳门抗战大事志

中华民国全图（1923年6月绘制第2版）（罗景新先生藏品）

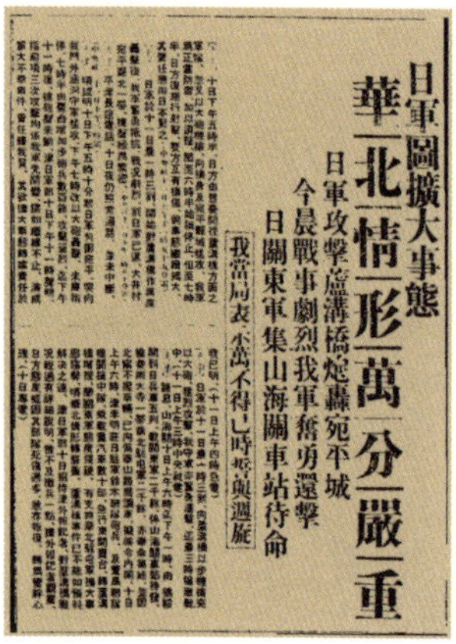
日軍圖擴大事態
華北情形萬分嚴重
日軍攻擊蘆溝橋炮轟宛平城
今晨戰事劇烈我軍奮勇還擊
日關東軍集山海關車站待命
我當局表示萬不得已時將與週旋

1937年7月11日《申报》

1937年

1．1937年7月7日，日军发动全面侵华战争，制造了震惊中外的“卢沟桥事变”，标志着第二次世界大战在亚洲地区的开始。1939年9月，德国入侵波兰，英国对德宣战，葡萄牙政府宣布保持中立。

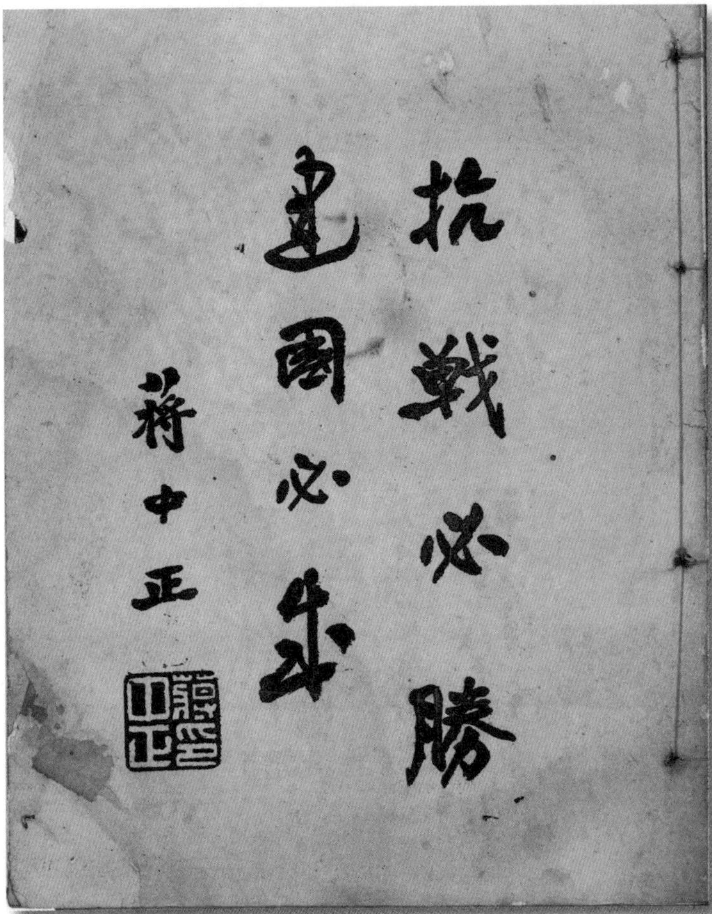

《全面抗战特辑》第三集（1940年1月）（姚鸿光先生藏品）

2．7月，为募集抗战经费，国民政府特发行救国公债5亿元，澳门购买第一期公债33万余元、第二期公债14万元。

救国公债五十元正面（1937年9月）（尹德卫先生藏品）

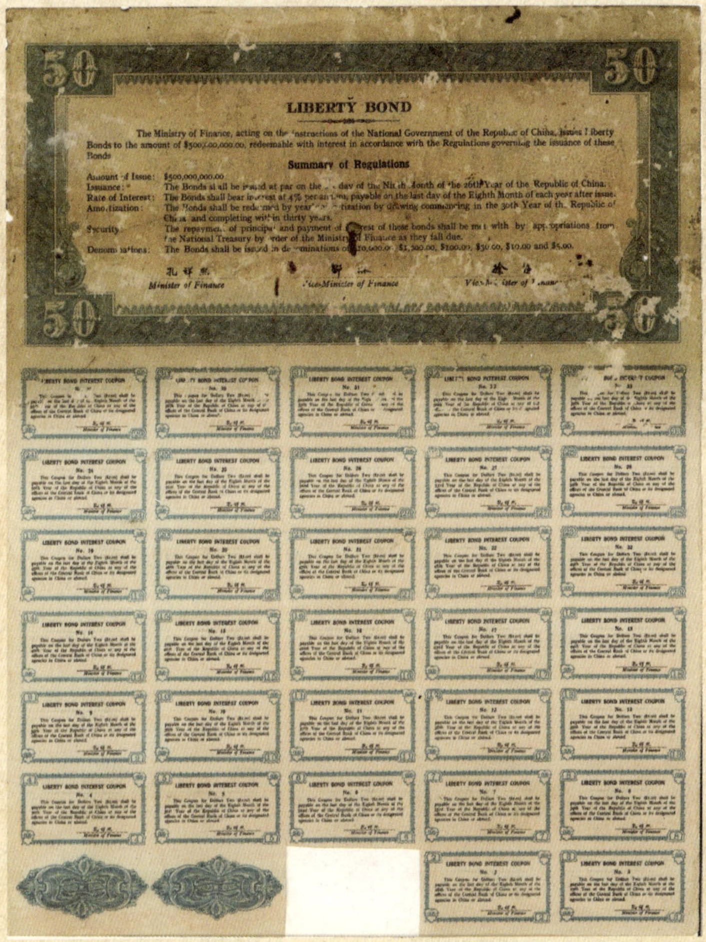

敉国公债五十元背面（1937年9月）（尹德卫先生藏品）

3．8月13日，澳门各界救灾会主办“八·一三献金运动”。

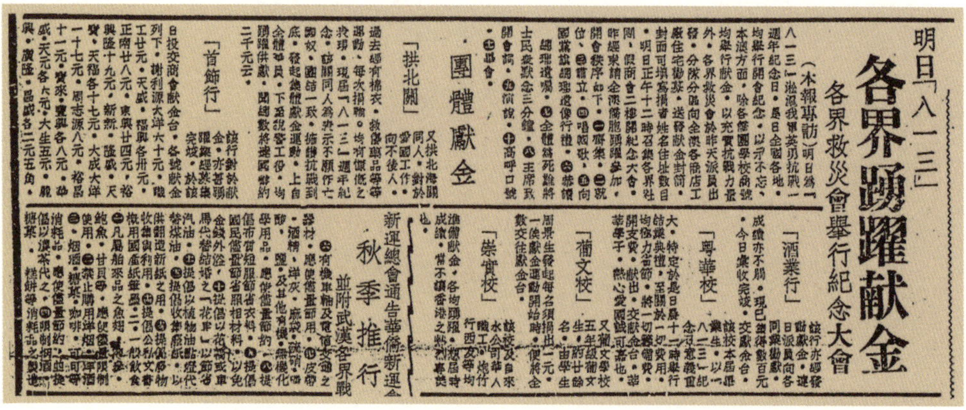
明日「八一三」

各界踴躍獻金

各界救災會舉行紀念大會

（本報專訪）明日為「八一三」淞滬我軍英勇抗戰一週年紀念日，是日全國各地，均舉行開會紀念，以示不忘，本澳方面，除各僑團學校商號均舉行獻金，以充實抗戰力量外，各界救災會於昨天派員出發，分隊分區向全澳各商店工廠住宅勸募，送發獻金封筒，封面可填寫捐者姓名住址數目，明日正午十二時召集各界社團，假商會二樓開紀念大會，昨經柬請全澳僑胞踴躍參加，開會秩序如下：㈠就位、㈡肅立、㈢唱國歌、㈣向國黨旗總理遺像行禮、㈤恭讀總理遺囑、㈥全體為死難將士民衆默念三分鐘、㈦主席致開會詞、㈧演說、㈨高呼口號、㈩散會。

團體獻金

「拱北關」

「首飾行」

「酒業行」

「粵華校」

「蒲文校」

「崇實校」

新運總會通告華僑新運會

秋季推行

並附武漢各界戰

1937年8月12日《华侨报》

4．9月中旬，日本船舰在澳门附近海面从事海底测量，澳门当局认为日本企图在澳门附近登陆，进犯广东。10月，日本航空母舰及巡洋舰停泊澳门附近的荷包湾，甚至日本军机经常飞越澳门领空进入广东。11月下旬，日本海军在澳门附近对中国海岸进行封锁，企图占领澳门周围岛屿。

日本海军图照正面（岑伟伦先生藏品）

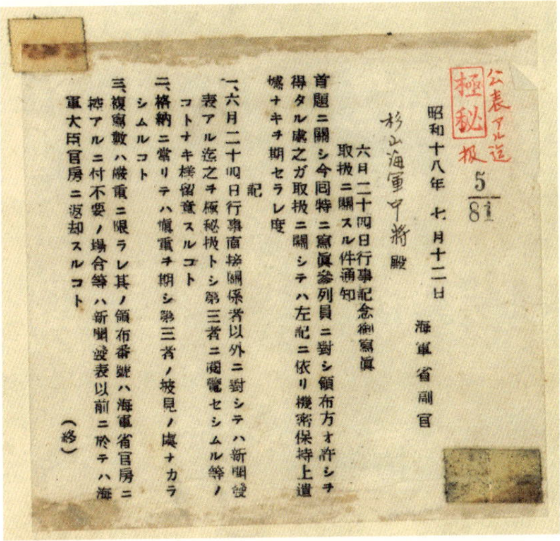
公表アル迄
極秘
扱
5/81

昭和十八年七月十二日 海軍省副官

杉山海軍中将殿

六月二十四日行事記念御寫眞取扱ニ關スル件通知

首題ニ關シ今回特ニ寫眞参列員ニ對シ頒布方ヲ許シヲ得タル處之ガ取扱ニ關シテハ左記ニ依リ機密保持上遺憾ナキヲ期セラレ度

記

一、六月二十四日行事直接關係者以外ニ對シテハ新聞發表アル迄之ヲ極秘扱トシ第三者ニ漏洩セシムル等ノコトナキ様留意スルコト

二、格納ニ當リテハ慎重ヲ期シ第三者ノ披見ノ虞ナカラシムルコト

三、複寫數ハ嚴重ニ限ラレ其ノ頒布番號ハ海軍省官房ニ控アルニ付不要ノ場合等ハ新聞發表以前ニ於テハ海軍大臣官房ニ返却スルコト

（終）

日本海军图照背面（岑伟伦先生藏品）

5．10月1日，救国公债劝募委员会澳门分会成立后，聘请董庆堂为分会劝募队队长。澳门工商巨子毕侣俭被选为劝募委员会主任，并签署委任状。

6．10月，广东省省长吴铁城派遣省府委员陈耀祖（后为伪广东省主席）访问澳门，递交吴铁城致澳门总督巴波沙的私人信件。陈表示广东政府愿意在某些商业领域给予澳门协助，因日本封锁部分广州水路，省政府期望将原来运往香港的货物由西江港口转运澳门，澳督欣然表示同意。

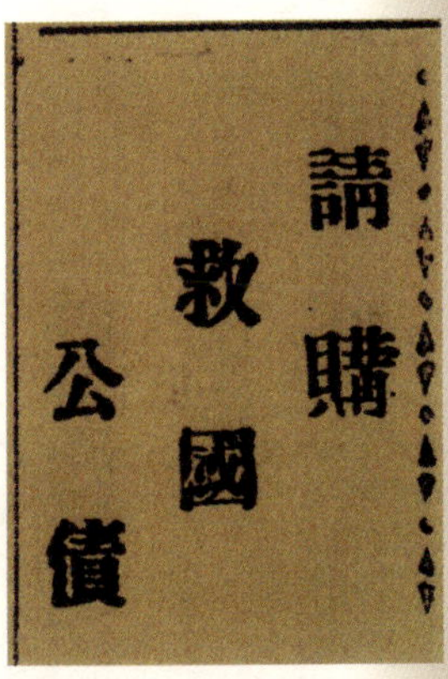

1938年2月《民生日报》的广告“请购救国公债”

吴铁城

巴波沙

7．11月17日，香港《华侨日报》委派编辑赵斑斓、雷渭灵到澳门创立中文报纸《华侨报》，以“立足澳门，客观报道，服务社会”为宗旨，采用电讯报机收录中央社电讯、国际及国内新闻的报道，以刊载战事信息及时而准确闻名，销量达3000份，是澳门影响力最大的日报。

8．是年，广东省不少著名的大学和中学迁至澳门，大学有岭南大学广州西关岭南分校、广州大学，中学主要有总理故乡纪念中学、岭南中学、执信中学、中德中学、培英中学、协和女子中学、洁芳女子中学、思思中学、教忠中学、广州大学附中、越山中学、培正中学、广中中学、知用中学、中山联合中学、南海联合中学、省临中学等，这些学校与澳门本地的官私和教会学校加起来，到1939年，澳门共有中学和中专学校36所、学生3万余人，小学140所，学生约4万人，使澳门变成名副其实的“学城”。

（1）抗战期间澳门各校招生广告书影

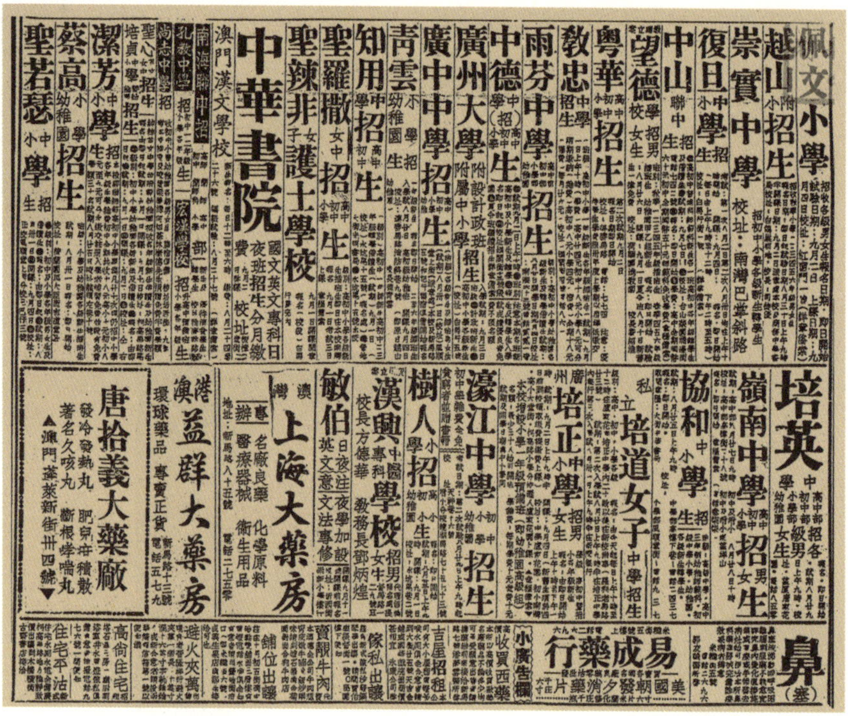
佩文小學
越山小學附招生
崇實中學
校址：南灣巴掌斜路
復旦中學小學招生
中山聯中招生
望德學校招男女生
粵華中學招生
教忠中學招生
雨芬中學招生
中德中學（招）生
廣州大學附設計政班附屬中小學招生
廣中中學招生
青雲小學幼稚園招生
知用中學招生
聖羅撒女中招生
聖辣非女子護士學校
中華書院
國文英文專科日夜班招生
澳門漢文學校
聖若瑟中小學招生
蔡高中學小學幼稚園招生
潔芳中學招生
培英中學
嶺南中學招男女生
協和中小學招生
私立培道女子中學招生
廣州培正中學小學招生
濠江中學小學幼稚園招生
樹人小學招生
漢興中國學校招男女生
敏伯日夜英文注意文法專修
上海大藥房
港澳益群大藥房
唐拾義大藥廠
易成藥行
小廣告欄
鼻（塞）

1942年8月26日《华侨报》

（2）学生证

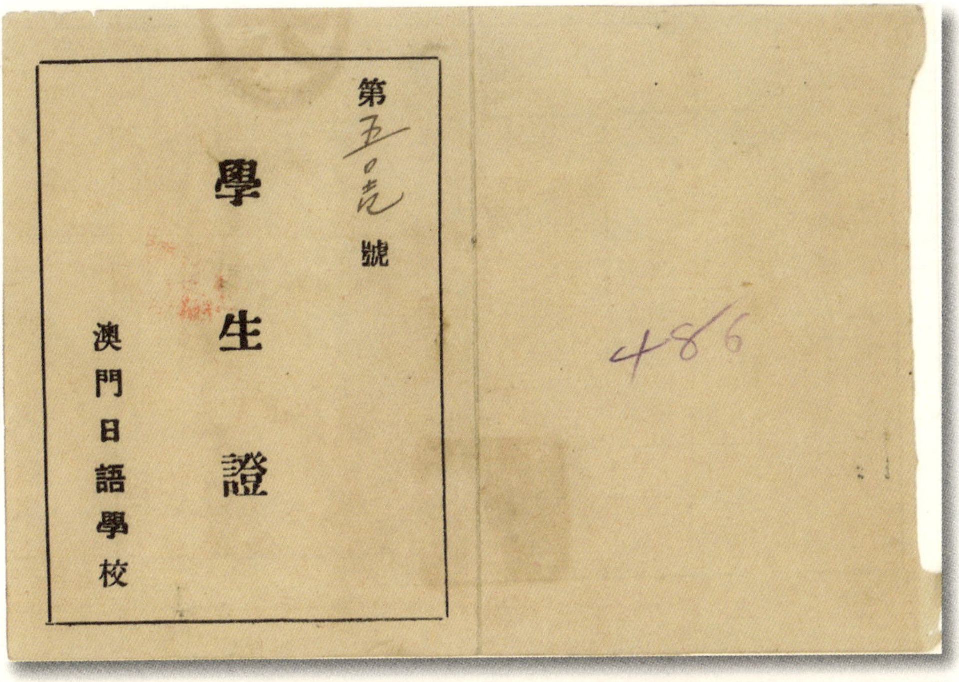

第五〇壱號

學生證

澳門日語學校

486

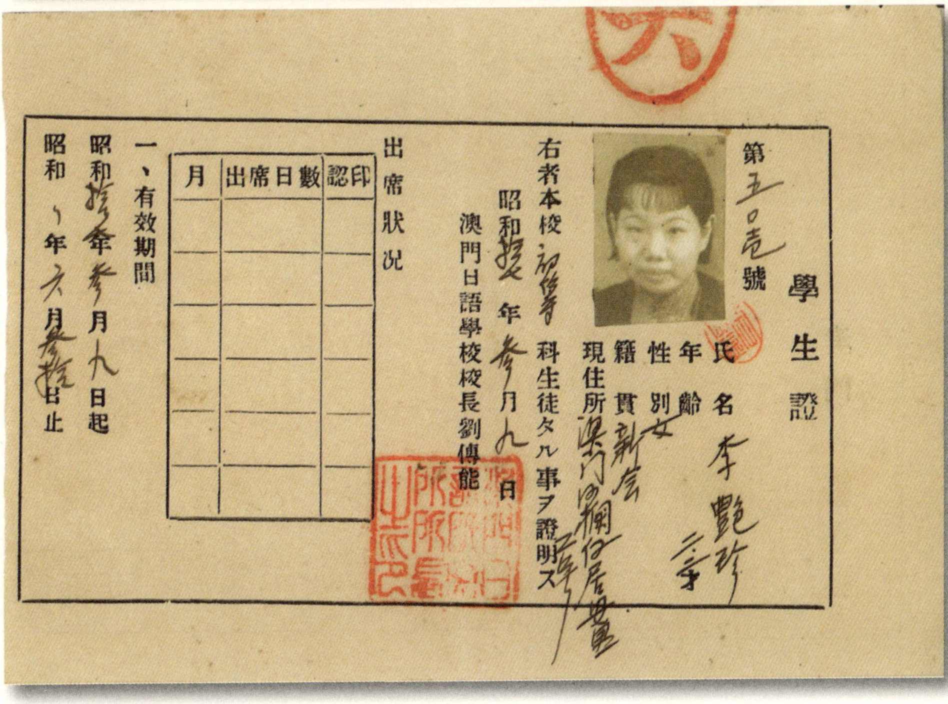

學生證

第五〇壱號

氏名 李艷珍

年齡 二十

性別 女

籍貫 新会

現住所 澳門[illegible]

右者本校初等科生徒タル事ヲ證明ス

昭和拾八年参月九日

澳門日語學校校長劉傳能

出席狀況

月	出席日數	認印

一、有效期間

昭和拾八年参月九日起

昭和〃年六月参拾日止

（尹德卫先生藏品）

（3）学籍证明

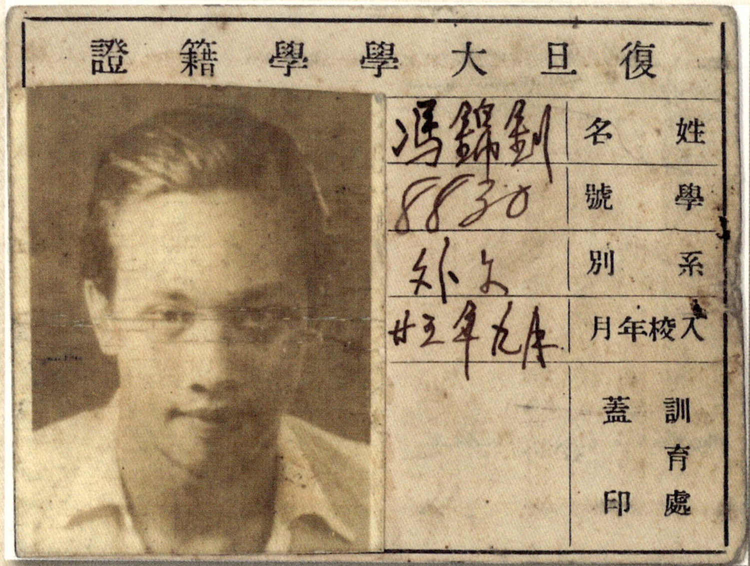

復旦大學學籍證

姓名	馮錦釗
學號	8830
系別	外文
入校年月	廿五年九月
訓育處蓋印	

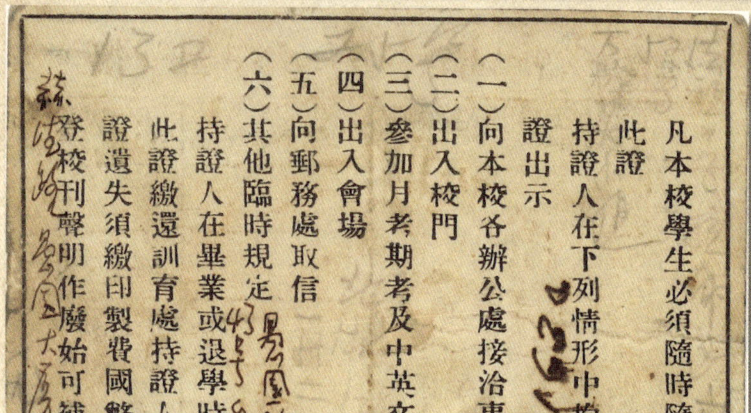

凡本校學生必須隨時隨地攜帶此證

持證人在下列情形中均須以此證出示

（一）向本校各辦公處接洽事項

（二）出入校門

（三）參加月考期考及中英文作文

（四）出入會場

（五）向郵務處取信

（六）其他臨時規定

持證人在畢業或退學時必須將此證繳還訓育處持證人如將此證遺失須繳印製費國幣半圓並登校刊聲明作廢始可補發

（姚鸿光先生藏品）

（4）毕业证书

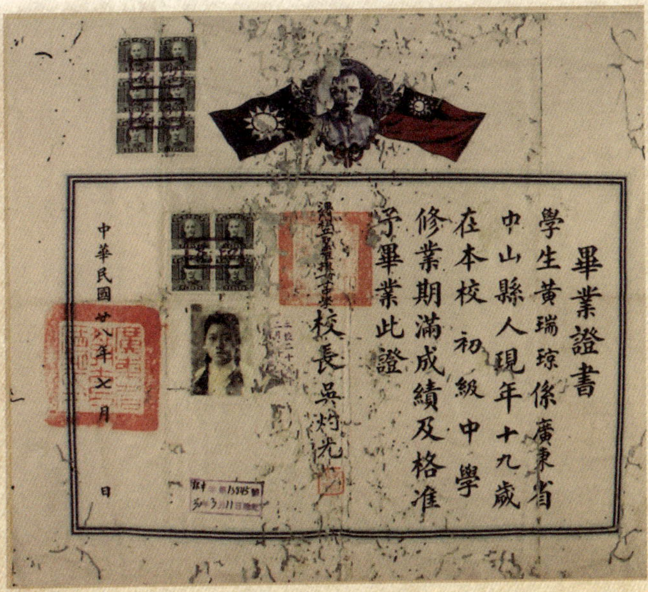

畢業證書

學生黃瑞琼係廣東省
中山縣人現年十九歲
在本校初級中學
修業期滿成績及格准
予畢業此證

校長吳灼光

中華民國廿八年七月 日

1939年7月，澳门私立圣罗撒女子中学毕业证书

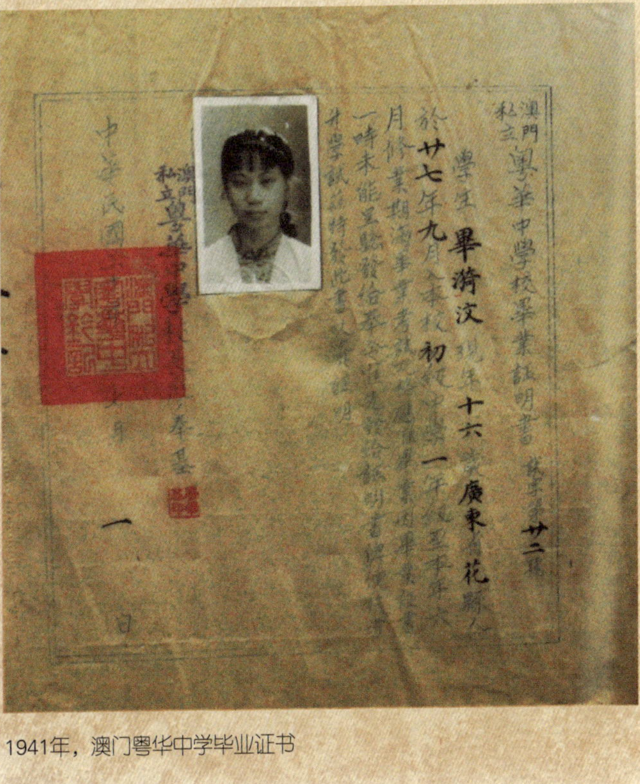

澳門私立粵華中學校畢業證明書

學生畢漪汶現年十六歲廣東省花縣人

於廿七年九月入本校初級中學一年級

中華民國

澳門私立粵華中學

一

日

1941年，澳门粤华中学毕业证书

（5）学生成绩单

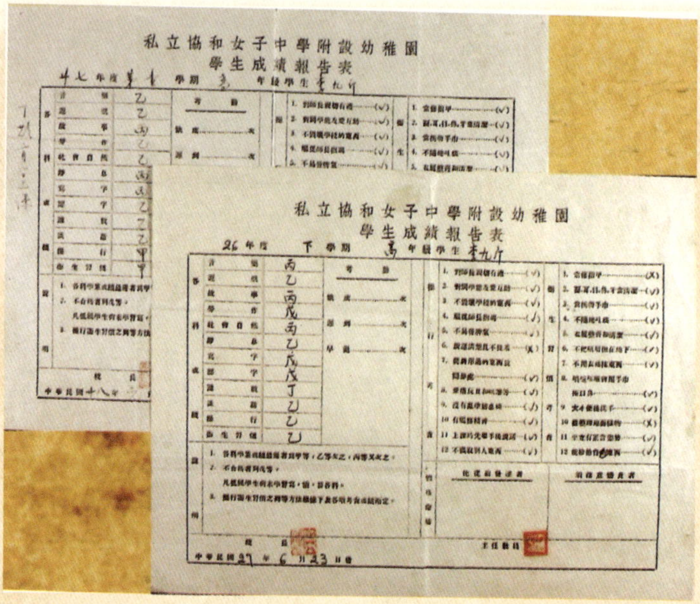
私立協和女子中學附設幼稚園
學生成績報告表

1938年，私立协和女子中学附设幼儿园学生成绩报告书

（6）学生奖状

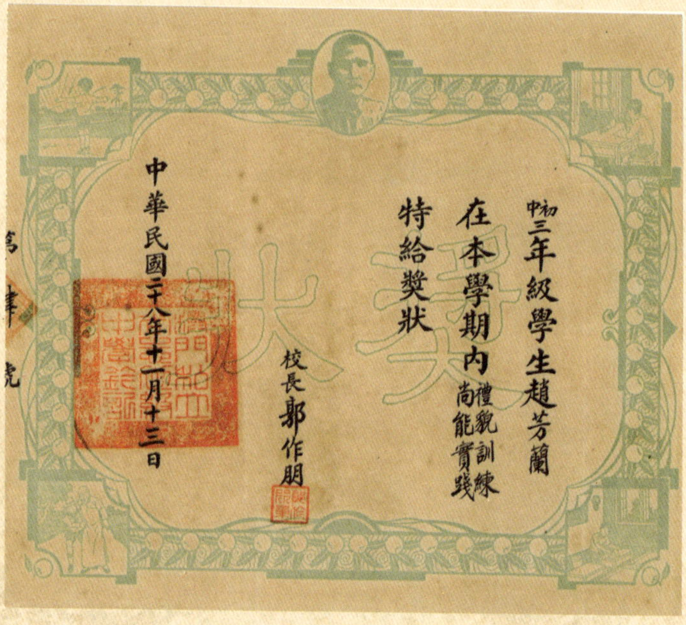
初中三年級學生趙芳蘭
在本學期內
禮貌訓練尚能實踐
特給獎狀
校長郭作朋
中華民國二十八年十一月十三日

1939年11月13日，赵芳兰奖状（岑伟伦先生藏品）

9. 是年，同善堂义学开办初小四年级课程，并与崇实中学达成协议，凡同善堂义学生转升中学的，均只收一半学费，称为义务生，每日放学需打扫课室。由本年始同善堂义学招收女生60名，男生增至100名，男生课室设于同善堂后座三楼，女生课室设在前座三楼，并聘请女教师教授女生。

同善堂总部大楼

10．是年，澳门爆发严重霍乱，注射预防针的人死亡率达59.1%；未注射预防针的死亡率为60.5%。

（1）种痘证明

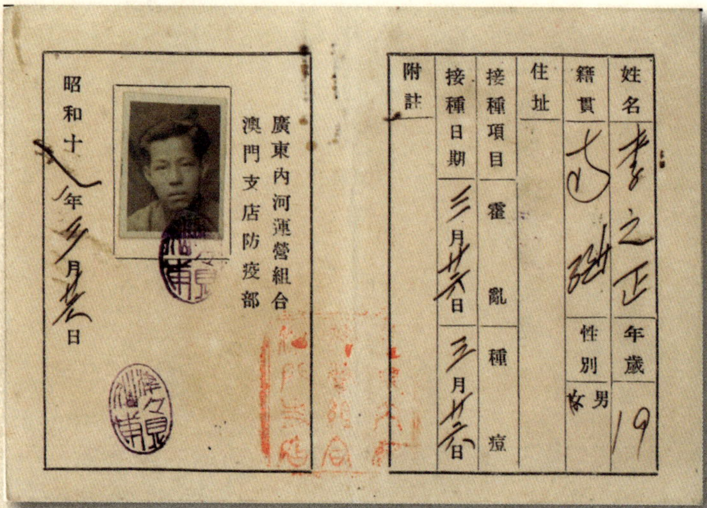
廣東內河運營組合
澳門支店防疫部

昭和十八年三月廿六日

姓名	籍貫	住址	接種項目	接種日期	附註
李之正			霍亂	三月廿六日	
年歲 19	性別 男		種痘	三月廿六日	

（罗景新先生藏品）

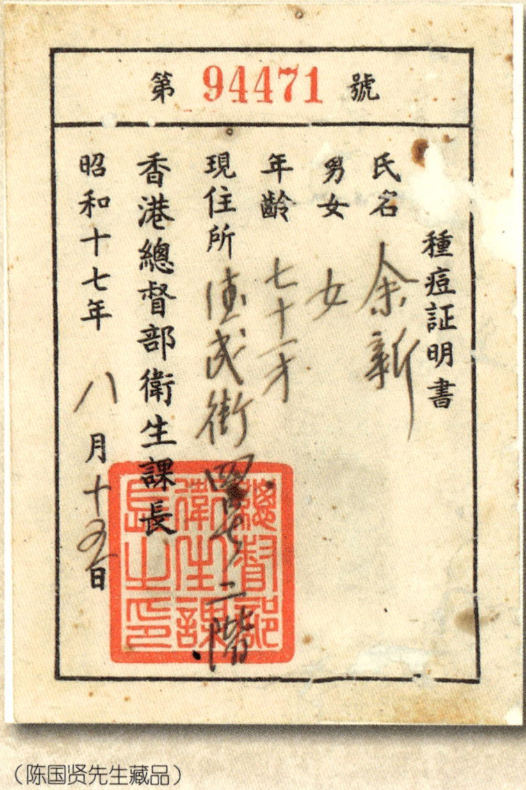
第 94471 號

種痘証明書

氏名 余新

男女 女

年齡 七十才

現住所

香港總督部衛生課長

昭和十七年八月

（陈国贤先生藏品）

（2）预防接种证明

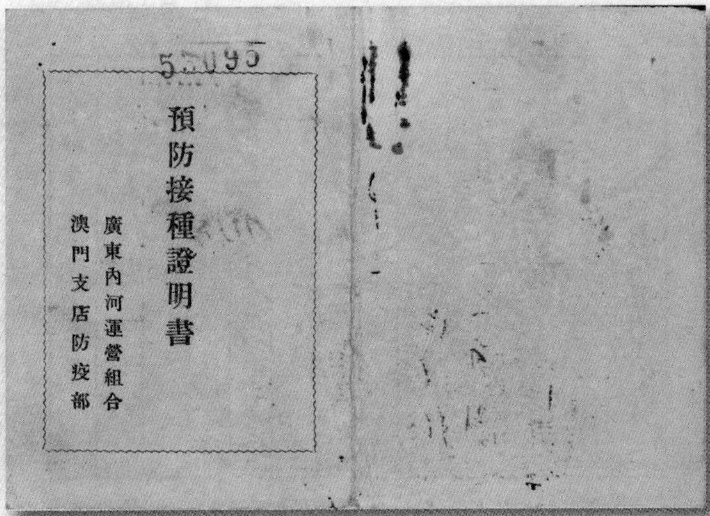
預防接種證明書

廣東內河運營組合
澳門支店防疫部

（罗景新先生藏品）

Fotografia

SERVIÇOS DE SAÚDE DE MACAU

Certifico que ……

…… foi vacinado contra a cólera, ……

Macau, …… de …… de 19……

O Médico,

（罗景新先生藏品）

SERVIÇOS DE SAUDE DE MACAU

Certificado de Vacina

Anticolerica

Anti—T. A. B.

Anti—Variola

Macau …… de …… 1941

O Medico

Nome ……

Nº 08054

（罗景新先生藏品）

（3）霍乱检验证明书

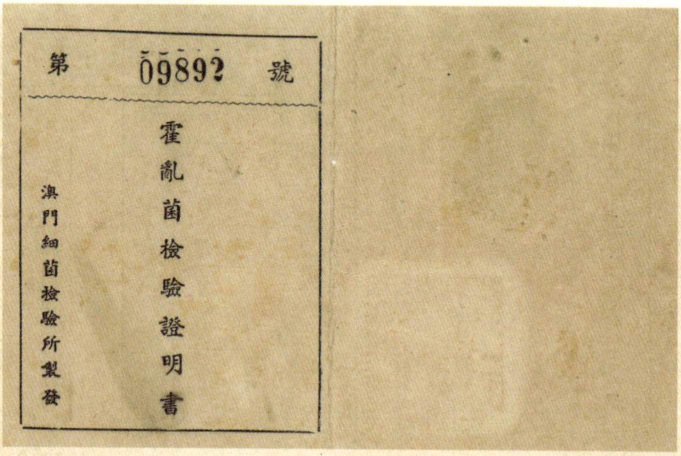
第 09892 號
霍亂菌檢驗證明書
澳門細菌檢驗所製發

（尹德卫先生藏品）

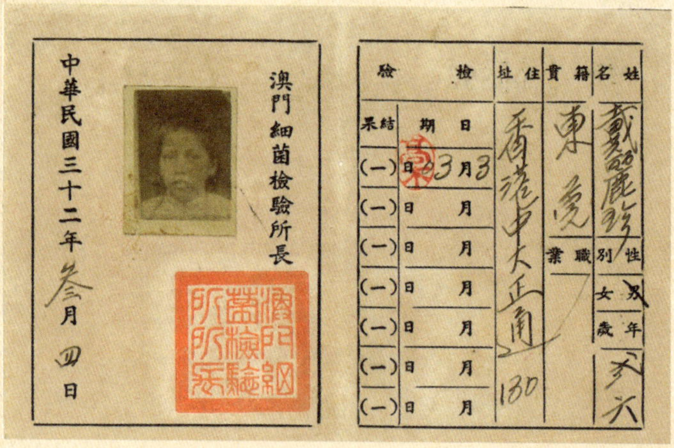
中華民國三十二年叁月四日
澳門細菌檢驗所長
澳門細菌檢驗所所長
姓名 戴鹿珍
籍貫 東莞
住址 香港中大正街 180
性別 女
年歲 廿六
職業
檢驗日期 結果
(一) 日 3 月 3
(一) 日 月
(一) 日 月
(一) 日 月
(一) 日 月
(一) 日 月
(一) 日 月

（尹德卫先生藏品）

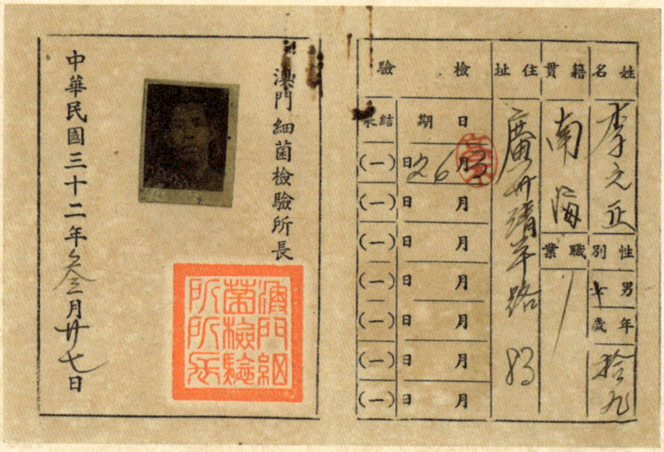
中華民國三十二年叁月廿七日
澳門細菌檢驗所長
澳門細菌檢驗所所長
姓名 李之正
籍貫 南海
住址 廣州靖華路 83
性別 男
年歲 拾九
職業 /
檢驗日期 結果
(一) 日 26 月
(一) 日 月
(一) 日 月
(一) 日 月
(一) 日 月
(一) 日 月
(一) 日 月

（罗景新先生藏品）

1938年

1. 3月，私立达用国语讲习所在澳门成立，来自北平的关玉书假望德女中开办“达用国语讲习所”，从注音符号入门，一月速成。1938年至1941年初，毕业生有17届。在何仲恭、王菊如、黄耀枢等人推动下，各校普遍开设国语课。

2. 10月22日，日军攻陷广州，内地难民成批向澳门涌来，一天之内有两万人齐集拱北关口，准备进入澳门避难。

抗战期间澳门的难民（罗景新先生藏品）

抗战期间澳门的难民（罗景新先生藏品）

3. 11月15日，由于广州及华南各地相继沦陷，大批教友纷纷来澳避难，中华圣公会华南教区副会督莫寿增到澳门造访陈伯仲，提议筹设澳门圣公会礼拜堂，并征得英国驻澳领事瑞特（Rite）同意，将荷兰东印度公司广场的小礼堂作为临时礼拜堂，是为澳门中华圣公会马礼逊堂。

马礼逊

澳门中华圣公会马礼逊堂

4. 12月29日，日本在广州建立的临时政府派遣空军少校阿鲁布米（Arubumi）代表日本占领军总司令安藤利吉拜访澳督巴波沙，由此澳门政府与日本开始接触。是日，澳门警察厅长葛古诺上尉乘“澳门”号炮舰到广州回访日本占领军总司令安藤利吉，31日返回澳门。

5. 12月，澳门政府宣布从本年始向所有商号征收防务税，主要用于1000余名澳门驻军日常开支、增添军事设备和政府的日常开支，每年12月为征收期。

1939年

1．2月，私立澳门中德中学校内设立难民公学校，胡肇椿任校长，专收失学难童，至6月26日，收容小学六个年级共130名难童。中央赈济委员会自7月起，每月拨付国币400元，以半年为期。9月，因江门、新会、中山战事激烈，难童到澳日众，国民政府侨务委员会广东侨务处命令中德中学属校扩收难童，10月至11月间，收容难童达300人。

部分难童在镜湖医院留医所大堂

1941年，镜湖医院难童教养所一角

2. 6月22日，澳门粮食与蔬菜日益匮乏，澳门政府宣布禁止粮食出口。9月23日，颁布第2696号训令，禁止金条、铜条、金币、铜币及其他形式的金质与铜质物品出口。

3. 10月30日，中山石岐沦陷后，逃到澳门的难民有27 000人。使澳门人口骤增至245 194人，比1927年普查增加88 019人，增长率为3.78%。

抗战期间在同善堂等待施粥派米的难民（罗景新先生藏品）

1940年

1. 3月31日，日本占领中山县后，向澳门政府表明，葡萄牙人应撤离湾仔岛，承认日本在中山县扶持的政府，接受日本军票在澳门流通。日本人还有权在澳门搜查反日分子，并要求澳门关闭国民政府在澳门的海关署。4月24日，汪精卫部属中山军司令李家志率军进攻湾仔东侧澳门警察营地不克，澳门政府撤回驻扎横琴（包括湾仔及大岸）的治安警察与陆军，日伪军趁机从海上局部封锁澳门，澳门一度出现物资短缺。

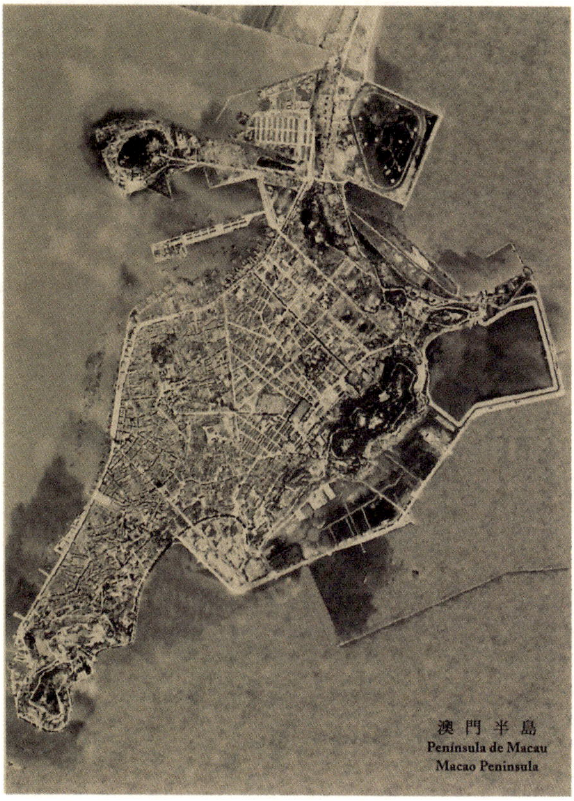

1941年澳门半岛俯瞰图

大日本帝國政府
軍用手票
壹圓
大日本帝國政府
軍用手票
五圓
大日本帝國政府
軍用手票
拾圓
大日本帝國政府
軍用手票
百圓

日本军票

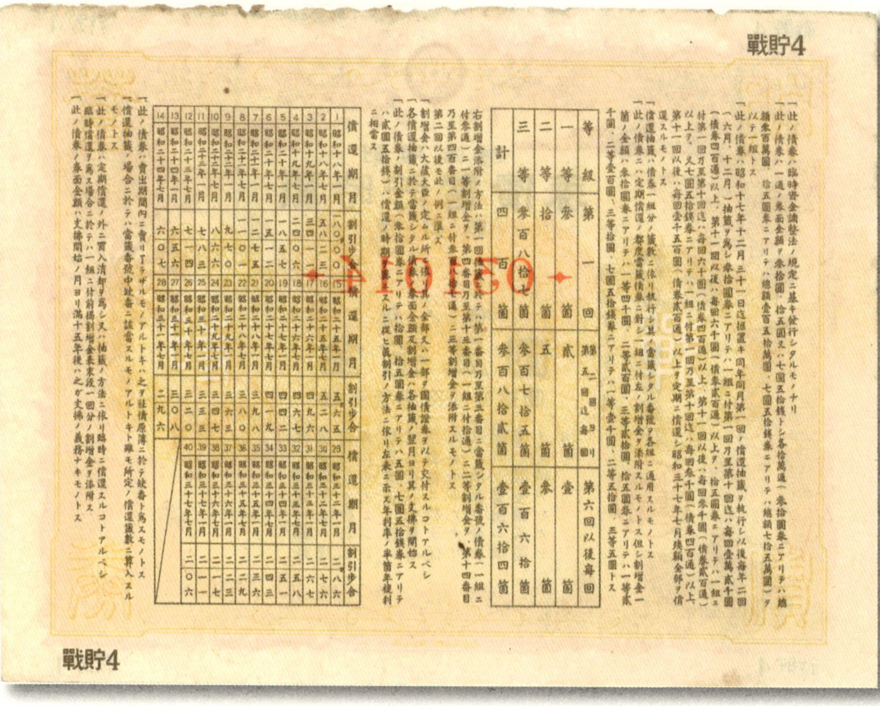

抗战时期储蓄债券正背面（1942年8月）（邓华开先生藏品）

2．5月，澳门政府颁布法规，不允许一切户外筹款和宣传活动，只准在户内以非公开方式筹集，除获得政府支持或经济实力雄厚的上层人士组成的社团外，澳门许多救亡赈难团体陆续停止活动。

3．7月30日，澳门救济难民兼管理粮食委员会改组，以救济国难来澳食宿无依的难民为宗旨，推举葡籍官绅罗保为主席，华籍绅商徐伟卿、毕侣俭、陆电明、戴恩赛、刘玉麟五人为常务委员，所有难民给养及建设办公费用均由中葡委员平均分担，双方各筹一半。当日即收容难民270人。

徐伟卿

陆电明

戴恩赛

4. 8月7日，葡国政府发表官报，任命戴思乐少校为澳门总督。10月29日，正式履任。

戴思乐

5. 10月1日，日本驻澳门领事馆成立，馆址位于东望洋斜巷（Calcada do Gaio）1号，首任领事为福井保光。

是年，在香港经营粮油出入口生意的南海人马万祺到澳门，先与陈赞邦合作开设泰昌行，又同沈露芸开设和生行，经营出入口贸易。后又在傅老榕（即傅德荫）支持下创办“恒丰裕行”，购销批发大米和面粉。

马万祺

1941年

1. 3月7日，位于新马路西端的国际酒店（又称“大酒店”）九层大厦落成开幕，由澳督戴思乐与香港富商何东出席剪彩。酒店由富商霍之亭之子、广东银行董事长霍宝材及其表弟吴庭伟斥资，香港厚兴公司承建，共耗资30万元。酒店为当时澳门最宏伟的建筑，由民用设计师若奥·诺拉斯科设计，其中一楼、阁楼为餐厅酒吧，二楼为舞厅，三楼为酒家，四至九楼为旅店。

何东

1940年，国际大酒店礼券正、背面

澳门国际酒店赠中美英苏胜利日纪念章（罗景新先生藏品）

2．4月16日，澳门政府出版委员会报告，仅1月份查禁中文报刊登载的消息共25则：其中14则损害澳门的中立地位，1则含诽谤性质，2则损害与（汪伪）广东政府友好关系，8则冒犯日本人。当时澳门设有新闻检查委员会，每张报纸的消息必须在深夜零点前送检，被认为有损澳门政府或煽动社会不满的消息一律删除。广州沦陷后，日军对澳门政府施加压力，凡不利于日本人的消息也一律不准刊载。

3．5月13日至15日，日军突然封锁澳门，澳门与三埠、湾仔、四邑及中山等地海上陆路全部遭到封锁，澳门市内鱼菜等食品供应严重不足，物价狂升飙涨。

4．6月6日，澳门地区霍乱流行，一周之内达200宗。澳门政府清扫街道，喷洒药水，举办防疫运动，以维护市民健康。

5．8月26日，澳门市行政局颁布条例，从即日起一等白米每担葡币20.05元，二等白米每担葡币17.4元，三等白米每担葡币16元，零售亦不得加价，否则将照违犯居奇罪科罚。29日重申条例规定。

6．9月27日，澳门政府颁布第723号训令，设立澳门统制进出口物品委员会，对抗战时期进出口物资进行管治。

7．12月13日，《澳门政府宪报》刊登行政局关于领购买粮食凭券划分区域、定量购买粮油副食品的公告。公告规定：成人每日可购米1斤，小童半斤；成人每星期可购油5两，小童5两；成人每天可购面包1个，小童1个；成人每星期可购面粉3两，小童2两；成人每天可购牛肉2两，小童1两；每人每星期可购煤炭8斤；每人每星期可购火水2斤。

8．12月25日，香港沦陷，澳门成为抗战时期的“孤岛”，进入三年零八个月的“风潮时期”。

是年，号称澳门第一赌王的何鸿燊仅带10元港币到澳门闯天下。同善堂前任主席高可宁筹募5万元创办同善堂药局，并出任中华总商会主席。柯麟组织成立“镜湖医院西医顾问团”，成员有黎铎、柯麟、黄耀坚、莫培樾、姚文缪、周贯明、王德光、刘振权、陈伯强、叶培初、梁心尧等，后以此发展为中华医学会澳门分会。是年澳门总人口为374 737人，死亡人口有10 844人。

何鸿燊

同善堂药局正门

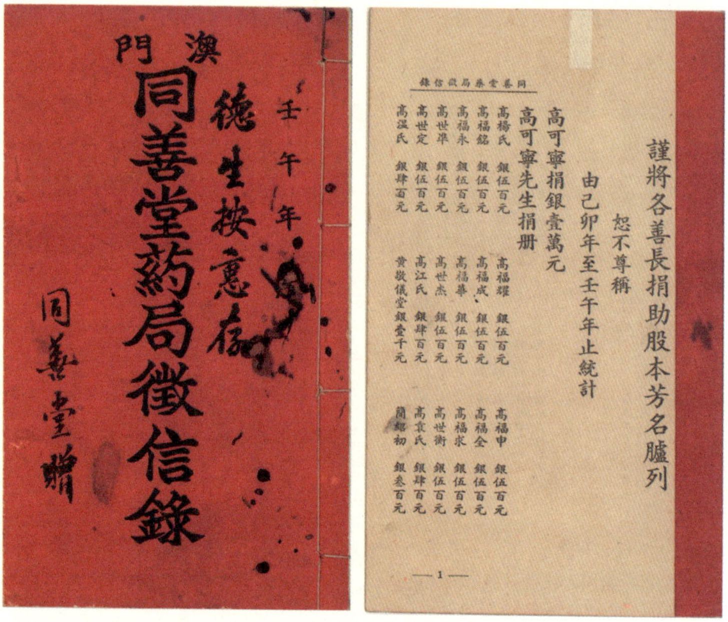

1942年，澳门同善堂药局征信录（罗景新先生藏品）

1941年，澳门镜湖医院西医顾问团合影

柯麟

黄耀坚

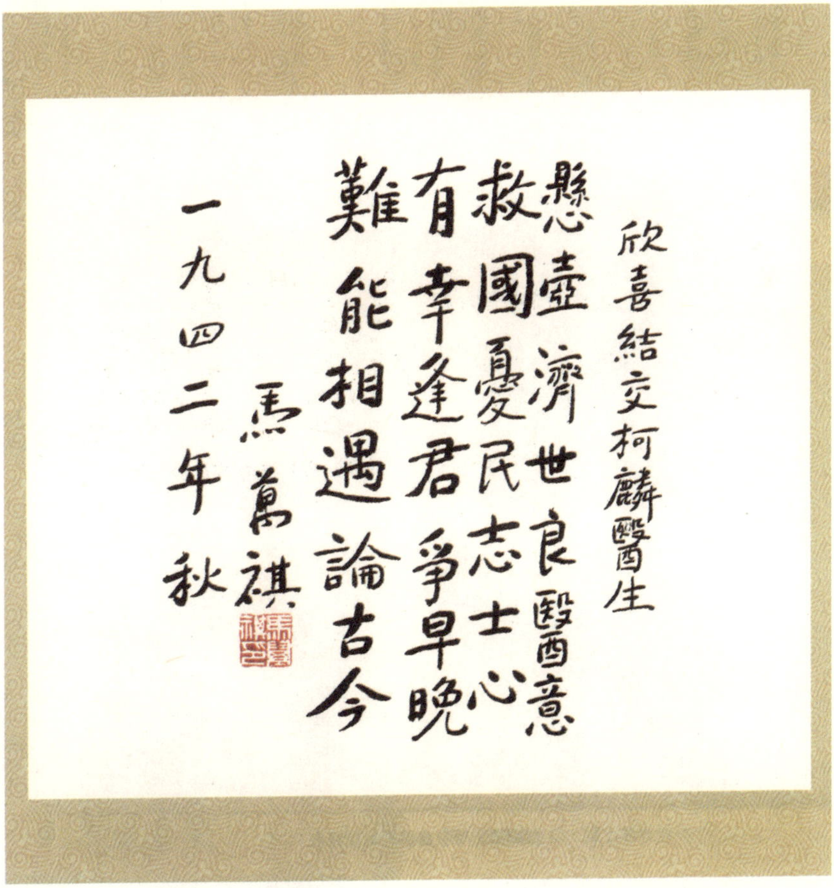

1942年秋，马万祺结交柯麟医生赠诗

1942年

1．1月10日，夏衍、司徒慧敏、金山、蔡楚生、王莹、郁风、金仲华、张云乔及谢和赓等21位文化名人在八路军驻香港办事处负责人廖承志、潘汉年等人的帮助下抵达澳门。在此后半年时间内，从香港营救出来的重要政界、文化界人士及民主人士多达300余人，其中有何香凝、柳亚子、茅盾、邹韬奋、胡绳、范长江、梁漱溟、夏衍、郭沫若、乔冠华、千家驹等，此外还包括国民党政要吴铁城和国民党第七战区司令余汉谋夫人上官德贤、著名电影明星胡蝶，以及英、美、印、荷、比等国的人员近百人。

何香凝

梁漱溟

夏衍

范长江

郭沫若

柳亚子

蔡楚生

著名影星胡蝶

2. 1月，澳门遭遇抗战以来的第一次粮食恐慌期，每月饿死者有1500人以上。

在1942年最苦难的日子里，万千饥民嗷嗷待哺（尹德卫先生藏品）

3．3月，澳门首家股份有限银行——大丰银号创立开业，其股本主要由傅老榕（即傅德荫）、林炳炎、马万祺、何善衡等出资，何贤、梁球琚、钟子光、陈蔚文、伍宜孙、王颂献亦参股。是年在澳门开业的还有伍宜孙的“永隆银号”。马万祺推举何贤任大丰银号总经理，何贤以擅长货币和有价证券买卖而被誉为“能人”，葡人经营的大西洋银行，也聘请何贤为华人业务部经理。

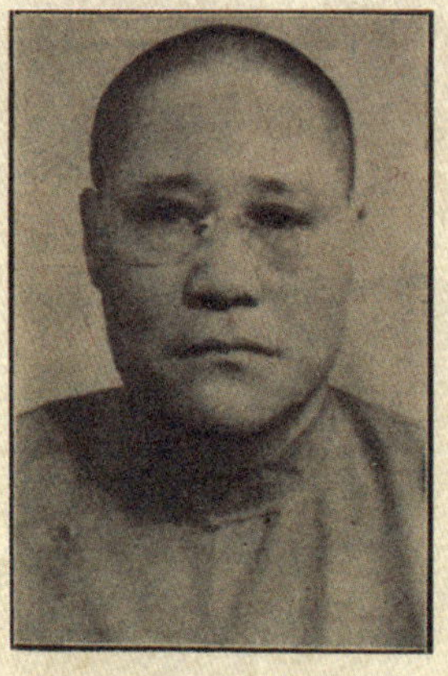

傅老榕（傅德荫）

林炳炎

何贤

马万祺与罗柏心喜结良缘

4．9月15日，汪精卫夫人陈璧君与汪伪政府广东省主席陈耀祖访问澳门，受到澳督戴思乐接待，双方讨论粮米的供应问题，陈耀祖强调会保证澳门粮米供应。

陈璧君与汪精卫

陈耀祖

1943年

1．7月27日，澳门粮食供应出现抗战以来的第二次恐慌，为限制商人囤积公米，澳门市政局兼警察局颁布限量购买粮食的公告。8月3日，澳门市政局再发公告，规定由即日起，运送米谷入口，须预先领取许可证，无证私运者全数没收并罚款至8000元。

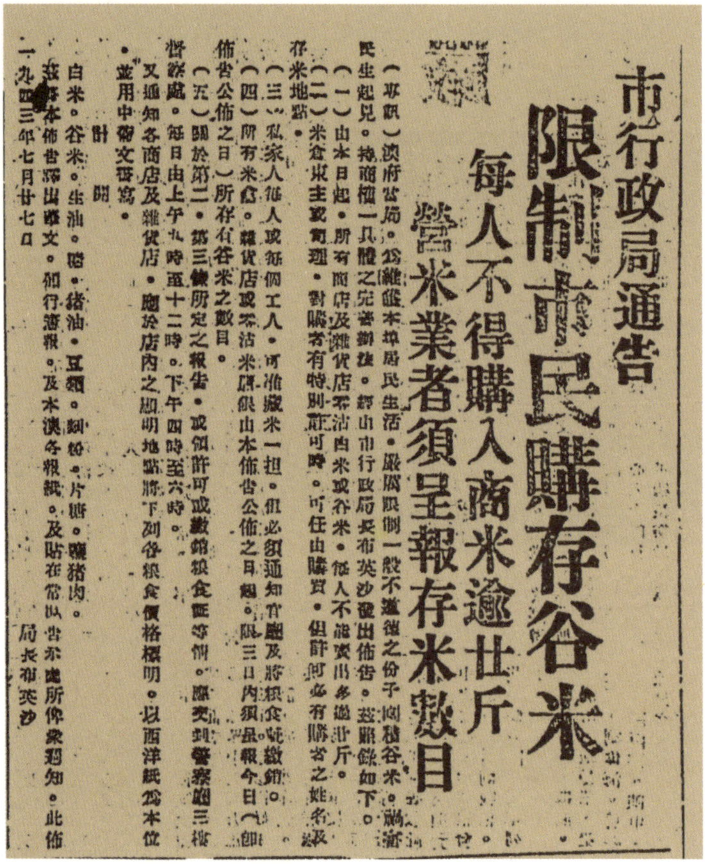

市行政局通告

限制市民購存谷米

每人不得購入商米逾廿斤

營米業者須呈報存米數目

（專訊）澳府當局。為維護本埠居民生活。嚴厲限制一般不道德之份子囤積谷米。藉謀民生起見。特商擬一具體之完善辦法。經由市行政局長布英沙發出佈告。茲照錄如下。

（一）由本日起。所有商店及雜貨店零沽白米或谷米。每人不能賣出多過廿斤。

（二）米倉東主或司理。對購者有特別許可時。可任由購買。但詳細必有購者之姓名及存米地點。

（三）私家人每人或每個工人。可准藏米一担。但必須通知當局及將糧食証繳銷。

（四）所有米倉。雜貨店或零沽米店。係由本佈告公佈之日起。限三日內須呈報今日（即佈告公佈之日）所存有谷米之數目。

（五）關於第二。第三條所定之報告。或領許可或繳銷糧食証等件。應交到警察廳三樓督察處。每日由上午九時至十二時。下午四時至六時。

又通知各商店及雜貨店。應於店內之顯明地點將下列各糧食價格標明。以西洋紙為本位。並用中葡文書寫。

計開

白米。谷米。生油。糖。豬油。豆類。麵粉。片糖。鮮豬肉。

茲將本佈告譯出華文。刊行憲報。及本澳各報紙。及貼在常貼告示處所俾眾週知。此佈

一九四三年七月廿七日

局長布英沙

1943年7月27日《大众报》

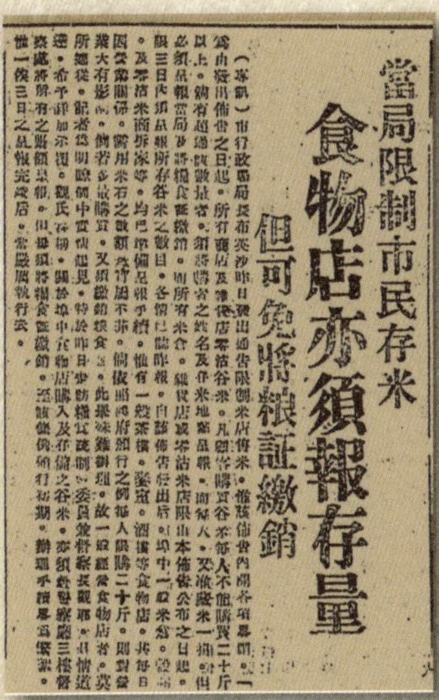

當局限制市民存米
食物店亦須報存量
但可免將粮証繳銷

1943年7月28日《大众报》

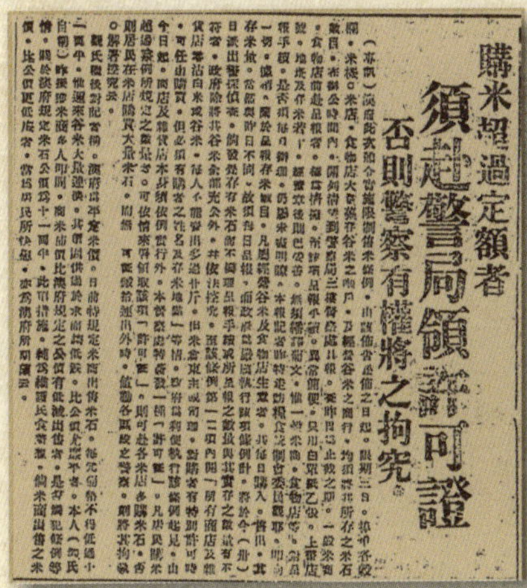

購米超過定額者
須赴警局領許可證
否則警察有權將之拘究

1943年7月30日《大众报》

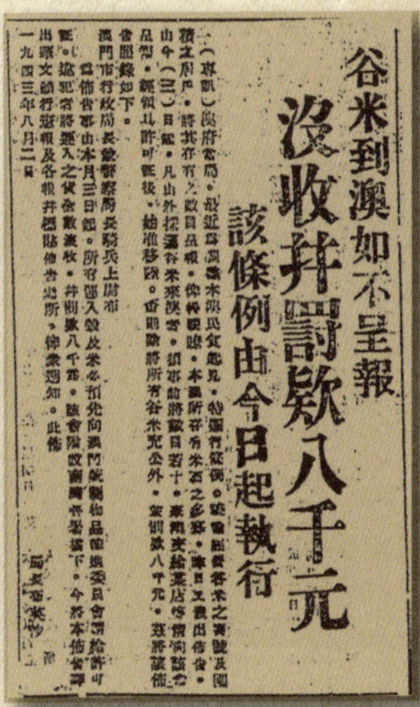

谷米到澳如不呈報
沒收并罰欵八千元
該條例由今日起執行

1943年8月3日《大众报》

2．8月18日，一支由日本人和中国伪军组成的队伍进入澳门港，以武力夺取一艘英国装载有一百多桶柴油的“西安”号，强行开离码头，驶往香港。据称，劫船事件系由日本驻中山县日军情报组组长中原实大尉、汉奸黄公杰与日海军特务组共同策划。日军掳获“西安”号之后，曾易名为“塔兴”和“铜山”号。

3．10月，澳门政府颁布第859号法令，征收酒店、酒吧、旅店、茶楼、酒楼、茶室、饭店、餐室、舞场、糖果店及饼店等5%的附加税，以作为政府日常开支和慈善使用，由慈善委员会成立附加税局负责征收。11月，又颁令征收邮政慈善税，规定每年12月所有投寄澳门和葡萄牙属地的邮件，须加贴五仙慈善票，以作为慈善委员会的救济经费。

4．12月，澳门政府全面推行使用葡币（俗称“西洋纸”），以作为澳门货币本位，同时禁止广东“双毫”“毫券”在市面行使流通。

广东“毫券”

广东“双毫”

1944年

1．2月5日，澳门大西洋银行第一次获得授权印制新币，全名为专用货币替代证券（即凭票），分为100元、50、25元和10元四种；6月17日，印制5毫面额澳门辅币。7月26日，再获授权印制500元面额的凭票250万元准予发行。澳门政府宣布："凭票即澳门通用银币，不论贸易多少，不得拒用。"为保证凭票的信用价值，由澳门政府宣布同等货币保证金由葡萄牙政府支付，储存于里斯本葡萄牙国家银行。

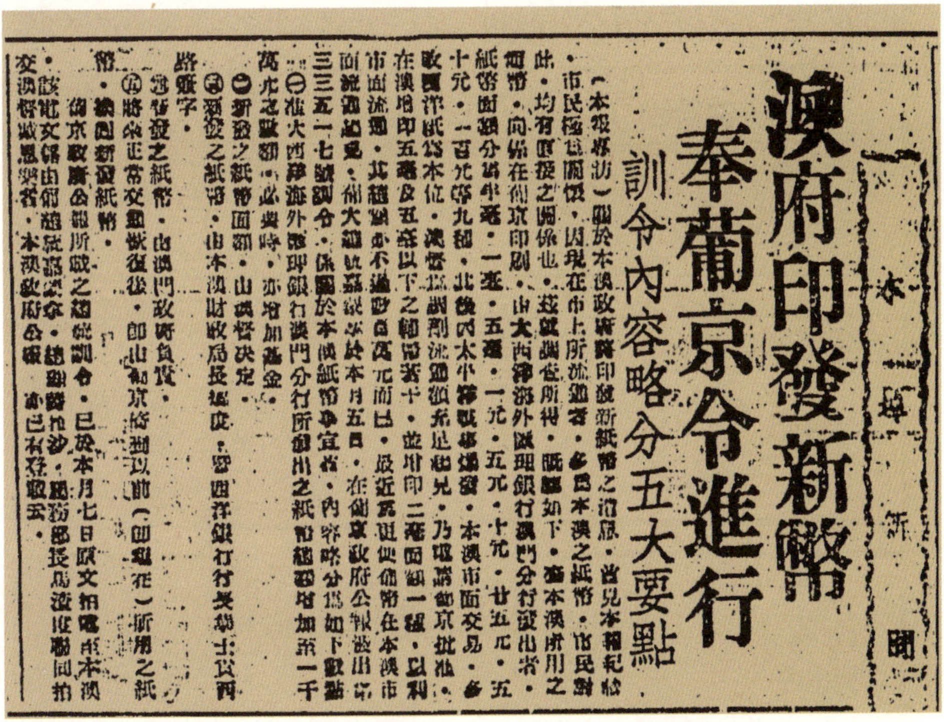

澳府印發新幣
奉葡京令進行
訓令內容略分五大要點

1944年2月16日《华侨报》

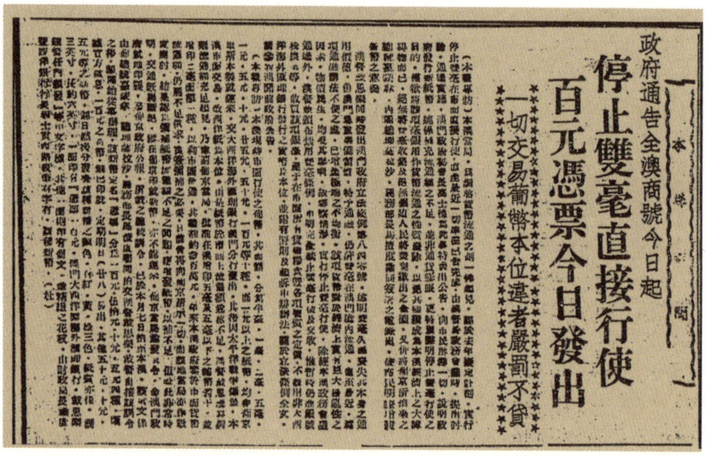

本報

政府通告全澳商號今日起
停止雙毫直接行使
百元憑票今日發出
一切交易葡幣本位違者嚴罰不貸

1944年2月28日《华侨报》

抗战时期澳门发行的纸币，当中的500元面额纸币只见样钞，选自《澳门货币图录》

抗战时期澳门发行的纸币，选自《澳门货币图录》

抗战时期澳门发行的纸币，选自《澳门货币图录》

抗战时期澳门发行的纸币，选自《澳门货币图录》

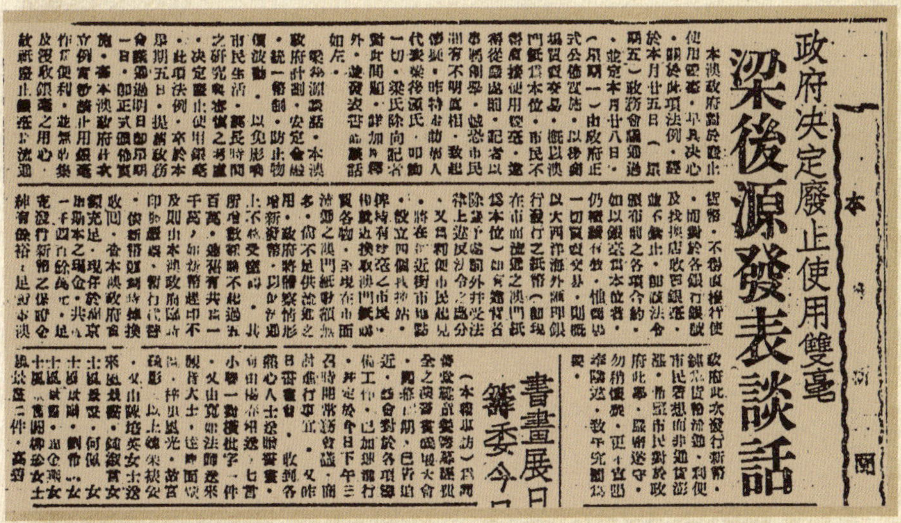

政府決定廢止使用雙毫

梁後源發表談話

書畫展日籌委今日

1944年2月27日《华侨报》

2．2月21日，国民政府驻葡公使张谦向外交部发回"建议战后收回澳门的报告"，指出葡萄牙早已失去海外殖民力量，仅倚仗英国来支撑其远东利益，葡国在远东也无实力保持澳门的中立，自然无履行中立能力，因此招致中国受政治军事上的无限损失，为国防计应予收回。

3．8月15日，澳门创办中文报纸——《市民日报》，以小说副刊消闲内容而著称。初为周刊，出版一个月后改为日报。

4．10月28日，澳门政府规定：酒店、酒吧、旅店、餐室、酒楼、舞场、饼家、糖果店、茶室等按收入总额征收5%特种税。

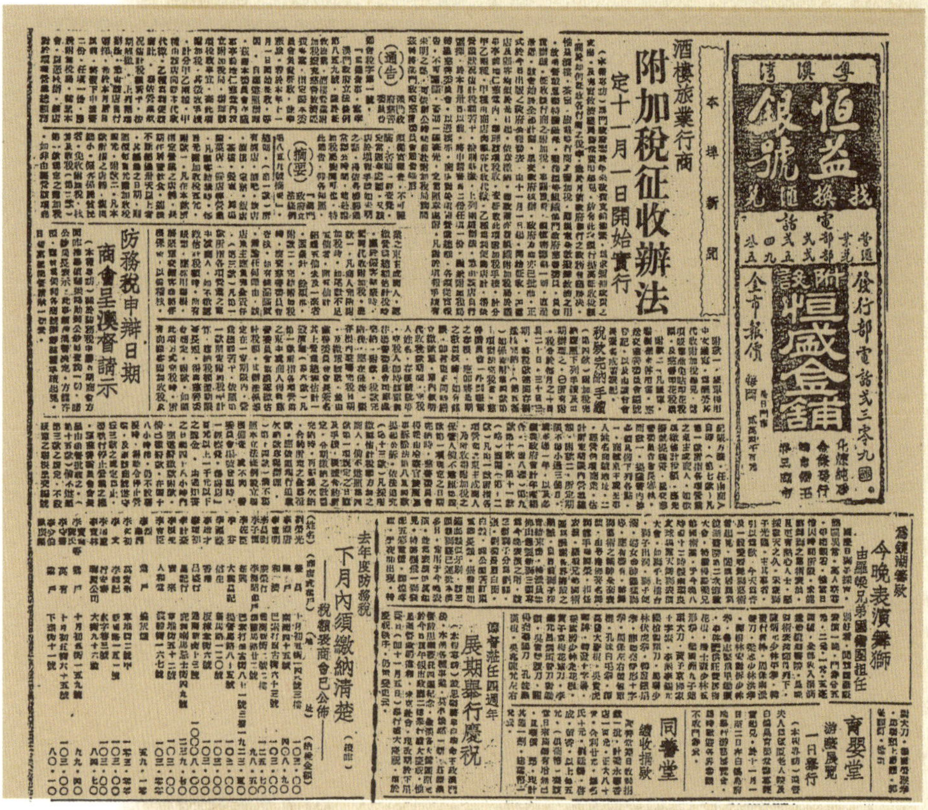
本埠新聞
酒樓旅業行商
附加稅征收辦法
定十一月一日開始實行
防務稅申辦日期
商會呈澳督請示
去年度防務稅
下月內須繳納清楚
稅額表商會已公佈
展期舉行慶祝
同善堂
續收捐款
育嬰堂
游藝展覽
一日舉行
今晚表演舞獅
粵澳
恒益
銀號
找換通兌
附設
恒盛金舖
發行部電話弍三零九

1944年10月28日《华侨报》

5．12月24日，“岭南丸”号日本客轮由香港载客前往澳门途中，遭遇美国飞机扫射轰炸，船上乘客460余人，除121人获救外，其余都遇难。

本埠新聞

嶺南丸遭難始末記

航途中遇飛機掃射投彈

搭客四百餘百二人獲救

三輪開行

掃射投彈

輪船下沉

施救情形

搭客名單

響應蔣主席號召

基督教徒爲國祈禱

本澳教徒元旦舉行慶祝耆英會

1944年12月31日《华侨报》

1945年

1. 1月16日，特遣美国空军第38特遣小分队7架飞机首次空袭澳门，炸毁位于澳门半岛外港原海军机库存放的6架飞机，同时马交石炮台遭轰炸受破坏，停泊于青洲海面的澳门政府运粮船“葡萄牙”号遭到袭击，1人死亡。

澳门半岛外港原海军机库

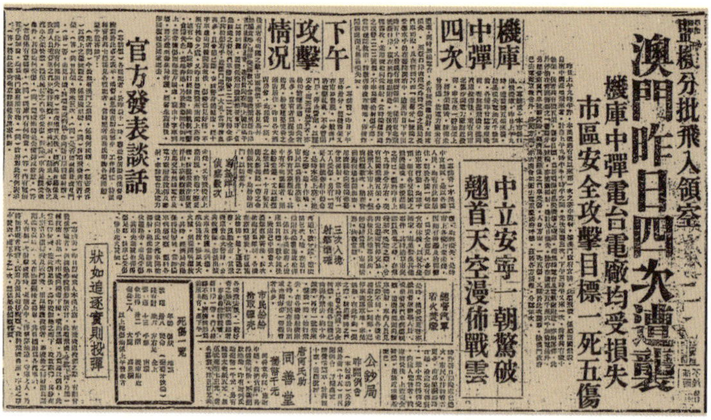

盟機分批飛入領空
澳門昨日四次遭襲
機庫中彈電台電廠均受損失
市區安全攻擊目標一死五傷

機庫中彈四次

下午攻擊情況

官方發表談話

中立安寧一朝驚破
翹首天空漫佈戰雲

狀如追逐實則投彈

1945年1月17日《华侨报》

2．2月2日，日本驻澳门领事馆首任领事福井保光，在连胜马路遭到两名华人刺杀，伤势严重而死亡。日本外务省派出广东大使馆事务所领事岩井英一出任澳门领事一职，日军对澳门实行惩罚性封锁，造成澳门粮食短缺，街有饿殍。

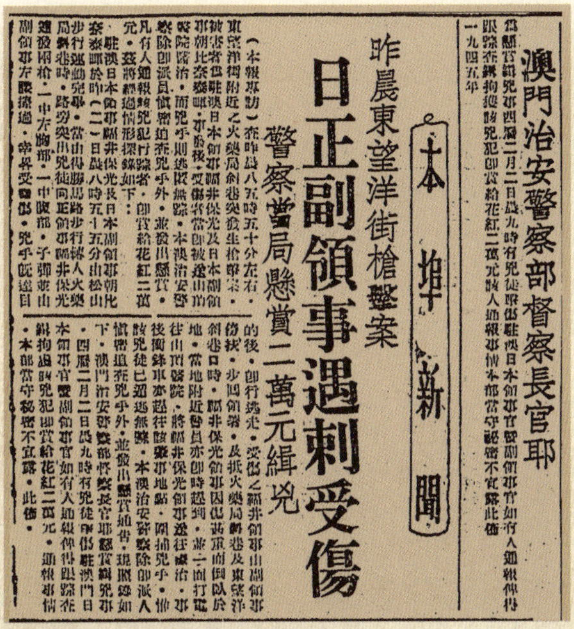
本埠新聞

澳門治安警察部督察長官耶

昨晨東望洋街槍擊案

日正副領事遇刺受傷

警察當局懸賞二萬元緝兇

1945年2月3日《华侨报》

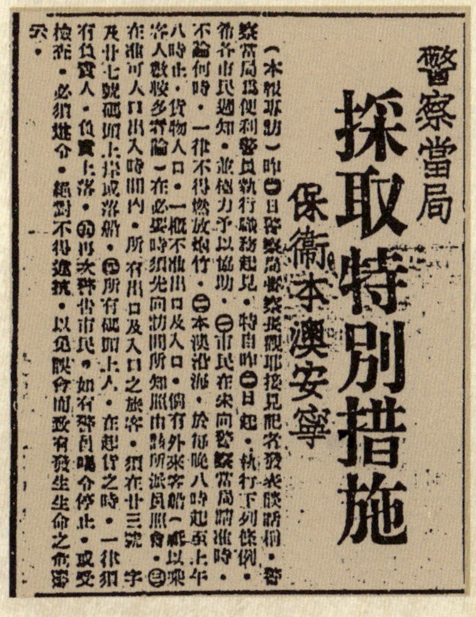
警察當局

採取特別措施

保衛本澳安寧

1945年2月3日《华侨报》

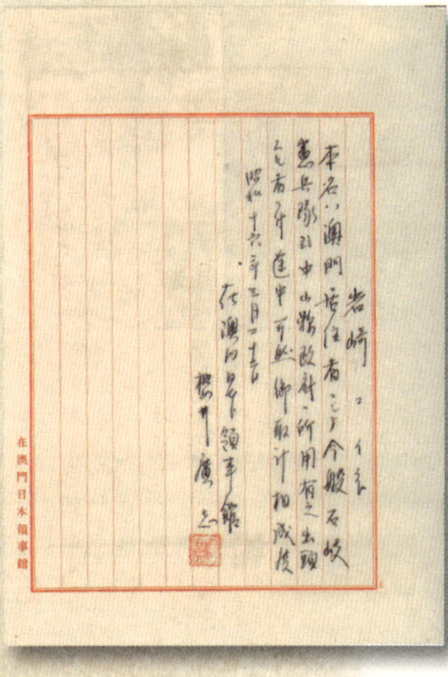

日本驻澳门领事馆开出的证明（尹德卫先生藏品）

严绍渔司铎

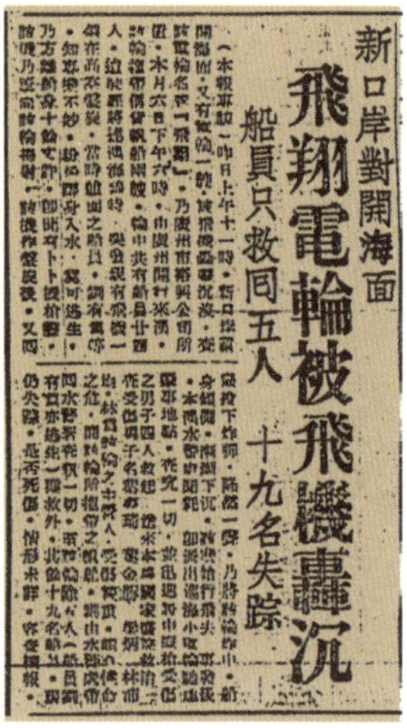

新口岸對開海面
飛翔電輪被飛機轟沉
船員只救回五人 十九名失踪

1945年4月8日《华侨报》

3．3月12日，澳门教区红衣司铎严绍渔病逝。严绍渔1931年出任圣母望德堂司铎，1935年召集信友成立公教进行会，他热心文教事业，曾创建望德女中中学，1941年又创立《醒心周刊》以弘扬公教精神，深得澳门居民敬重。

4．4月7日，广州怡崇行运送食米的“飞翔”号轮船在外港码头附近被盟军飞机击沉，19名乘客遇难。12日，美国战机再次空袭澳门，炸沉一艘拖船，19名船员死亡。21日，行走省澳航线的“南海丸”轮船前往广州途中被炸沉没，乘客及船员死伤50余人。5月2日，澳门至广州货轮“荣华一号”被美国飞机击沉。31日，澳门“海运二号”驶进澳门时被美机炸沉，30余人死伤失踪过半。6—7月美国飞机多次轰炸澳门和停泊船只，造成一定经济损失。

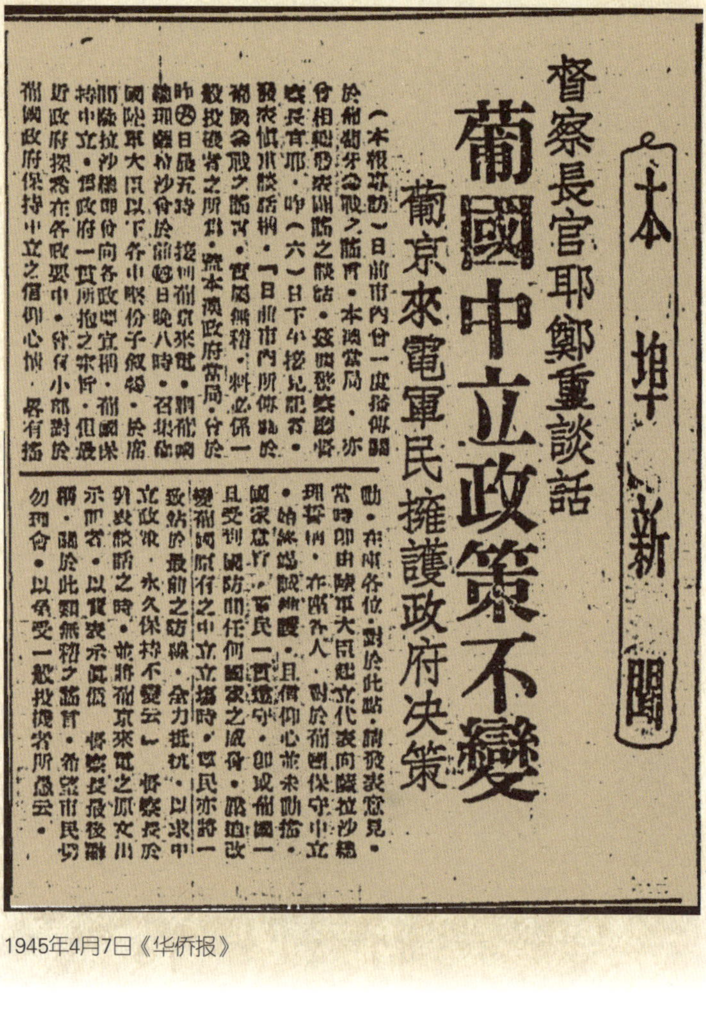

本埠新聞
督察長官耶鄭重談話
葡國中立政策不變
葡京來電軍民擁護政府决策

1945年4月7日《华侨报》

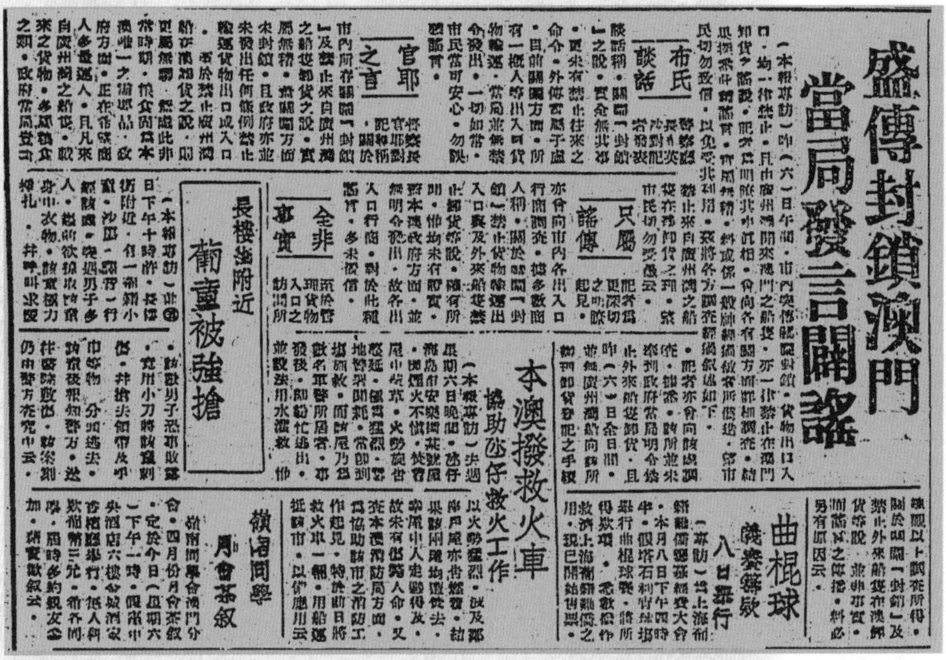
盛傳封鎖澳門 當局發言闢謠

布氏談話

官耶之言

只屬謠傳

全非事實

長樓街附近 銜童被強搶

本澳撥救火車 協助沙仔救火工作

曲棍球 義賽籌款 八日舉行

嶺南同學 月會茶叙

1945年4月7日《华侨报》

5．5月23日，澳门出现抗战以来第三次粮食恐慌期。日军封锁澳门，食米短缺，米价暴涨，每担米涨至280元。

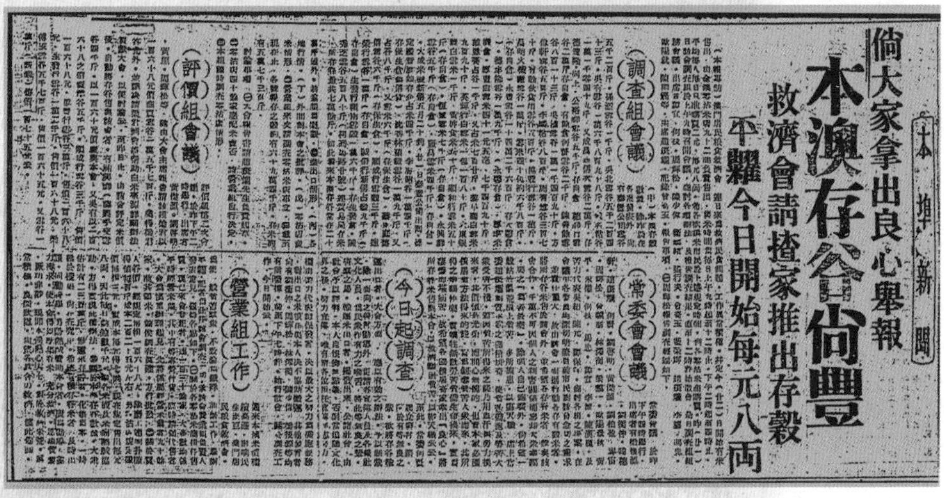
本埠新聞

倘大家拿出良心舉報 本澳存谷尚豐

救濟會請捨家推出存穀 平糶今日開始每元八両

（調查組會議）

（常委會會議）

（今日起調查）

（評價組會議）

（營業組工作）

1945年5月22日《华侨报》

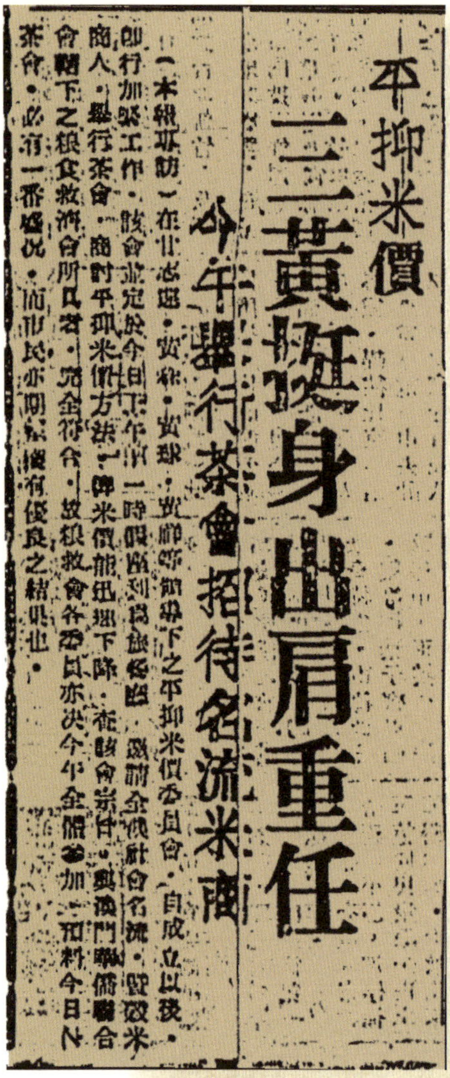

平抑米價

三黃挺身出肩重任

今午舉行茶會招待名流米商

1945年5月22日《华侨报》

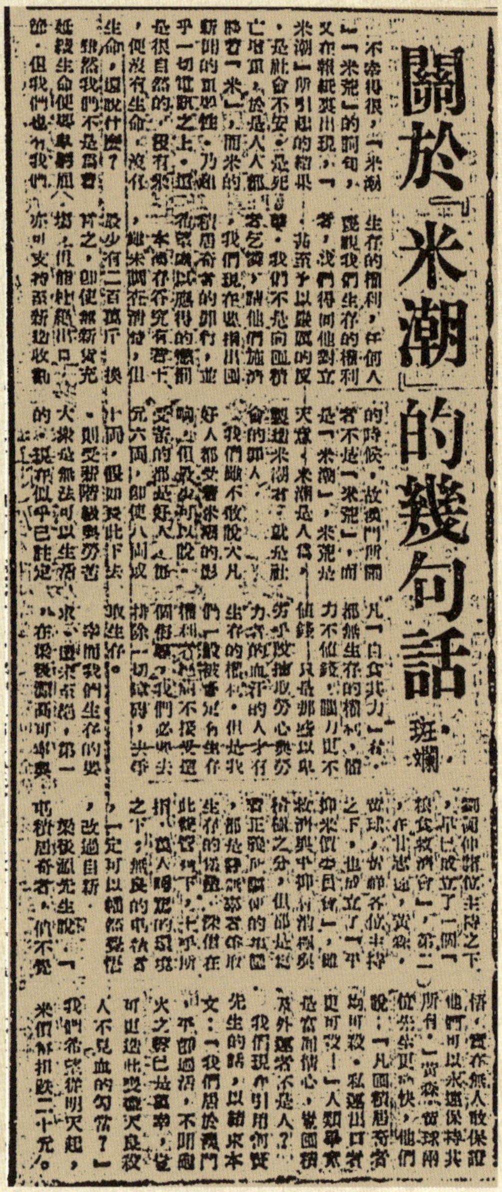

關於「米潮」的幾句話

班斕

1945年5月22日《华侨报》

本埠新聞

平抑會昨日決議 切實規定米價

每担不得超過百五元 廿五日全澳開始遵行

主席宣佈開會理由

兩會召開聯席會議

平抑米價制止外流

1945年5月23日《华侨报》

(特寫)

米潮汹湧當中 義社施粥一瞥

1945年5月23日《华侨报》

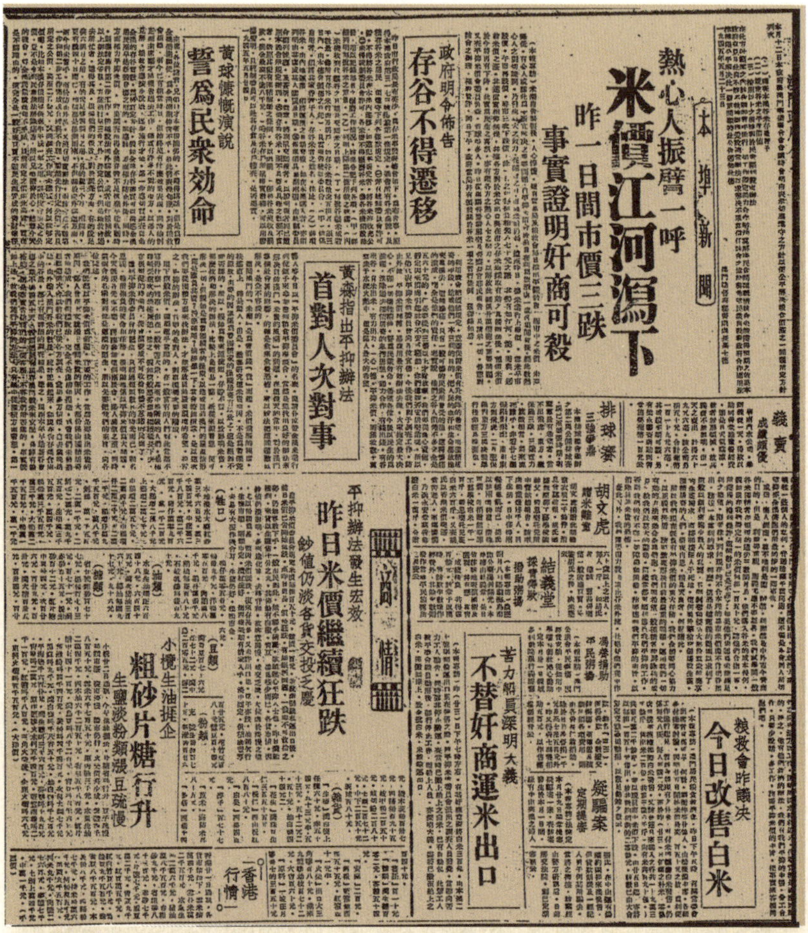

1945年5月24日《华侨报》

6. 7月2日至16日，为解决澳门粮食供应，澳门政府特遣军需处处长贾拉度（Gallardo）前往广州与广东省政府续签米约，每月粤方输入澳门谷米4万担。

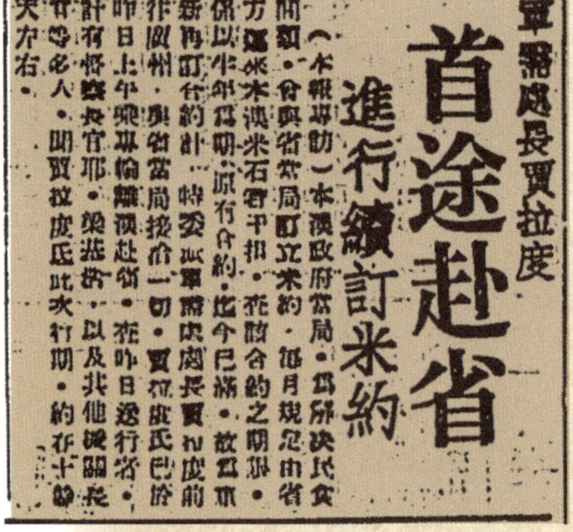

1945年7月3日《华侨报》

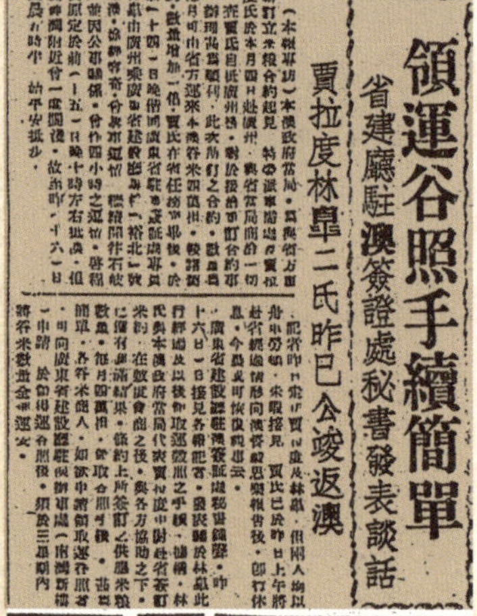

1945年7月17日《华侨报》

7. 8月11日，澳门市民获悉日本接受波茨坦条约无条件投降后，群情激动，鸣放鞭炮庆贺。澳门警察厅以此违背中立立场为由，数百人被逮捕。18日，澳门总督戴思乐就抗战胜利在电台发表致澳门广大市民的文告。

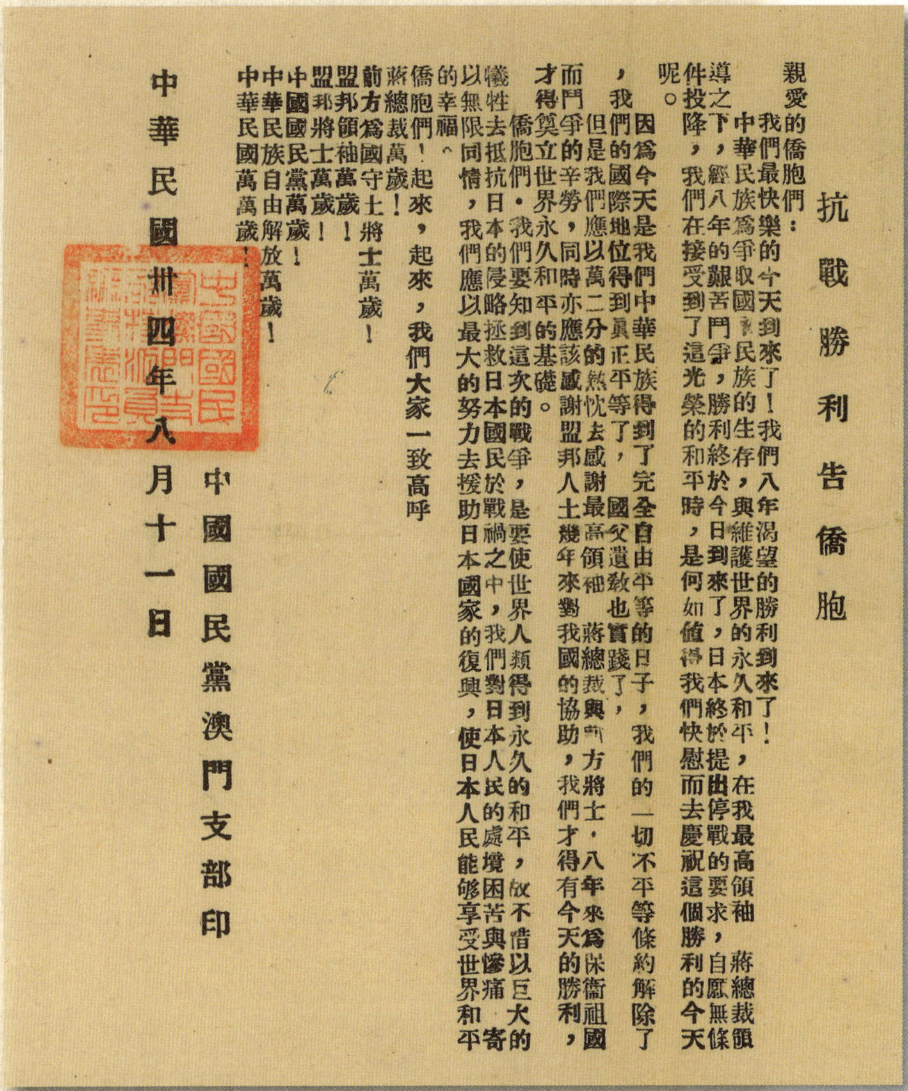

抗戰勝利告僑胞

親愛的僑胞們：

我們最快樂的今天到來了！我們八年渴望的勝利到來了！中華民族爲爭取國家民族的生存，與維護世界的永久和平，在我最高領袖蔣總裁領導之下，經八年的艱苦鬥爭，勝利終於今日到來了，日本終於提出停戰的要求，自願無條件投降，我們在接受到了這光榮的和平時，是何如値得我們快慰而去慶祝這個勝利的今天呢。

因爲今天是我們中華民族得到了完全自由平等的日子，我們的一切不平等條約解除了，我們的國際地位得到眞正平等了，國父遺敎也實踐了，但是我們應以萬二分的熱忱去感謝最高領袖蔣總裁與前方將士．八年來爲保衛祖國而鬥爭的辛勞，同時亦應該感謝盟邦人士幾年來對我國的協助，我們才得有今天的勝利，才得奠立世界永久和平的基礎。

僑胞們・我們要知到這次的戰爭，是要使世界人類得到永久的和平，故不惜以巨大的犧牲去抵抗日本的侵略拯救日本國民於戰禍之中，我們對日本人民的處境困苦與慘痛寄以無限同情，我們應以最大的努力去援助日本國家的復興，使日本人民能夠享受世界和平的幸福、

僑胞們！起來，起來，我們大家一致高呼

蔣總裁萬歲！

前方爲國守土將士萬歲！

盟邦領袖萬歲！

盟邦將士萬歲！

中國國民黨萬歲！

中華民族自由解放萬歲！

中華民國萬萬歲！

中華民國卅四年八月十一日

中國國民黨澳門支部印

1945年8月11日，中国国民党澳门支部印发的《抗战胜利告侨胞》文（尹德卫先生藏品）

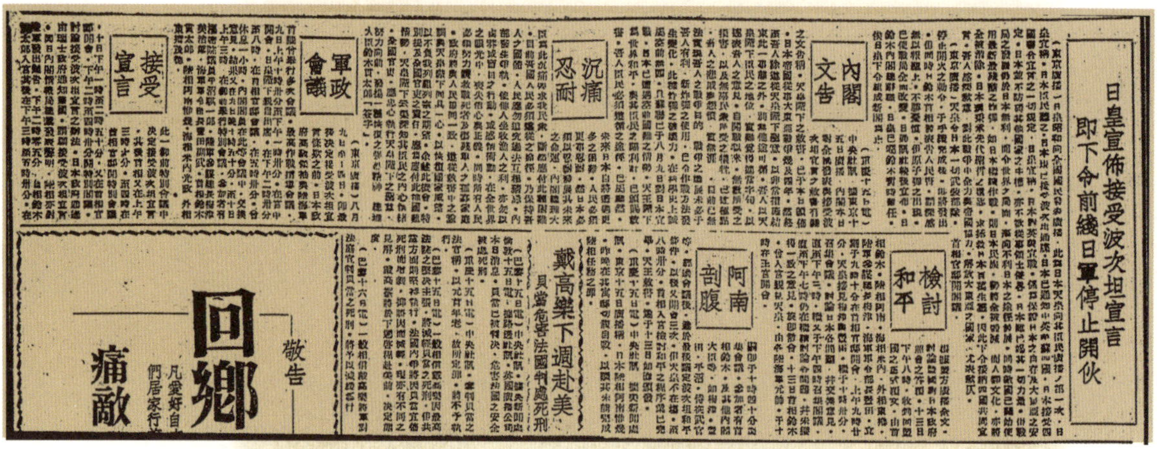
日皇宣佈接受波次坦宣言
即下令前綫日軍停止開火
內閣文告
檢討和平
阿南剖腹
沉痛忍耐
軍政會議
接受宣言
戴高樂下週赴美
貝當危害法國判處死刑
敬告
回鄉
痛敵

日皇宣布接受波茨坦宣言，下令前线日军停止开火，1945年8月17日《华侨报》

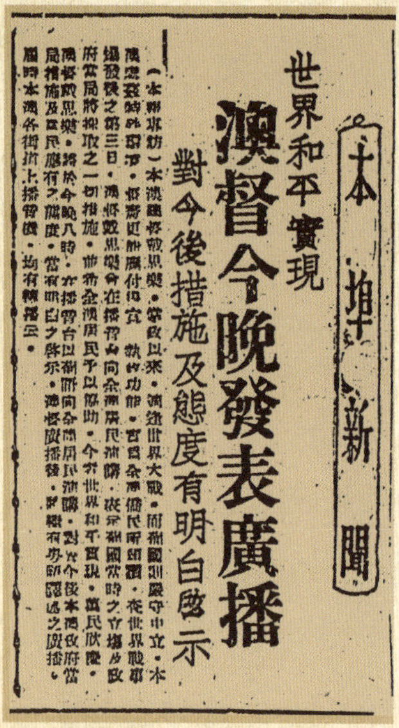
本埠新聞
世界和平實現
澳督今晚發表廣播
對今後措施及態度有明白啟示

1945年8月17日《华侨报》

8．9月3日，澳门侨胞庆祝抗战胜利，晚上举行提灯巡游，特别成立澳门华侨庆祝祖国胜利世界和平大会，结义堂体育会、青年社、鸿图国术团、洪门鸿顺堂等组织醒狮团参加采青巡行，为大会筹募捐款，澳门同胞献金折合重庆汇单38 144 868元。

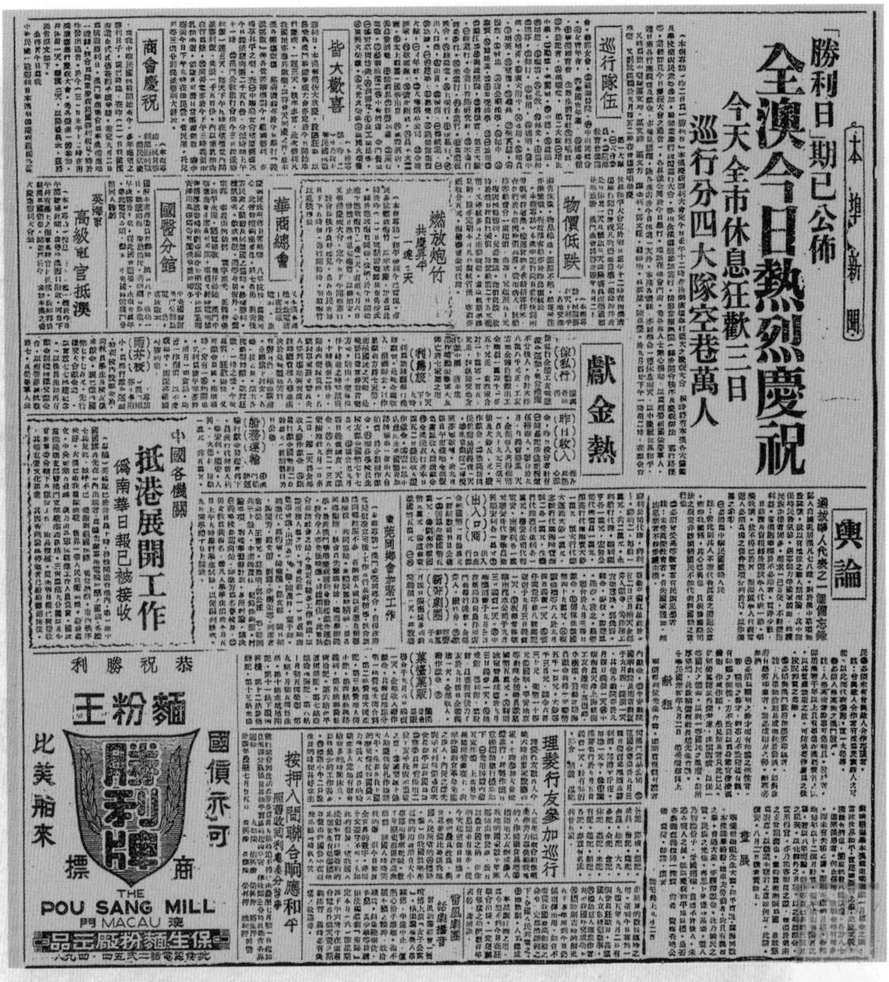

本澳新聞

「勝利日」期已公佈

全澳今日熱烈慶祝

今天全市休息狂歡三日

巡行分四大隊空巷萬人

巡行隊伍

物價低跌

皆大歡喜

燃放炮竹 共慶昇平 一連三天

華商總會

商會慶祝

國醫分館

英海軍高級軍官抵澳

獻金熱

中國各機關抵港展開工作 僑南華日報已被接收

輿論

東莞同鄉會加緊工作

理髮行友參加巡行

按押入聞聯合響應和平

1945年9月4日《华侨报》

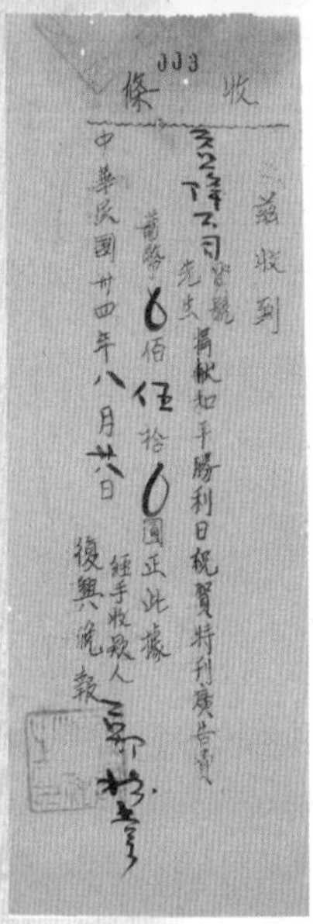

1945年8月26日，澳门益隆公司捐献和平胜利日祝贺特刊广告费收据（岑伟伦先生藏品）

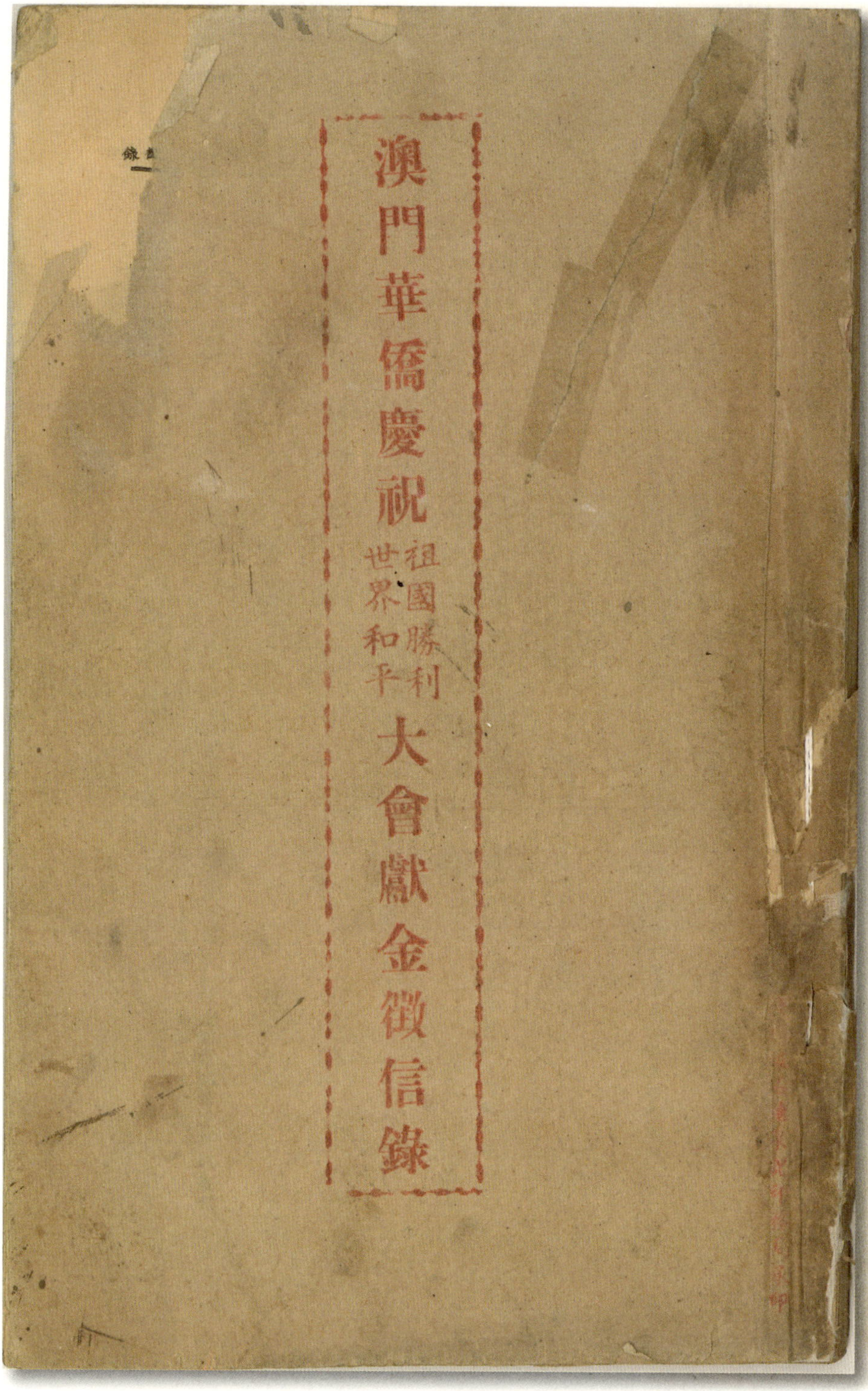

（谭志伟先生藏品）

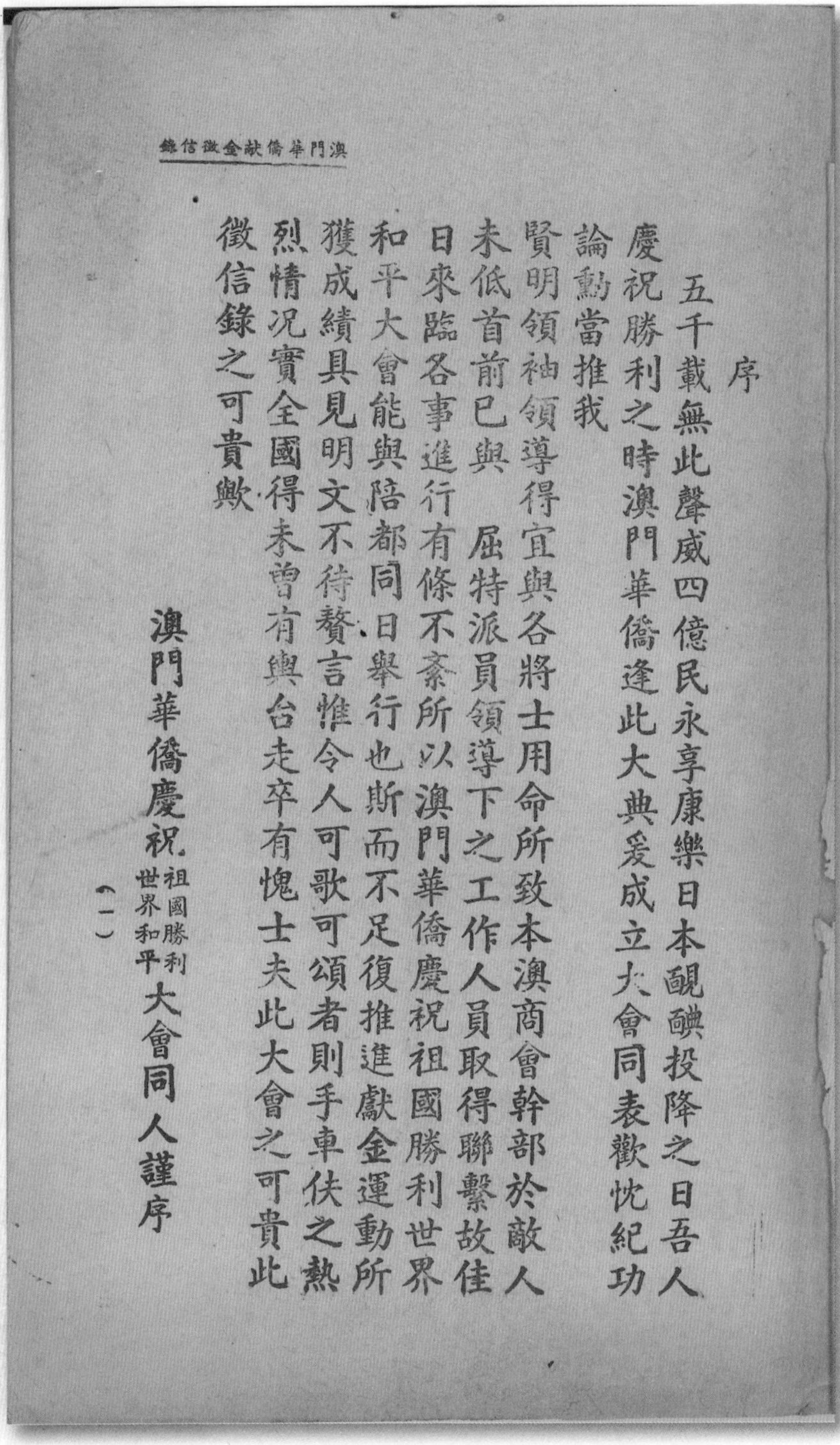
澳門華僑獻金徵信錄

序

五千載無此聲威四億民永享康樂日本醜類投降之日吾人
慶祝勝利之時澳門華僑逢此大典爰成立大會同表歡忱紀功
論勳當推我
賢明領袖領導得宜與各將士用命所致本澳商會幹部於敵人
未低首前已與　屈特派員領導下之工作人員取得聯繫故佳
日來臨各事進行有條不紊所以澳門華僑慶祝祖國勝利世界
和平大會能與陪都同日舉行也斯而不足復推進獻金運動所
獲成績具見明文不待贅言惟令人可歌可頌者則手車伕之熱
烈情況實全國得未曾有與台走卒有愧士夫此大會之可貴此
徵信錄之可貴歟

澳門華僑慶祝祖國勝利世界和平大會同人謹序

（一）

（谭志伟先生藏品）

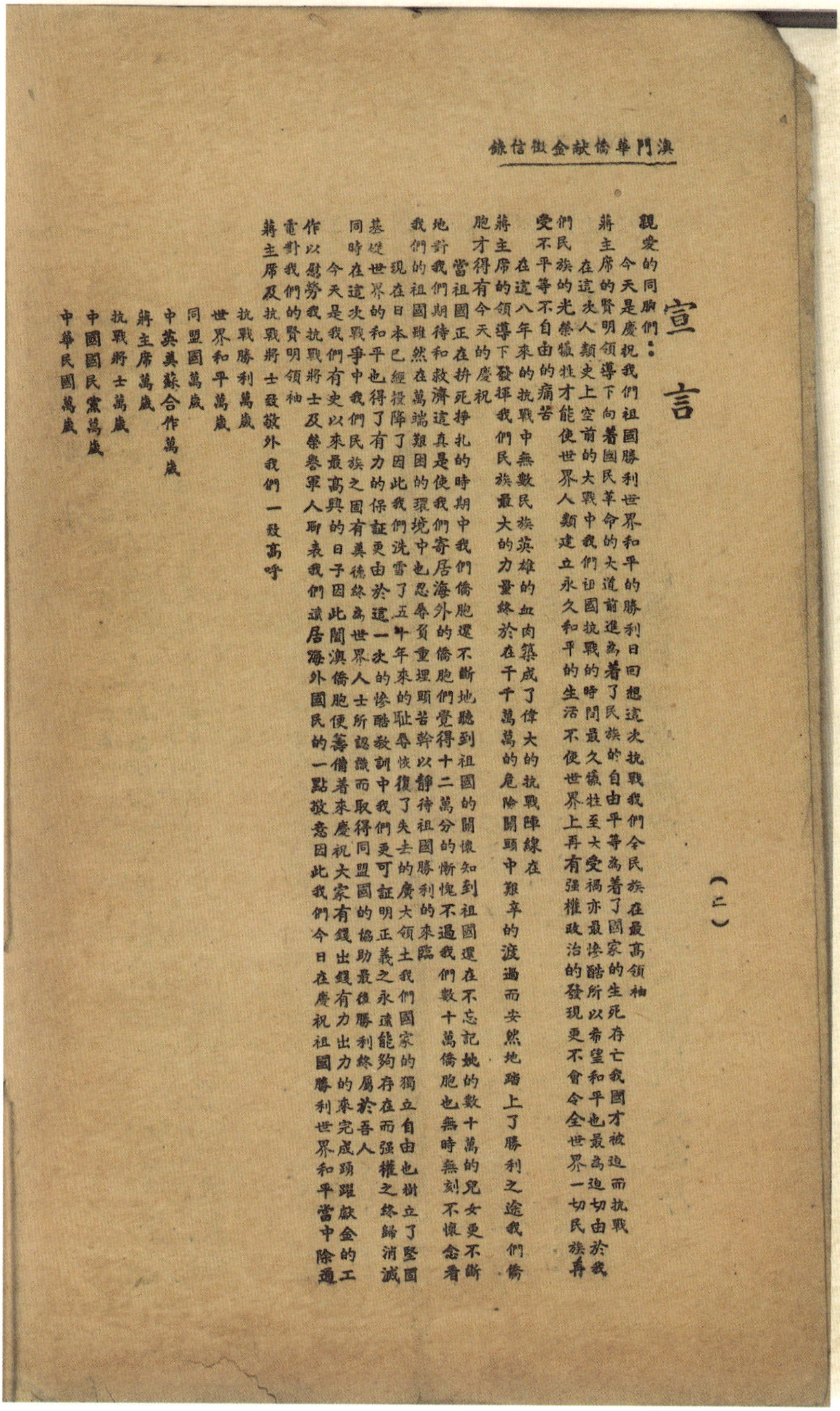

澳門華僑獻金徵信錄

宣言

親愛的同胞們：

今天是慶祝我們祖國勝利世界和平的勝利日回想這次抗戰我們全民族在最高領袖
蔣主席的賢明領導下向着國民革命的大道前進為着了民族的自由平等為着了國家的生死存亡我國才被迫而抗戰

在這次人類史上空前的大戰中我們祖國抗戰的時間最久犧牲至大受禍亦最慘酷所以希望和平也最為迫切由於我們民族的光榮犧牲才能使世界人類建立永久和平的生活不使世界上再有強權政治的發現更不會令全世界一切民族再受不平等不自由的痛苦

在這八年來的抗戰中無數民族英雄的血肉築成了偉大的抗戰陣線在
蔣主席的領導下發揮我們民族最大的力量終於在千千萬萬的危險關頭中艱辛的渡過而安然地踏上了勝利之途我們僑胞才得有今天的慶祝

當祖國正在拚死掙扎的時期中我們僑胞還不斷地聽到祖國的關懷知到祖國還在不忘記她的數十萬的兒女更不斷地對我們期待和救濟這真是使我們寄居海外的僑胞們覺得十二萬分的慚愧不過我們數十萬僑胞也無時無刻不懷念看我們的祖國雖然在萬端艱困的環境中也忍辱負重埋頭苦幹以靜待祖國勝利的來臨

現在日本已經投降了因此我們洗雪了五十年來的耻辱恢復了失去的廣大領土我們國家的獨立自由也樹立了堅固基礎世界的和平也得了有力的保証更由於這一次的慘酷教訓中我們更可証明正義之永遠能夠存在而強權之終歸消滅同時在這次戰爭中我們民族之固有美德終為世界人士所認識而取得同盟國的協助最後勝利終屬於吾人

今天是我們有史以來最高興的日子因此闔澳僑胞便籌備着來慶祝大家有錢出錢有力出力的來完成踴躍獻金的工作以慰勞我抗戰將士及榮譽軍人聊表我們遠居海外國民的一點敬意因此我們今日在慶祝祖國勝利世界和平當中除通電對我們的賢明領袖
蔣主席及抗戰將士致敬外我們一致高呼

抗戰勝利萬歲
世界和平萬歲
同盟國萬歲
中英美蘇合作萬歲
蔣主席萬歲
抗戰將士萬歲
中國國民黨萬歲
中華民國萬歲

（二）

（谭志伟先生藏品）

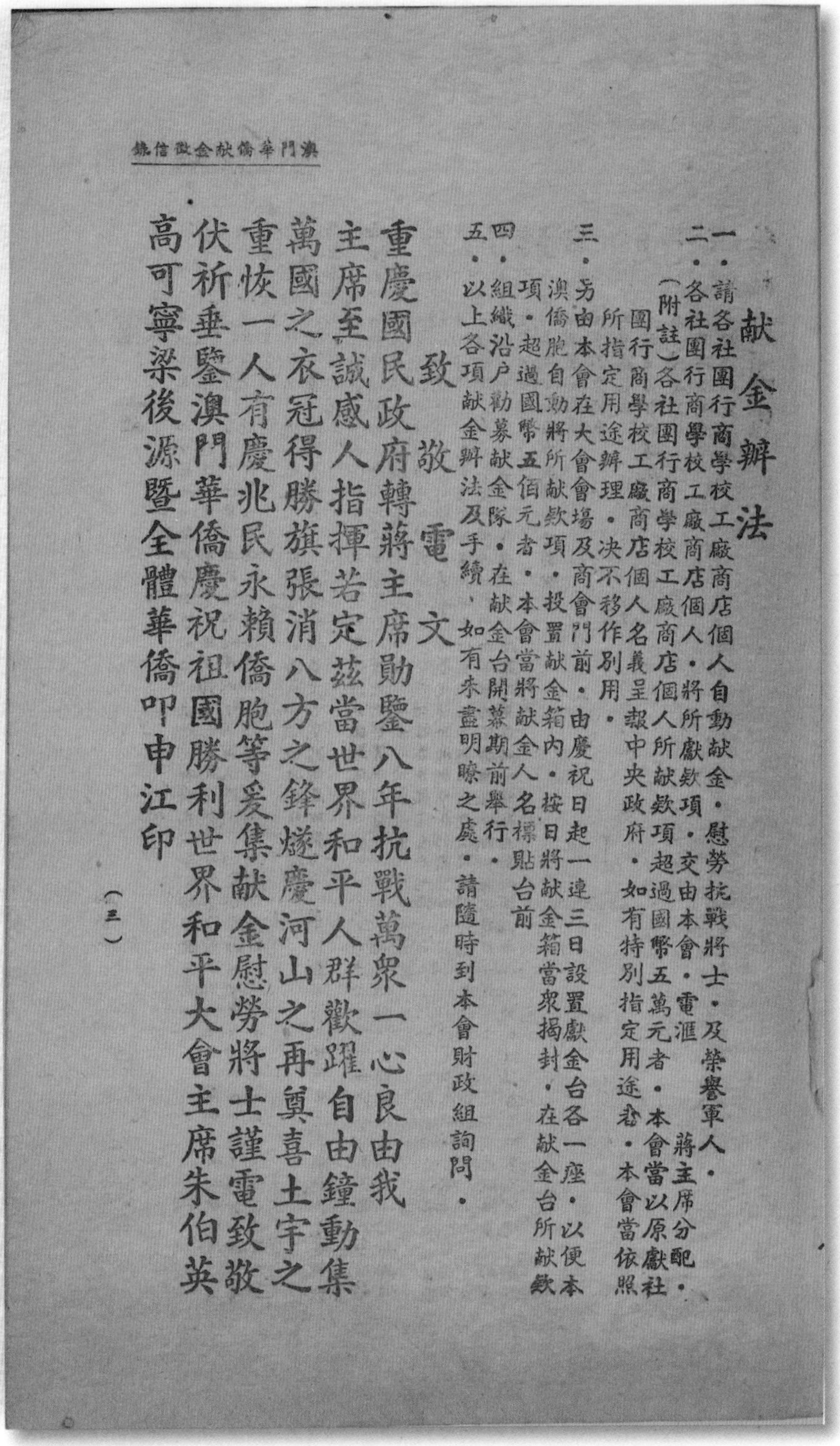

澳門華僑獻金徵信錄

獻金辦法

一・請各社團行商學校工廠商店個人自動獻金・慰勞抗戰將士・及榮譽軍人・

二・各社團行商學校工廠商店個人・將所獻款項・交由本會・電滙蔣主席分配・

（附註）各社團行商學校工廠商店個人所獻款項・超過國幣五萬元者・本會當以原獻社團行商學校工廠商店個人名義呈報中央政府・如有特別指定用途者・本會當依照所指定用途辦理・決不移作別用・

三・另由本會在大會會場及商會門前・由慶祝日起一連三日設置獻金台各一座・以便本澳僑胞自動將所獻款項・投置獻金箱內・按日將獻金箱當眾揭封・在獻金台所獻款項・超過國幣五佰元者・・本會當將獻金人名標貼台前

四・組織沿戶勸募獻金隊・在獻金台開幕期前舉行・

五・以上各項獻金辦法及手續、如有未盡明瞭之處・請隨時到本會財政組詢問・

致敬電文

重慶國民政府轉蔣主席勛鑒八年抗戰萬眾一心良由我主席至誠感人指揮若定茲當世界和平人群歡躍自由鐘動集萬國之衣冠得勝旗張消八方之鋒燧慶河山之再奠喜土宇之重恢一人有慶兆民永賴僑胞等爰集獻金慰勞將士謹電致敬伏祈垂鑒澳門華僑慶祝祖國勝利世界和平大會主席朱伯英高可寧梁後源暨全體華僑叩申江印

（三）

（谭志伟先生藏品）

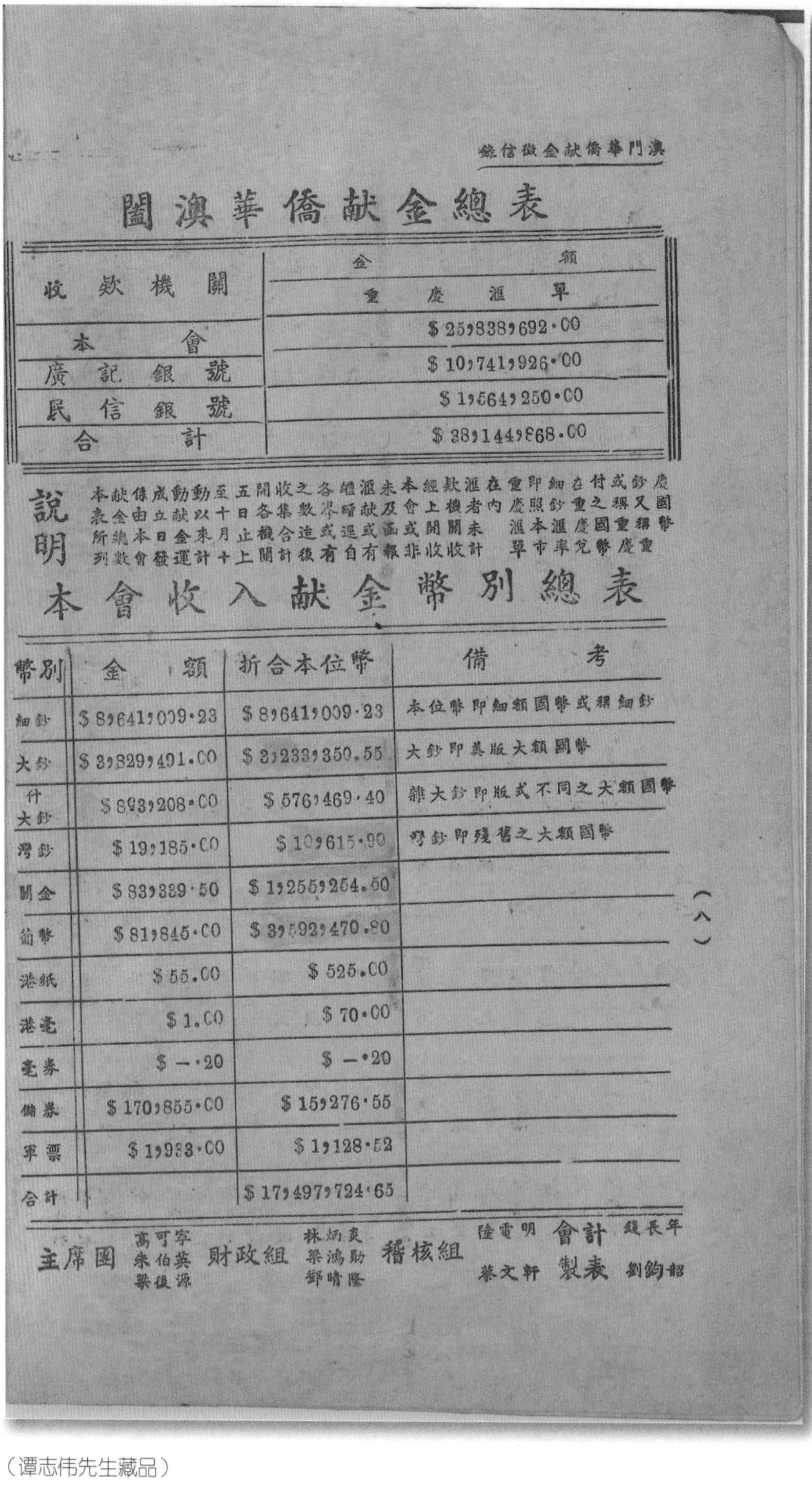

澳門華僑獻金徵信錄

闔澳華僑獻金總表

收款機關	金額 重慶滙單
本會	$25,838,692.00
廣記銀號	$10,741,926.00
民信銀號	$1,564,250.00
合計	$38,144,868.00

說明　本表所列獻金總數係由本會成立日發動獻金運動以來計至十月十五日止上開各機關收集合計之數迨後各界或有繼續遲自滙獻或有未及匯報本會或非經上開收款機關收者未計在內　重慶滙單即照本市細鈔滙率在重慶兌付之國幣或稱重慶鈔又稱重慶國幣

本會收入獻金幣別總表

幣別	金額	折合本位幣	備考
細鈔	$8,641,009.23	$8,641,009.23	本位幣即細額國幣或稱細鈔
大鈔	$3,829,491.00	$3,233,350.55	大鈔即英版大額國幣
什大鈔	$893,208.00	$576,469.40	雜大鈔即版式不同之大額國幣
灣鈔	$19,185.00	$10,615.90	灣鈔即殘舊之大額國幣
關金	$83,329.50	$1,255,254.50	
葡幣	$81,845.00	$3,592,470.80	
港紙	$55.00	$525.00	
港毫	$1.00	$70.00	
毫券	$—.20	$—.20	
儲券	$170,855.00	$15,276.55	
軍票	$1,933.00	$1,128.52	
合計		$17,497,724.65	

主席團　高可寧　朱伯英　梁後源　財政組　林炳炎　梁鴻勳　鄧晴隆　稽核組　陸電明　蔡文軒　會計　錢長年　製表　劉鈞韶

（八）

（谭志伟先生藏品）

澳門華僑献金徵信錄

廣記銀號收滙献金總表

由八月廿八日至十月十五日止　　幣別—重慶滙單

献金人姓名或行號	金額	献金人姓名或行號	金額
郞志豪	$ 50,000.00	[illegible]瑞棉	$ 100,000.00
郞志豪	$ 50,000.00	[illegible]日初	$ 50,000.00
金城酒家暨全體職工	$ 100,000.00	[illegible]行齡	$ 50,000.00
理髮行東西同業	$ 230,123.00	[illegible]子如	$ 50,000.00
江浙同鄉會	$ 1[illegible]0,000.00	郭灼華	$ 20,000.00
小押行	$ 154,461.00	黃耀堅	$ 10,000.00
大光火柴廠	$ 60[illegible],000.00	[illegible]應江	$ 10,000.00
豬肉行	$ 2[illegible]0,000.00	[illegible]錶行	$ 140,000.00
澳門中山同鄉會	$ 1[illegible],000.00	[illegible]味行	$ 7[illegible],384.00
六[illegible]飯[illegible]全[illegible]職員	$ 100,000.00	[illegible]杏林	$ 150,000.00
東興火柴廠	$ 1[illegible]0,000.00	[illegible]清呼	$ 250,000.00
豬欄宏育堂	$ 155,000.00	[illegible]再生	$ 50,000.00
澳門熟藥行	$ 110,000.00	[illegible]信號	$ 50,000.00
澳門中藥研究會全體工友	$ 114,0[illegible]0.00	金業行寶安號	$ 50,000.00
國際酒店義舞献金	$ 113,426.00	金業行同人	$ 594,813.00
雜貨行永義堂	$ 230,769.00	[illegible]緞疋頭行	$ 224,770.00
中央酒店金門餐室全[illegible]職員	$ 136,692.00	僑澳中藥行同人	$ 52,300.00
梁俊源	$ 10,000.00	出入口商同業行	$ 1,653,800.00
牛皮鞋料商	$ 110,000.00	陳蘭芳	$ 50,000.00
酒樓業男女工友	$ 241,238.00	[illegible]業行	$ 82,200.00
陳茂枝	$ 100,000.00	畢漸遐	$ 24,614.00
李樹發	$ 100,000.00	桂口宏發堂	$ 102,307.00

（壹四）

（谭志伟先生藏品）

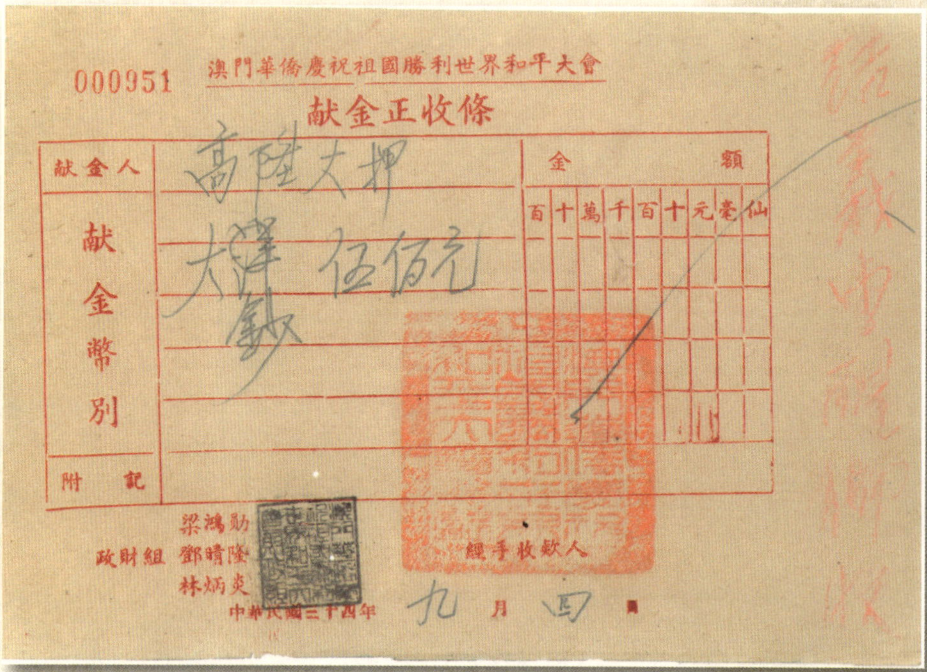

000951

澳門華僑慶祝祖國勝利世界和平大會

献金正收條

献金人	高陞大押	金額
献金幣別	大洋 伍佰元	百 十 萬 千 百 十 元 毫 仙
附記		

政財組 梁鴻勛 鄧晴隆 林炳炎

經手收款人

中華民國三十四年 九 月 四 日

結義堂醒獅收

1945年9月4日，澳门结义堂醒狮队为庆祝祖国胜利世界和平大会献金正收条（姚鸿光先生藏品）

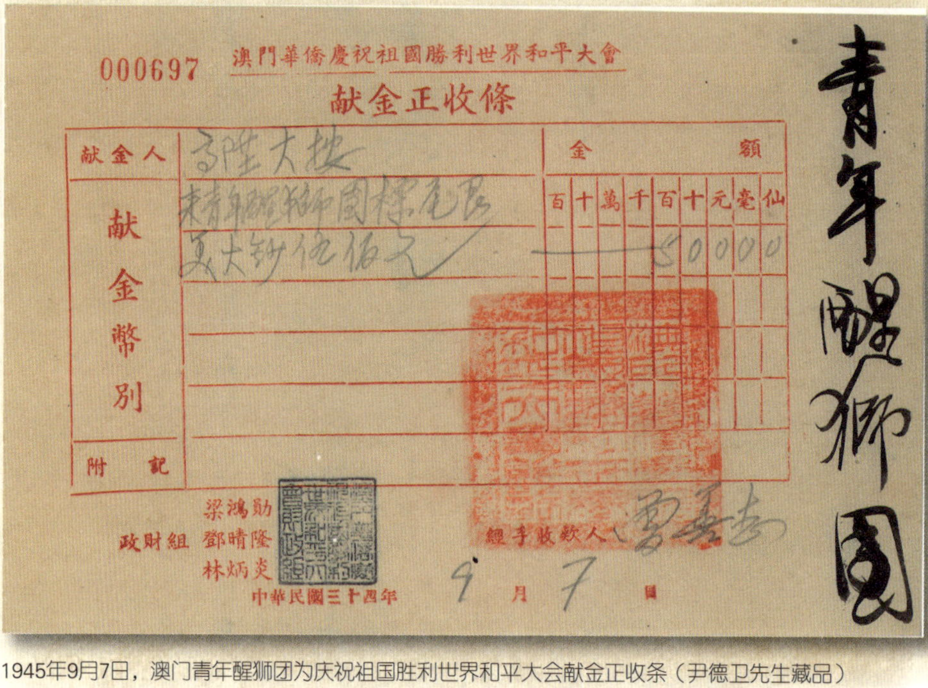

000697

澳門華僑慶祝祖國勝利世界和平大會

献金正收條

献金人	高陞大按	金額
献金幣別	交大鈔伍佰元	百 十 萬 千 百 十 元 毫 仙 50000
附記		

政財組 梁鴻勛 鄧晴隆 林炳炎

經手收款人

中華民國三十四年 9 月 7 日

青年醒獅團

1945年9月7日，澳门青年醒狮团为庆祝祖国胜利世界和平大会献金正收条（尹德卫先生藏品）

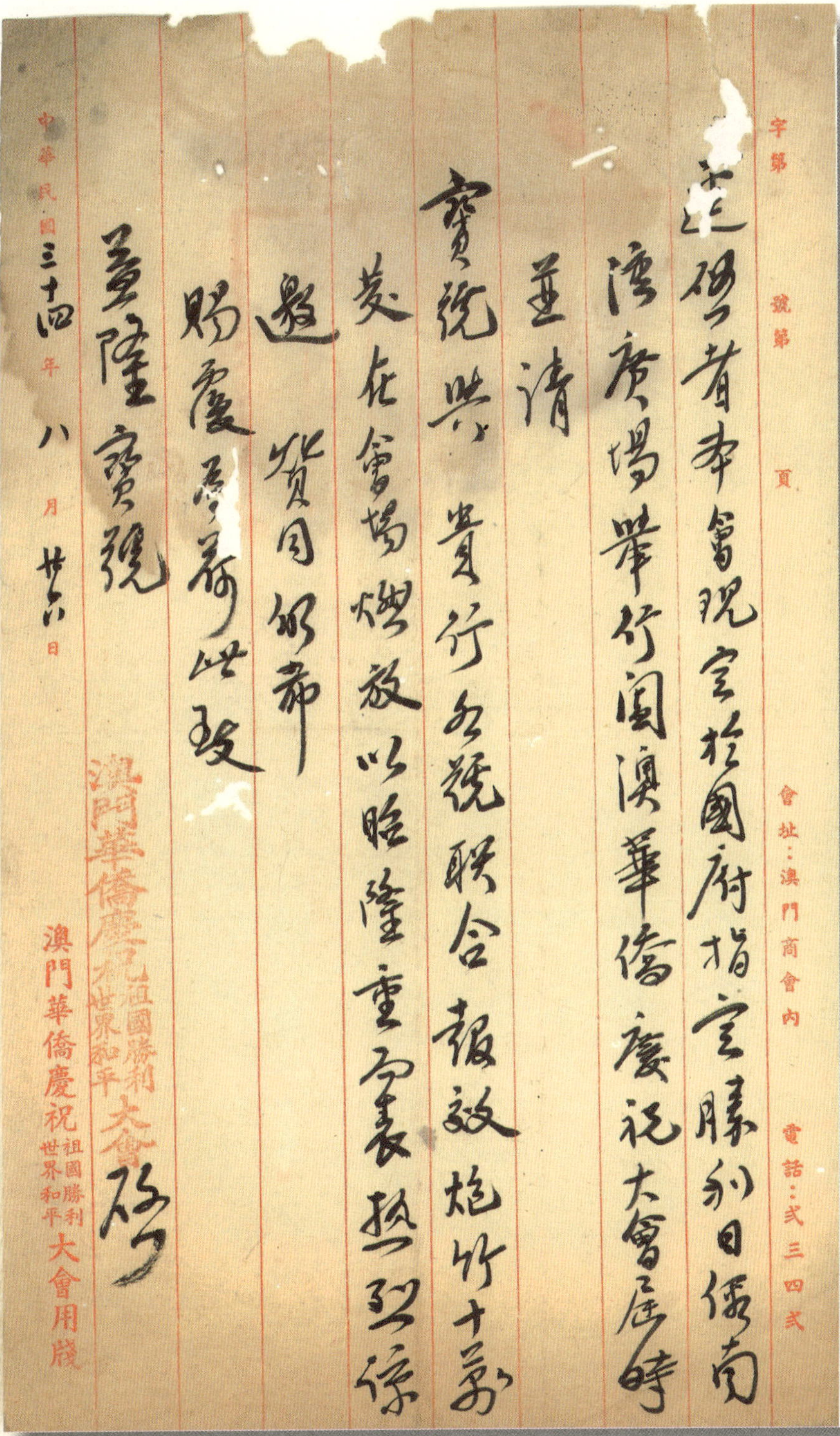

字第　號第　頁

逕啟者：本會現定於國府指定勝利日假南灣廣場舉行闔澳華僑慶祝大會，屆時並請寶號與貴行各號聯合報效炮竹十萬發，在會場燃放，以昭隆重而表熱烈。倘邀贊同，務希賜覆為荷。此致
益隆寶號

澳門華僑慶祝祖國勝利世界和平大會 啟

中華民國三十四年八月廿六日

會址：澳門商會內　電話：弍三四弍

澳門華僑慶祝祖國勝利世界和平大會用牋

1945年8月26日，澳门华侨庆祝祖国胜利世界和平大会致函益隆宝号，洽商胜利日由该号报效十万发炮竹于南湾广场燃放事宜（姚鸿光先生藏品）

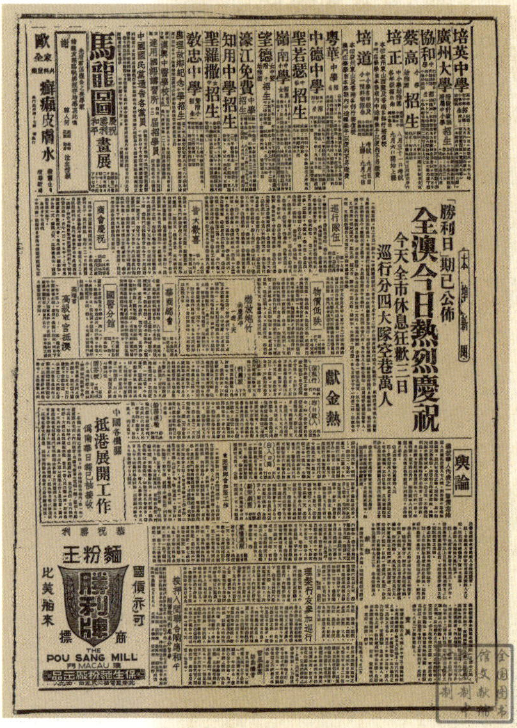

本埠新聞

「勝利日」期已公佈
全澳今日熱烈慶祝
今天全市休息狂歡三日
巡行分四大隊空巷萬人

遊行隊伍

物價低跌

獻金熱

輿論

培英中學
廣州大學
協和
蔡高 招生
培正
培道
粵華中學
中德中學
聖若瑟 招生
嶺南中學
濠江免費
知用中學招生
聖羅撒 招生
教忠中學

馬龍圖 畫展

抵港展開工作

恭祝勝利
麵粉王
勝利牌
國貨亦可
比美舶來
商標
THE POU SANG MILL
MACAU 澳門
保生麵粉廠出品

1945年9月4日《华侨报》

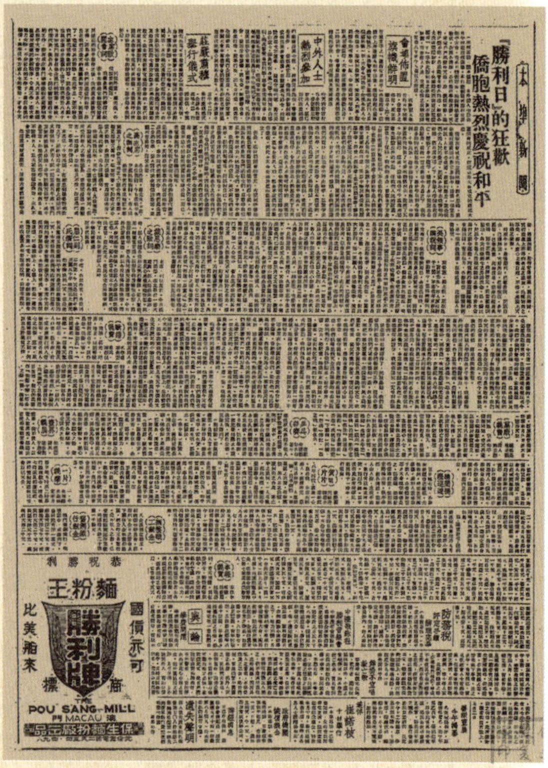

本埠新聞

「勝利日」的狂歡
僑胞熱烈慶祝和平

會華僑團
旗幟鮮明

中外人士
熱烈參加

恭祝勝利
麵粉王
勝利牌
國貨亦可
比美舶來
商標
POU SANG MILL
MACAU 澳門
保生麵粉廠出品

1945年9月5日《华侨报》

二

支援抗战与救亡图存

澳门的命运从来都与祖国的命运休戚相关，每当中华民族面临存亡危急时更是荣辱与共。1937年中国抗战全面爆发后，澳门援助抗战与救亡图存的运动，在澳门抗日统战进步团体、澳门工商界人士的主导和各阶层民众的广泛动员和参与下，以“共拯我被难同胞于水深火热之中”，“筹款赈灾，拯救受难同胞”为宗旨，以“只知工作，不求名利；工作至上，民族利益至上”为口号，以“拯救中华民族危亡，实行人道主义”为旗帜而轰轰烈烈开展起来。

当时澳门政府虽然实行“中立”政策，但在1938年10月广州沦陷、1940年3月日军攻陷中山县、1941年12月香港沦陷之后，其所谓的“中立”政策，随着战局发展和各种力量对比变化而出现摇摆和变化。之前澳门政府实行亲国民政府的中立政策，允许澳门各界以人道主义的医疗救助等方式协助中国军民，对澳门各界的华人组织救亡及其开展捐献活动，只要不以“日寇”“敌寇”“抗日”“抗敌救国”的字样出现，干预和限制不是很明显，然若各团体的宣传或刊登报刊的稿件涉及“抗日”字样，或内容有刺激日军的时候，其新闻检查机构不是责令以“××”代替，就是审查不通过而被迫撤稿，这样报纸就可能出现“天窗”。之后澳门处在日军的直接威胁和包围之下，澳门政府慑于压力和基于安全而不得不改变原先的亲中立场转而向日军妥协示好，对内厉行高压管控，实行戒严，防止内乱，限制公开集会结社，社团领导人选须经澳督认可方得上任。在审批民间社团慈善机构时，限制社团自主冠名，允准成立以“救灾”“慰劳”为名的组织，禁止成立“抗敌”“抗日”为名的组织。社会慈善团体的活动内容，只许救亡赈济的筹募活动，限于筹集金钱，购买医药、粮食以及物品等人道主义范畴，禁止购置武器与军械。社会慈善团体的各种筹募活动须事先申报，获批准之后才能进行，即使是户内的小规模筹集，亦须向警察厅办理申请。若开展户外的筹募活动，如售花、售旗、售章、沿门劝捐、举办球赛义演等，须向澳督申请批准。各种义卖活动，既要向警方申领许可证（俗称“人情纸”），又规定义卖单位负有监管之责。1940年5月，澳门政府颁布法规，不允许进行一切户外筹集和宣传活动，只准室内非公开的筹集。因此，除获得政府支持或经济实力雄厚的上层人士组成的社团外，澳门许多救亡赈难团体陆续停止活动。但澳门各界并未因此停止其民族救亡与援助抗战的活动，而是顺应这种客观形势和发展变化要求，以其政治睿智开展了更为丰富多彩的活动。

抗战期间，澳门援助抗战和救亡图存的活动，以活动内容可分为募捐宣传和直接参与两大类；以活动主体可分为本土社团慈善组织与外来社团两大类，而本土的社团和慈善机构可细分为原有社团组织与新生社团。其中既有官方或官民主导的社团救济组织，如澳门救济难民兼管理粮食委员会、澳门统制进出口物品委员会和澳门居民粮食互助委员会与港澳赈济会等，又有天主教救济会、仁慈堂、中国公教进行会、基督教澳门志道堂、澳门妇女青年会和佛教功德林等宗教团体。以募捐赈济为主的澳门原有社团组织主要有澳门总商会、镜湖医院慈善会、同善堂和澳门华侨联合会等；新生的社团或慈善组织有澳门四界救灾会、救国公债劝募委员会澳门分会、广东国防公债总会澳门分会、阖澳华侨赈济会、澳门粮价平抑会、澳侨协助难民回乡会、侨澳中山同乡会、澳门学生赈济会、澳门酒业长期救灾会、澳门记者联会、澳门洋务工友赈灾会、澳门洋服行友救灾会、澳门花界救灾会。外来的社团组织有港澳赈济会、中山济难会澳门分会、华侨物品筹务赈灾会、广州中山大学北上服务团、香港中华学生救济会等。以救亡宣传活动为主的澳门原有社团为中华教育会。而澳门新生的社团组织有中国妇女慰劳会澳门分会、旅澳中国华侨青年乡村服务团、澳门四界救灾会回国服务团、旅澳青年救亡移动剧队、澳湾各界抗敌后援会、岐关车路公司职工同乐会、起来读书会、呐喊文学会、青年音乐社、中流剧社、剑电剧社、艺联剧团、国语讲习所同学为中心的“修社”、前锋剧社、淘声音乐社、蝴蝶音乐社、高剑父等艺术家在澳门组织的“协社”等文艺团体；外来的有国民党驻澳党部委员会、中共澳门地下党组织、澳门华侨新生活运动促进委员会、革命同志抗敌后援会澳门分会、澳门妇女生计促进会等。这些名目繁多的救济赈难组织和团体虽然有的骤兴骤落，持续时间短促，但都为援助抗战和救亡图存发挥了应有的作用，反映出在拯救民族危亡的紧要关头，不分政党派别、不论宗教信仰和在朝在野所形成的高度的民族文化价值认同与社会力量的整合凝聚。

抗战期间，澳门援助抗战与救亡图存的活动范围，不仅在澳门本岛，还延伸到邻近澳门的广东省中山县甚至祖国各地。其抗战救亡宣传与支持抗战的活动，主要包括如下几个方面：

一是开展民族救亡宣传。在抗战爆发前夕，爱国青年黄健、杜岚夫妇从内地来到濠江中学开展抗日救亡工作，以濠江中学为地下交通站掩护接送抗日人士。1937年7月下旬，以澳门工商界和上层人士为代表成立了澳门各界救灾会，妇女界成立了“妇女慰劳会”和“妇女互助会”。8月，以廖锦涛、陈少陵等人为首组织了“旅澳中国青年乡村服务团”，得到澳门各界人士的大力支持，如中华总商会主席徐伟卿、爱国商人陈直生等纷纷解囊相助。澳门同胞的爱国救亡情怀，在他们所拟定的团歌中表现得淋漓尽致，其歌词是：“慨我中华，山河破不整；恨那日寇，兽性到处凶逞。我们愿意，走遍祖国农村；我们立誓，推动全民抗战。中国青年誓把祖国挽救，争取民族的解放和生存。旅澳青年为我国服务，终有一天，我们得到凯旋！”8月2日，以学术、体育、音乐和戏剧界为中心的“四界救灾会”成立，其宣言力陈日军暴行：“自卢沟桥事件发生以还……烽烟四起，炮火连天，村舍为坵，灾黎盈野，尸横遍地，血染通衢，其不死于枪林弹雨间者，亦流离失所，无家可归……吾人虽不能飞身拯救，亦当尽力输财。”他们组织宣传队和慰问团到邻近的中山各区乡村开展宣传动员工作，极大地推动了抗战救亡运动的发展。澳门妇女界救亡团体邀请著名爱国女士史良到澳门指导澳门妇女抗战工作，发表《抗战与妇女》的演讲。前锋剧社组织下乡宣传，演出《放下你的鞭子》《血洒卢沟桥》等抗战题材的剧目。不少剧院、戏院相继上映反映抗战的电影《淞沪抗战》《最后关头》《前进曲》《收复失地》等。1942年初，以达用国语讲习所第17届毕业同学为主成立了抗战团体“修社”，举办抗战歌曲演唱，传阅抗战书刊等活动。澳门知行学校学生撰写200多封慰问信，慰问前方将士。

二是义卖筹款，捐输援助抗战。抗战期间，澳门各界通过开展义卖、劝募、筹款、献金救国等活动，支持祖国抗战。从1937年到1940年三年多的时间里，澳门各界的募捐活动达100多次。如1938年和1939年澳门举办两届“八一三”救国献金活动，其中1939年的献金活动持续三天，澳门商会办事处设献金台献金，以市民捐款、茶楼义唱、戏院义演等多种形式，共筹得国币近10万元。当时澳门福隆新街的不少妓女（即“歌姬”）也积极加入献金爱国运动，捐出金钱现钞，有的还把戒指、金项链及首饰等慷慨捐献，当地报纸曾以“商女也知亡国恨”及“歌姬竞捐争冠军”为标题，报道了她们热烈捐输爱国的行动。当时澳门腊味行同仁的义卖宣传称：“自九一八国难迄今，举国同胞茹辛尝胆，莫不水深火热急若燃眉，而卢沟桥抗战年余，我同胞东走西奔，到处皆惨罹烟弹。死者已矣，而生者方待救倒悬，是以侨海同胞深忧国难，发起义卖。”体现了澳门各界在中华民族面临危亡时表现出来的以拯救民族为己任的豪迈之情。

前方浴血奋战的将士缺少什么，澳门各界就千方百计募捐什么。1937年11月，澳门中国妇女慰劳会邀请粤剧名伶薛觉先在澳门平安戏院上演粤剧《危城弄虎威》，以筹得的款项为前方抗战将士购买棉衣。1938年5月，盘踞大小横琴岛一带的日军乘坐橡皮艇企图登陆中山洪湾，被我守军奋起击退，澳门慰问团携带各界人士捐输的大批食品和药品等，冒着敌机空袭的危险慰劳抗日将士，并向他们赠送“卫国为民”“守土杀敌”的锦旗。珠江三角洲的抗日游击队也曾得到澳门各界人士捐赠的药品。抗战爆发一周年纪念时，全澳饮食行业制作素食筹募，出售印有“毋忘七七”字样的素包子及其他素食，激励民众奋起抗战。9月初至10月中旬，全澳各商行举行为期40天的义卖活动，有100多家店铺响应，共筹集款项折合国币9万多元。在义卖活动中，中央不夜天酒家别出心裁，制作“救国翅”和“救国点心”，以竞卖方式认购，到场的绅商和热心人士纷纷以高价义购。另外，澳门大丰银号总经理马万祺、经理何贤等也为抗日游击队出过力。镜湖医院先后派出五位护士到五桂山游击区，一位到东江纵队为伤员服务。活跃在五桂山一带的游击队有时秘密地把伤员送到镜湖医院治疗，得到柯麟院长和其他医护人员的精心治疗和安全保护，同时还给游击队购置输送医疗器材和药品等。由此可见，澳门各界的爱国救亡热情是空前的。

三是接济安置难民，奔赴抗战前线报效祖国。澳门各界救亡赈济难民的内容见本图志第四部分“战争避难所”所述，此不赘述。在抗战期间，很多澳门同胞直接回国参战，驰骋在战火弥漫的抗击日军的战场上，谱写了可歌可泣感人的英雄篇章。如1938年10月21日，广州沦陷那天，澳门四界救灾会回国服务团正式成立，并任命廖锦涛为团长，澳门的教师、学生、工人、职员等踊跃报名参加服务团，其中年龄最大的24岁，最小的才13岁。从1938年11月到1940年6月，四界救灾会回国服务团先后组成11个队，共160多人，前往西江、东江、北江及珠江三角洲等地。他们中有7个队共110多人先后被编入第十二集团军政工总队，有3个队43人进入游击区。除机工队从事战时运输工作外，其余各队，有的从事动员民众和组织民众工作，开展各种形式的抗战宣传工作。如第1队进驻三洲地区的普安、范州乡后，组织少年歌咏队、举办民众夜校，推动民众成立乡民协会、妇女协会、少年抗敌先锋队，发动开明绅士投入抗战救国活动；有的担任部队的连长、排长做政治思想工作，向士兵讲授抗战救国道理，教唱抗战歌曲，讲述战斗故事，替士兵写家书，并举办文艺晚会，活跃军营生活；

有的给伤员敷药包扎或将重伤员抬到医院，全力投入战时救护工作；有的参与军民合作站的筹备工作，被派到合作站担任副站长，建立抗战宣传教育据点，参加常备运输队、担架队、除奸队等工作；有的战斗在火线。

1942年中山县五桂山抗日民主根据地成立后，有大批澳门青年奔赴五桂山参加抗战，如李成俊（当时化名李嘉）、赖冠威、李铁等人。李成俊曾率领总理纪念中学、培正中学、中德中学、濠江中学、行易中学和镜湖医院护士学校等10多名男女青年投奔五桂山游击根据地，担任各种工作。澳门青年林锋1939年5月到广东参加游击队，曾任珠江纵队独立第三大队大队长。刘帼超医生在中山县三乡开设平岚博爱医局，为五桂山游击队员疗伤治病，被称为崇高的白衣战士。有不少澳门青年在抗日游击战中献出宝贵的生命，如侯取谦、马敬荣、黎景尹、陈衡葆和陈寿彭父子、郑诚之、胡兆基、冯剑青、陈君芝、廖锦涛、陈少陵、李静山、欧日良，等等，在抗日游击战争中为国捐躯，流血牺牲，受到后人的怀念和敬仰。

（一）抗战救亡团体

1．澳门各界救灾会

澳门四界救灾会回国服务团工作委员会全体委员合照

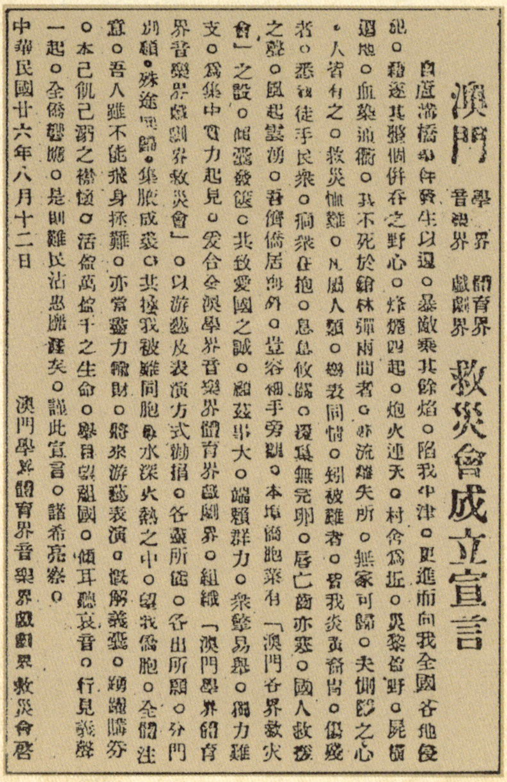

澳門學界 音樂界 體育界 戲劇界 救災會成立宣言

自蘆溝橋事件發生以還。暴敵乘其餘焰。陷我平津。更進而向我全國各地侵犯。務遂其饕餮併吞之野心。烽煙四起。炮火連天。村舍爲墟。災黎遍野。屍橫遍地。血染沙衢。其不死於鎗林彈雨間者。亦流離失所。無家可歸。夫惻隱之心。人皆有之。救災恤難。凡屬人類。應表同情。矧被難者。皆我炎黃裔胄。傷殘者。悉爲徒手民衆。同胞在抱。息息攸關。覆巢無完卵。唇亡齒亦寒。國人救援之聲。風起雲湧。吾儕僑居海外。豈容袖手旁觀。本埠同胞乃有「澳門各界救災會」之設。倡議發起。共致愛國之誠。爲茲事大。端賴群力。衆擎易舉。獨力難支。爲集中實力起見。爰合全澳學界音樂界體育界戲劇界。組織「澳門學界體育界音樂界戲劇界救災會」。以游藝及表演方式勸捐。各盡所能。各出所願。分門別類。殊途同歸。集腋成裘。共拯我被難同胞於水深火熱之中。望我僑胞。全體注意。吾人雖不能飛身拯難。亦當盡力輸財。將來游藝表演。慨解義囊。踴躍購券。本己飢己溺之襟懷。活億萬垂斃之生命。舉目望祖國。傾耳聽哀音。行見義聲一起。全僑響應。是則難民沾恩無涯矣。謹此宣言。諸希亮察。

澳門學界體育界音樂界戲劇界救災會啓

中華民國廿六年八月十二日

选自《濠江风云儿女》一书

澳门四界救灾会名誉顾问徐佩之

澳门四界救灾会名誉顾问梁后源

1937年澳门各界救灾会委员证章（姚鸿光先生藏品）

1937年澳门各界救灾会劳绩纪念章（姚鸿光先生藏品）

1938年澳门各界救灾会“七七”纪念劳绩章（姚鸿光先生藏品）

1938年8月，旅澳中国青年乡村服务团第一队回国留影

1938年11月，澳门四界救灾会服务团第一队回国合影留念

女西医刘帼超在中山县开办医局，为五桂山游击队员疗伤治病

设在五桂山石门田心村的南番中顺游击区指挥部旧址

位于中山南蓢合水口剑门牌村的南番中顺游击区指挥部、中共南番中顺临时工作委员会机关旧址

1938年12月，澳门四界救灾会理事欢送回国服务团第二队同志出发合影

培正中学剧团自觉下乡宣传

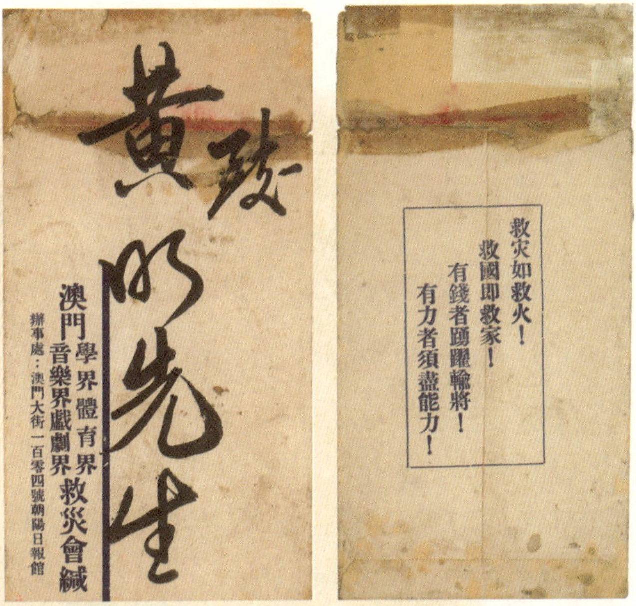

澳门四界救灾会信封正背面
（姚鸿光先生藏品）

澳门营地大街104号《朝阳日报》报馆——澳门四界救灾会办事处旧址

澳门中国妇女慰劳会会章（姚鸿光先生藏品）

1939年初夏，妇女慰劳会各主要负责人和骨干人员合照

梁咏裳

廖奉灵

郑蕙荃

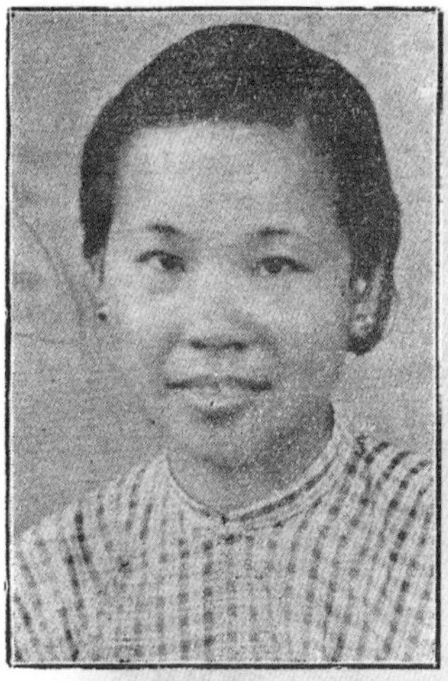

崔瑞琛

高可宁

蔡文轩

1937年12月，史良与澳门中国妇女慰劳会人员合影

1941年9月20日，澳门妇女会发起为镜湖医院卖花筹款，敦请督宪夫妇亲临主持颁奖典礼留影

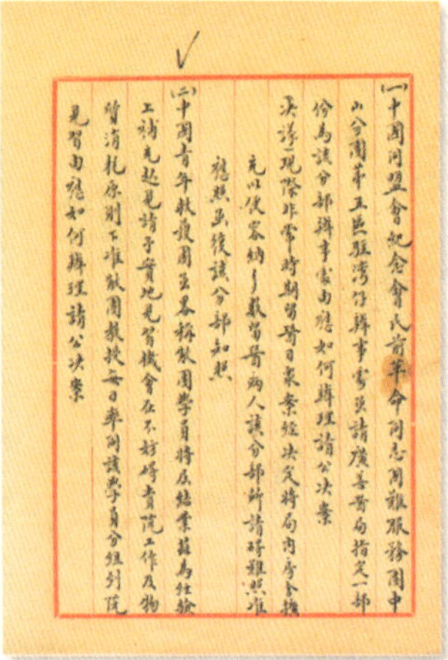

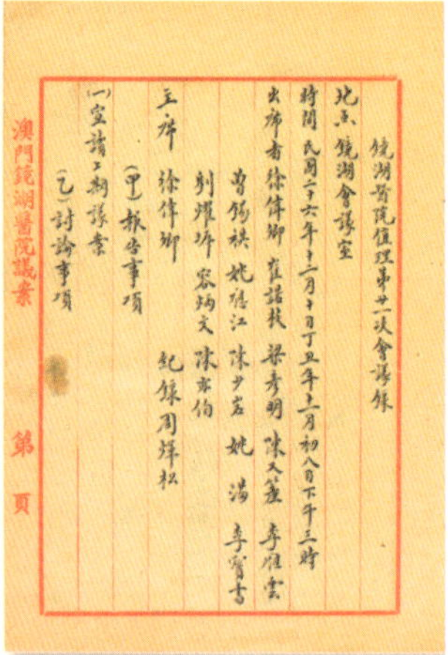
镜湖医院值理第廿一次会议录
地点 镜湖会议室
时间 民国廿六年十二月十日丁丑年十一月初八日下午三时
主席 徐伟卿
(一)宣读上期议案
(甲)报告事项
(乙)讨论事项
澳門鏡湖醫院議案 第 頁

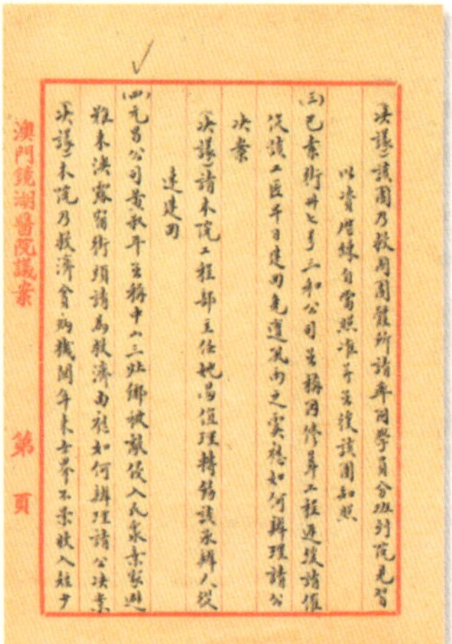
澳門鏡湖醫院議案 第 頁

1937年12月10日，镜湖医院值理第21次会议记录决定成立澳门中国青年救护团

1938年春，救护团教职员与第一期毕业学生合影留念（罗景新先生藏品）

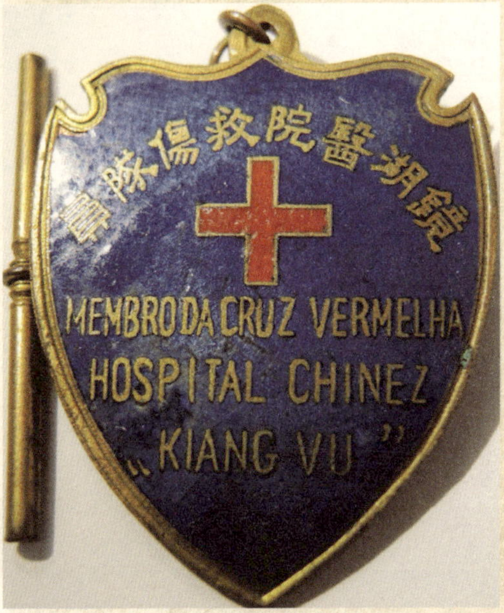

镜湖医院救伤队员徽章（姚鸿光先生藏品）

記述

抗戰期中青年的任務

史良先生在救護班演講詞——

各位，我們神聖的民族抗戰，由局部而漸進到全面，自蘆溝橋事變迄今已五月之久，在這五月之中我們得到的教訓很多，現在來檢討一下。

這次抗戰在表面上來看，我們是失去幾個地方，表現軍事上一時的失利，但本來弱國對抗强國一定會有很大的犧牲和一時的失敗的。

我們在未抗戰前，國內有很多意見和派別，有的主張立即抗戰，有的主張妥協下去，有的主張再多準備，但到蘆溝橋事變後，敵人瘋狂殘暴侵畧的事實粉碎了後兩種理論，主張。敵人的魔手一天天抓緊我們，由華北而華中，並企圖華南，於是激起中國空前未有的覺悟和團結。所以我們說敵人兇猛的侵畧，反是我們抗戰有利的條件。這也是我們得到第一個教訓。

第二個教訓是自我們開始抗戰後，已得到世界各國的同情，就是給國際上一種信念：中華民族是有抵抗精神，有不屈不撓的抵抗精神的。

第三個教訓是軍事上的失敗，固然敵人的軍火，武器優過我們，但這些不是使我們失敗的主因，主因就是第一不能動員廣大民衆參加抗戰。群衆沒有組織訓練，反被敵人欺騙利誘走上漢奸道路，破壞抗戰防禦工程。田禾等。第二是軍事策畧的錯誤，我們不該採取正面的陣地戰，應該組織民衆和軍隊配起起來運用游擊戰，在敵人的前後左右給他予襲擊，破壞敵人的交通運輸等。

第四個教訓是我們政府政治機構的不健全，政府機關中仍存在着親日派，妥協派，南京失陷前居然有人提議和敵人妥協，同時還有一部分官僚，政客對民衆畏懼，不敢開放民衆運動。不能採取民主方式發動羣衆參加抗戰。

在軍事上我們雖有一時失敗，但在消耗戰的意義上我們是得到成功，短時間消耗去了敵人很多軍隊，錢財，如果我們長期抵抗下去，敵人內部必然崩潰，失敗。因此我們得到一個最大的教訓，就是在敵人經濟極端困難中我們繼續不斷抗戰下去，最後勝利必然是我們的。

持久抗戰中青年應作什麼工作呢？任座諸位都是有智識青年，有學問的青年，都是努力抗戰工作的。對這問題可分幾方面來說：

（一）智識青年應負喚醒一般青年的責任。因尙有一部青年不了解抗戰的意義和前途，我

記述 1）

1937年12月，史良在救护班演讲词——《抗战期中青年的任务》之一（罗景新先生藏品）

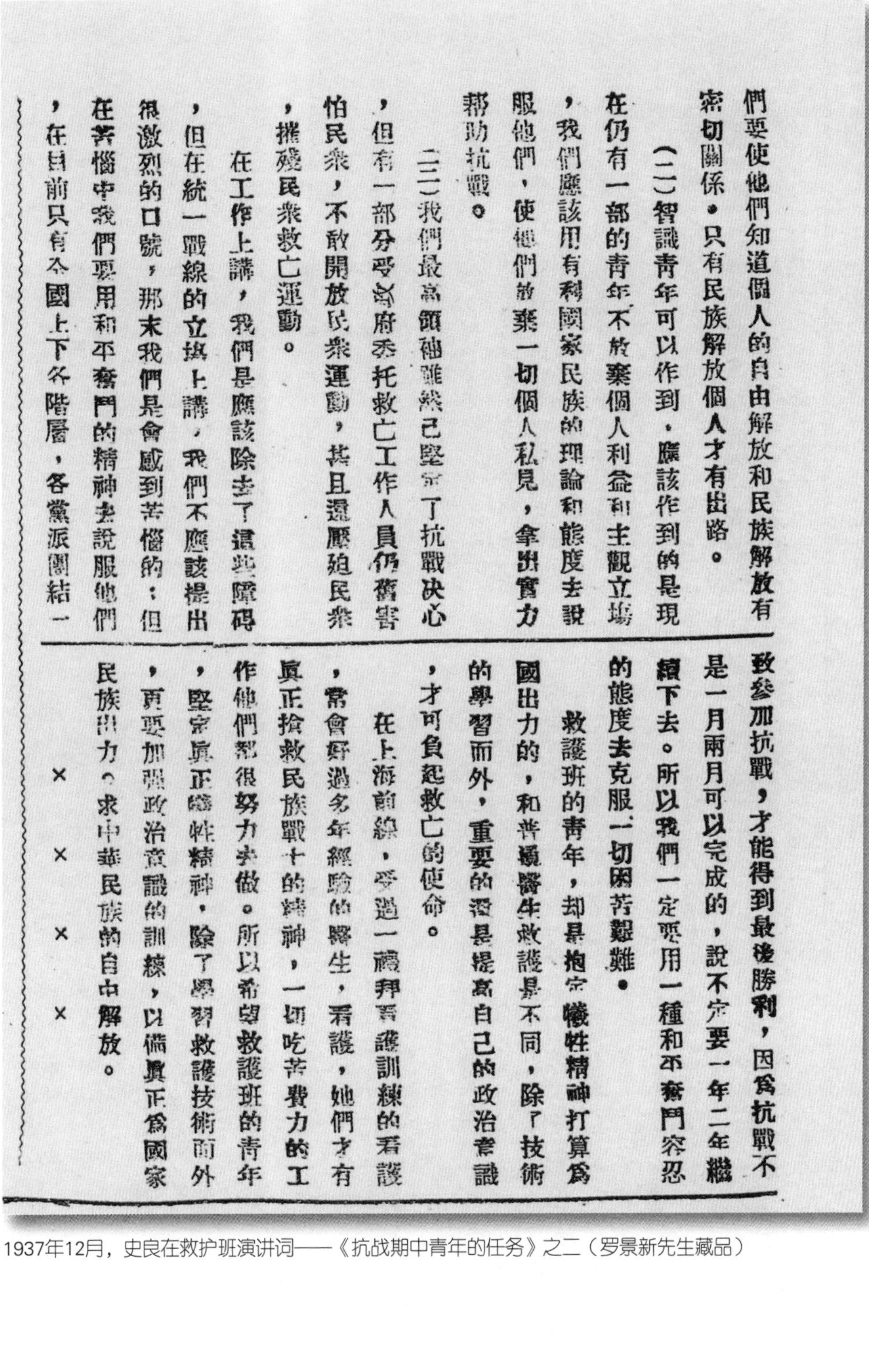

們要使他們知道個人的自由解放和民族解放有密切關係。只有民族解放個人才有出路。

(二)智識青年可以作到，應該作到的是現在仍有一部的青年不放棄個人利益和主觀立場，我們應該用有利國家民族的理論和態度去說服他們，使他們放棄一切個人私見，拿出實力幫助抗戰。

(三)我們最高領袖雖然已堅定了抗戰決心，但有一部分受政府委托救亡工作人員仍舊害怕民衆，不敢開放民衆運動，甚且還壓廹民衆，摧殘民衆救亡運動。

在工作上講，我們是應該除去了這些障碍，但在統一戰線的立塲上講，我們不應該提出很激烈的口號，那末我們是會感到苦惱的；但在苦惱中我們要用和平奮鬥的精神去說服他們，在目前只有全國上下各階層，各黨派團結一致參加抗戰，才能得到最後勝利，因爲抗戰不是一月兩月可以完成的，說不定要一年二年繼續下去。所以我們一定要用一種和平奮鬥容忍的態度去克服一切困苦艱難。

救護班的青年，却是抱定犧牲精神打算爲國出力的，和普通醫生救護是不同，除了技術的學習而外，重要的還是提高自己的政治意識，才可負起救亡的使命。

在上海前線，受過一禮拜看護訓練的看護，常會勝過多年經驗的醫生，看護，她們才有眞正搶救民族戰士的精神，一切吃苦費力的工作她們都很努力去做。所以希望救護班的青年，堅定眞正犧牲精神，除了學習救護技術而外，更要加强政治意識的訓練，以備眞正爲國家民族出力。求中華民族的自由解放。

× × × ×

1937年12月，史良在救护班演讲词——《抗战期中青年的任务》之二（罗景新先生藏品）

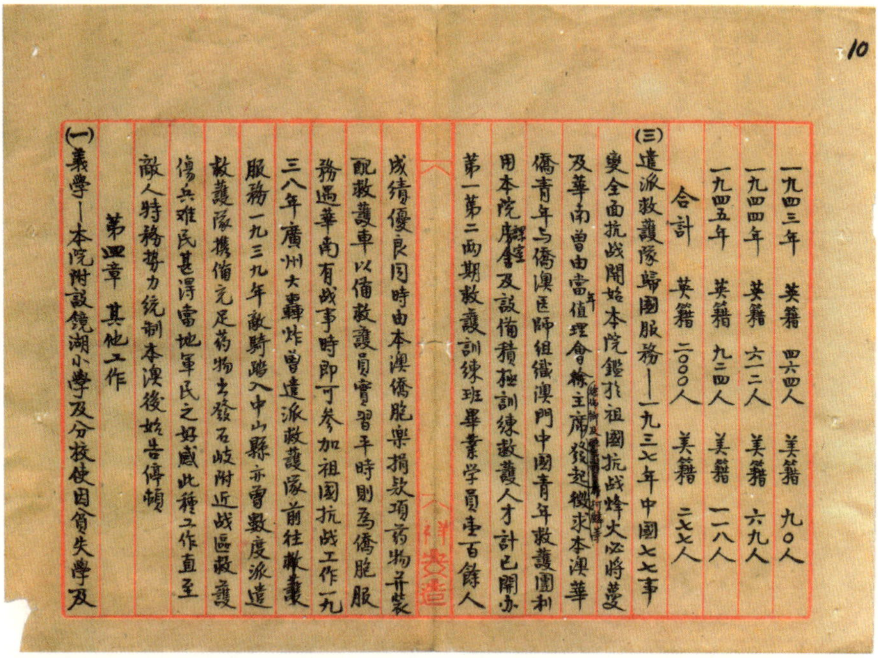

10

一九四三年 英籍 四六四人 美籍 九〇人
一九四四年 英籍 六一二人 美籍 六九人
一九四五年 英籍 九二四人 美籍 一一八人
合計 英籍 二〇〇〇人 美籍 二七七人
(三)遣派救護隊歸國服務——一九三七年中國七七事變全面抗战開始本院鑒於祖國抗战烽火必將蔓及華南曾由當值理會主席發起徵求本澳華僑青年與僑澳医師組織澳門中國青年救護團利用本院禮堂及設備積極訓練救護人才計已開办第一第二兩期救護訓練班畢業学員壹百餘人成績優良同時由本澳僑胞樂捐款項藥物并裝配救護車以備救護員實習平時則爲僑胞服務遇華南有战事時即可参加祖國抗战工作一九三八年廣州大轟炸曾遣派救護隊前往救護服務一九三九年敵騎踏入中山縣亦曾數度派遣救護隊携備充足藥物出發石岐附近战區救護傷兵難民甚得當地軍民之好感此種工作直至敵人特務勢力統制本澳後始告停頓

第四章 其他工作

(一)義學——本院附設鏡湖小學及分校使因貧失學及

镜湖医院在抗战期间派救护队归国服务的记录

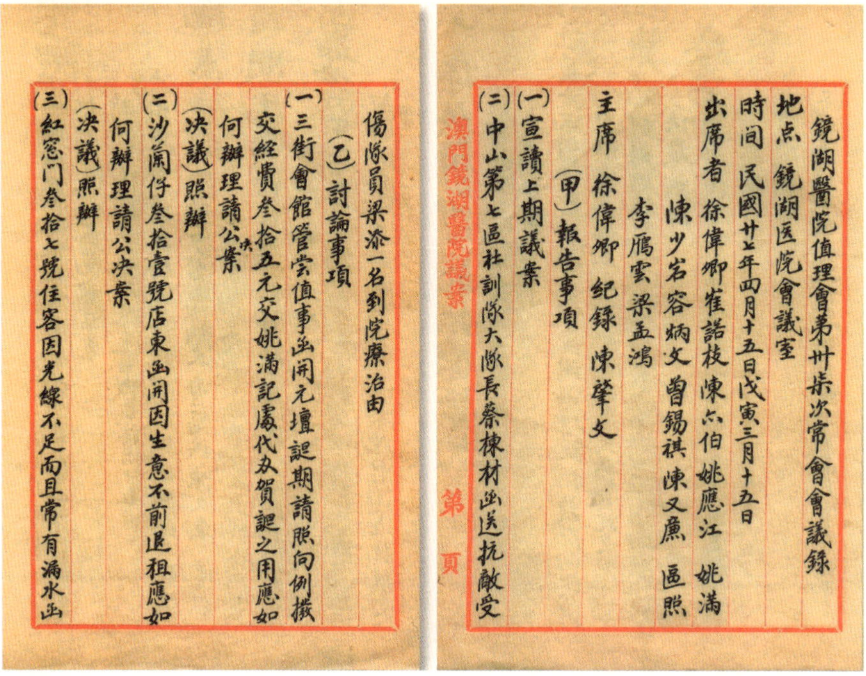

澳門鏡湖醫院議案 第 頁

鏡湖醫院值理會第卅柒次常會會議錄
地点 鏡湖医院會議室
時间 民國廿七年四月十五日戊寅三月十五日
出席者 徐偉卿 崔諾枝 陳六伯 姚應江 姚滿 陳少岩 容炳文 曾錫祺 陳又庶 區熙 李鷹雲 梁孟鴻
主席 徐偉卿 紀錄 陳肇文
(甲)報告事項
(一)宣讀上期議案
(二)中山第七區社訓隊大隊長蔡棟材函送抗敵受傷隊員梁添一名到院療治由
(乙)討論事項
(一)三街會館管嘗值事函開元壇誕期請照向例撥交經費叁拾五元交姚滿記處代辦賀誕之用應如何辦理請公決案
(決議)照辦
(二)沙蘭仔叁拾壹號店東函開因生意不前退租應如何辦理請公決案
(決議)照辦
(三)紅窗门叁拾七號住客因光綫不足而且常有漏水函

1938年4月，中山第七区社训队大队长蔡栋材函送抗敌受伤队员梁添到镜湖医院治疗的记录

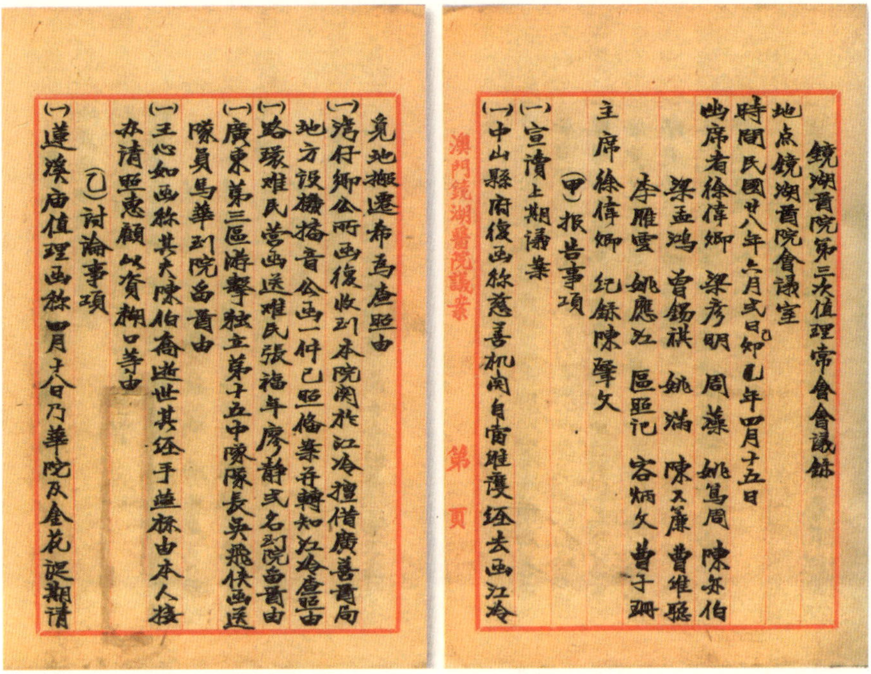

鏡湖醫院第三次值理常會會議錄
地點 鏡湖醫院會議室
時間 民國廿八年六月弍日 己卯年四月十五日
出席者 徐偉卿 梁彥明 周藻 姚篤周 陳冬伯
梁孟鴻 曾錫祺 姚滿 陳又廉 曹維聰
李雁雲 姚應江 區照記 容炳文 曹子珊
主席 徐偉卿 紀錄 陳肇文
(甲) 報告事項
(一) 宣讀上期議案
(一) 中山縣府復函稱慈善機關自當維護經去函江冷
澳門鏡湖醫院議案 第 頁

免地搬遷布為查照由
(一) 港仔鄉公所函復收到本院關於江冷擅借廣善醫局地方設播音公函一件已照備案并轉知江冷查照由
(一) 路環難民營函送難民張福年廖靜弍名到院留醫由
(一) 廣東第三區游擊獨立第十五中隊隊長吳飛俠函送隊員馬華到院留醫由
(一) 王心如函稱其夫陳伯喬逝世其經手並係由本人接办請照惠顧以資糊口等由
(乙) 討論事項
(一) 蓮溪廟值理函稱四月十八日乃華陀及金花誕期請

1939年6月2日，广东第三游击区独立第十五中队中队长吴飞侠函送队员马华到镜湖医院留医的记录

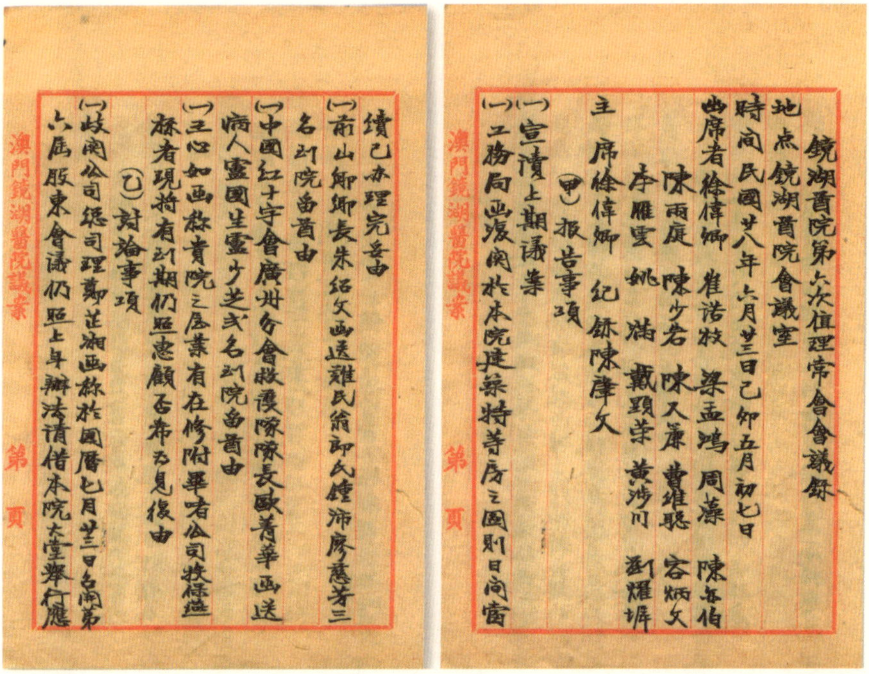

鏡湖醫院第六次值理常會會議錄
地點 鏡湖醫院會議室
時間 民國廿八年六月廿三日 己卯五月初七日
出席者 徐偉卿 崔諾枚 梁孟鴻 周藻 陳冬伯
陳雨庭 陳少岩 陳又廉 曹維聰 容炳文
李雁雲 姚滿 戴顕棠 黃渉川 劉耀墀
主席 徐偉卿 紀錄 陳肇文
(甲) 報告事項
(一) 宣讀上期議案
(一) 工務局函復關於本院建築特等房之圖則日間當
澳門鏡湖醫院議案 第 頁

續已办理完妥由
(一) 前山鄉鄉長朱紹文函送難民翁郁氏鍾沛廖慈芳三名到院留醫由
(一) 中國紅十字會廣州分會救護隊隊長歐菁華函送病人盧國生盧少芝弍名到院留醫由
(一) 王心如函稱貴院之屋業有在修附舉者公司投保燕條者現將有到期仍照惠顧否希為見復由
(乙) 討論事項
(一) 岐關公司總司理鄭芷湘函稱於國曆七月廿三日召開第六屆股東會議仍照上年辦法請借本院大堂舉行應
澳門鏡湖醫院議案 第 頁

1939年6月，中国红十字会广州分会救护队队长欧菁华函送病人卢国生、卢少芝到镜湖医院留医的记录

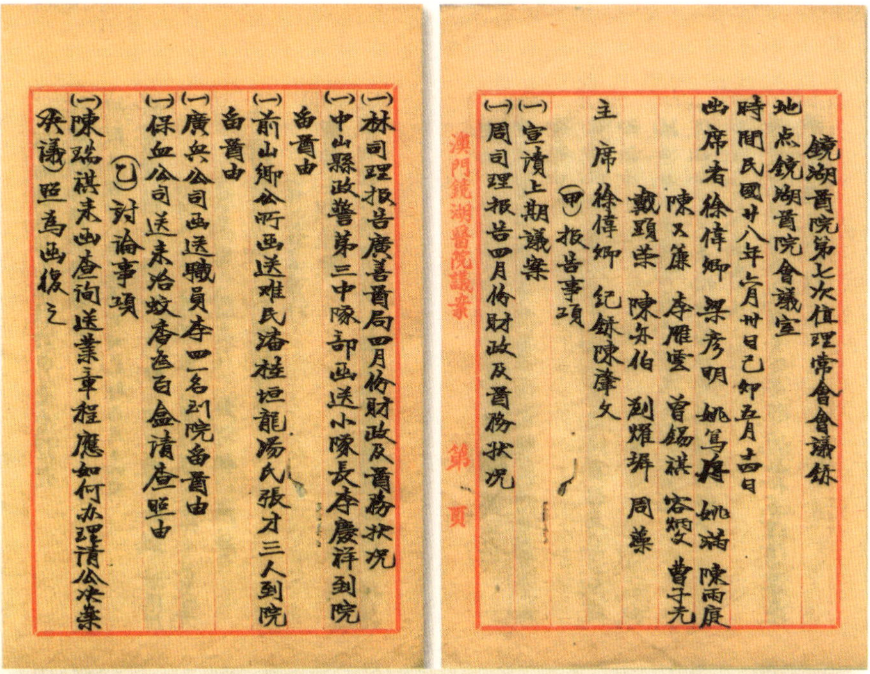

鏡湖醫院第七次值理常會會議錄
地点 鏡湖醫院會議室
時間 民國廿八年六月廿日己卯五月十四日
出席者 徐偉卿 梁彥明 姚篤周 姚湍 陳雨庭
陳又廉 李雁蜚 曾錫祺 容燮 曹子光
戴顯榮 陳奕伯 劉燿墀 周藻
主席 徐偉卿 紀錄 陳肇文
(一)宣讀上期議案
(甲)報告事項
(一)周司理報告四月份財政及醫務狀況
(一)林司理報告廣善醫局四月份財政及醫務狀況
(一)中山縣政警第三中隊部函送小隊長李慶祥到院留醫由
(一)前山鄉公所函送難民潘桂垣龍炳氏張才三人到院留醫由
(一)廣興公司函送職員李四一名到院留醫由
(一)保血公司送來治蚊香五百盒請查照由
(乙)討論事項
(一)陳端祺來函查詢送葬章程應如何辦理請公決案
決議 照為函復之

澳門鏡湖醫院議案 第 頁

1939年6月，中山县政警第三中队部函送小队长李庆祥到镜湖医院留医的记录

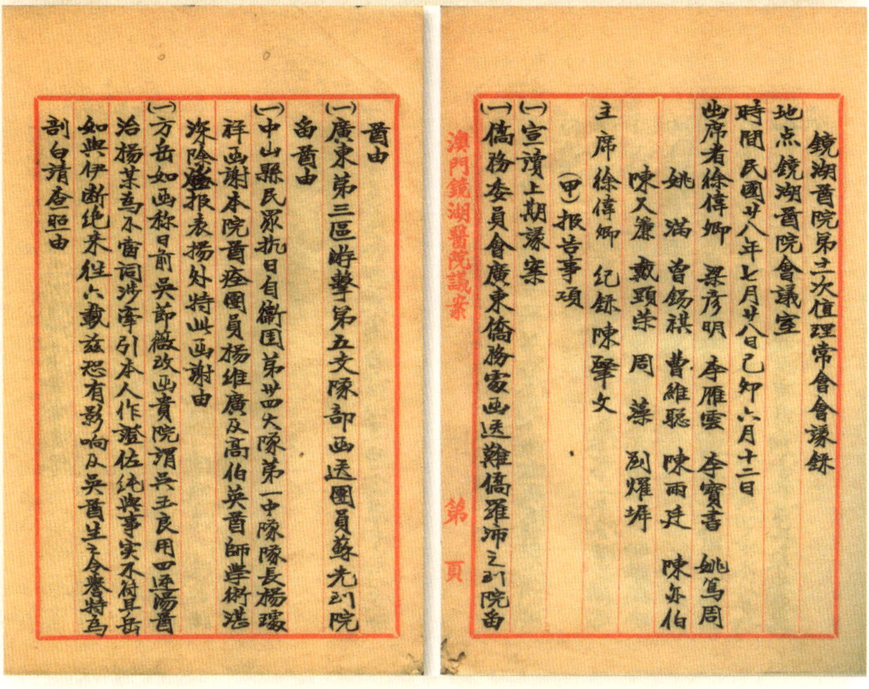

鏡湖醫院第十二次值理常會會議錄
地点 鏡湖醫院會議室
時間 民國廿八年七月廿八日己卯六月十二日
出席者 徐偉卿 梁彥明 李雁蜚 李寶書 姚篤周
姚湍 曾錫祺 曹維聪 陳雨廷 陳奕伯
陳又廉 戴顯榮 周藻 劉燿墀
主席 徐偉卿 紀錄 陳肇文
(一)宣讀上期議案
(甲)報告事項
(一)僑務委員會廣東僑務處函送難僑羅沛之到院留醫由
(一)廣東第三區游擊第五支隊部函送團員蘇光到院留醫由
(一)中山縣民眾抗日自衛團第卅四大隊第一中隊隊長楊瓊祥函謝本院醫疹團員楊維廣及高伯英醫師學術造[illegible]報表揚外特此函謝由
(一)方岳如函稱日前吳節薇致函貴院謂吳玉良用四逆湯醫治楊某為不當詞涉牽引本人作證佐純與事實不符且岳如與伊斷絕來往六載茲恐有影响及吳醫生之名譽特為剖白請查照由

澳門鏡湖醫院議案 第 頁

1939年7月，广东第三游击第五支队部函送团员苏光到镜湖医院留医的记录

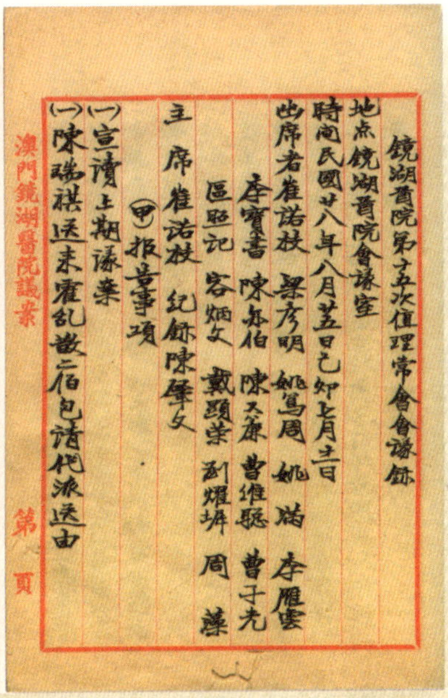

镜湖医院第六十五次值理常会会议录
地点 镜湖医院会议室
時間 民國廿八年八月廿五日乙卯七月十一日
出席者 崔諾枝 梁彥明 姚篤周 姚猶 李雁雲
李寶書 陳家伯 陳大康 曹維驄 曹子光
區駟記 容焯文 戴顯榮 劉耀墀 周藻
主席 崔諾枝 紀錄 陳肇文
(甲)報告事項
(一)宣讀上期議案
(一)陳瑞祺送來霍亂散二佰包請代派送由

澳門鏡湖醫院議案 第 頁

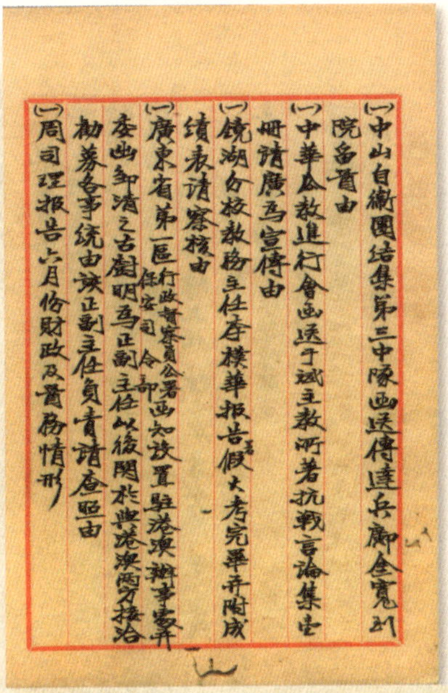

(一)中山自衛團結集第三中隊函送傳達兵鄺金寬到院留醫由
(一)中華基督教進行會函送丁試立教所著抗戰言論集壹冊請廣為宣傳由
(一)鏡湖分校教務主任李模華報告暑假大考完畢并附成績表請察核由
(一)廣東省第一區行政督察專員公署兼保安司令部函知設置駐港澳辦事處并委出鄒清之古劍明為正副主任以後關於港澳兩方接洽勸募各事統由該正副主任負責請查照由
(一)周司理報告六月份財政及醫務情形

1939年8月，中山自卫团结集第三中队函送传达兵邝金宽到镜湖医院留医的记录

2. 救国公债

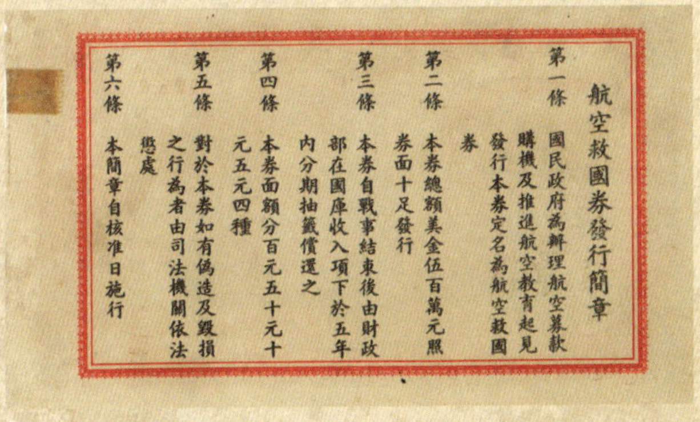

航空救國券發行簡章

第一條 國民政府為辦理航空募款購機及推進航空教育起見發行本券定名為航空救國券

第二條 本券總額美金伍百萬元照券面十足發行

第三條 本券自戰事結束後由財政部在國庫收入項下於五年內分期抽籤償還之

第四條 本券面額分百元五十元十元五元四種

第五條 對於本券如有偽造及毀損之行為者由司法機關依法懲處

第六條 本簡章自核准日施行

1941年，国民政府发行的伍圆面额美金航空救国券正背面（谭志伟先生藏品）

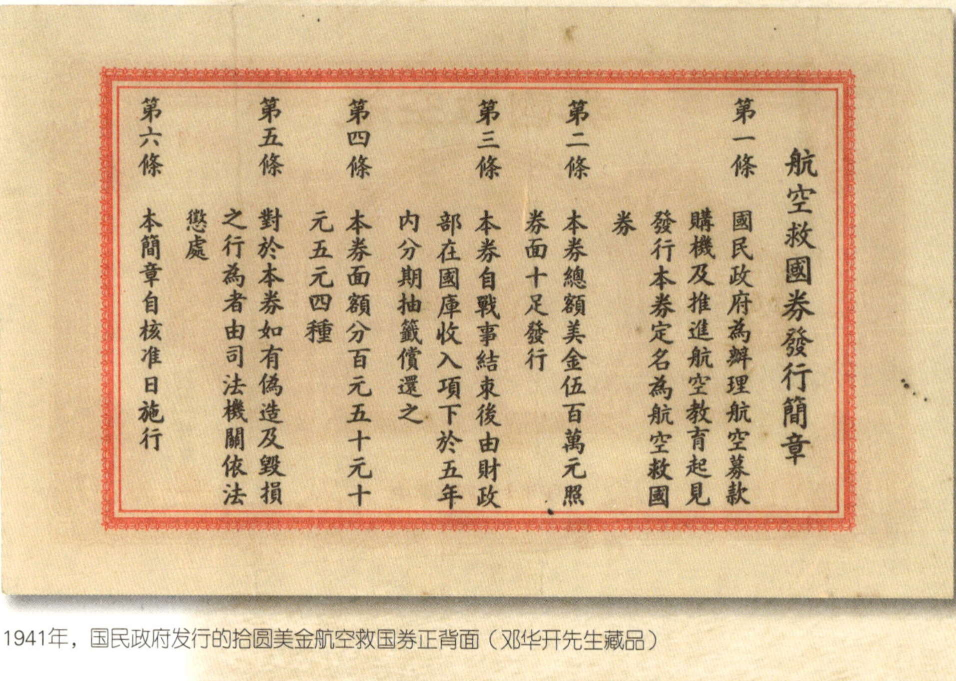
航空救國券發行簡章

第一條 國民政府為辦理航空募款購機及推進航空教育起見發行本券定名為航空救國券

第二條 本券總額美金伍百萬元照券面十足發行

第三條 本券自戰事結束後由財政部在國庫收入項下於五年內分期抽籤償還之

第四條 本券面額分百元五十元十元五元四種

第五條 對於本券如有偽造及毀損之行為者由司法機關依法懲處

第六條 本簡章自核准日施行

1941年，国民政府发行的拾圆美金航空救国券正背面（邓华开先生藏品）

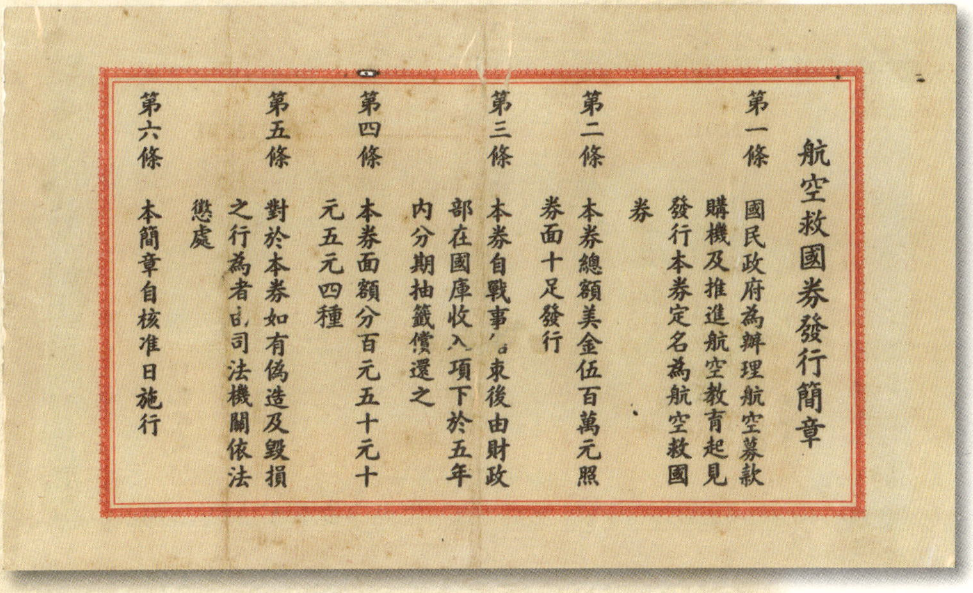
航空救國券發行簡章

第一條 國民政府為辦理航空募款購機及推進航空教育起見發行本券定名為航空救國券

第二條 本券總額美金伍百萬元照券面十足發行

第三條 本券自戰事結束後由財政部在國庫收入項下於五年內分期抽籤償還之

第四條 本券面額分百元五十元十元五元四種

第五條 對於本券如有偽造及毀損之行為者由司法機關依法懲處

第六條 本簡章自核准日施行

1941年，国民政府发行的伍拾圆美金航空救国券正背面（谭志伟先生藏品）

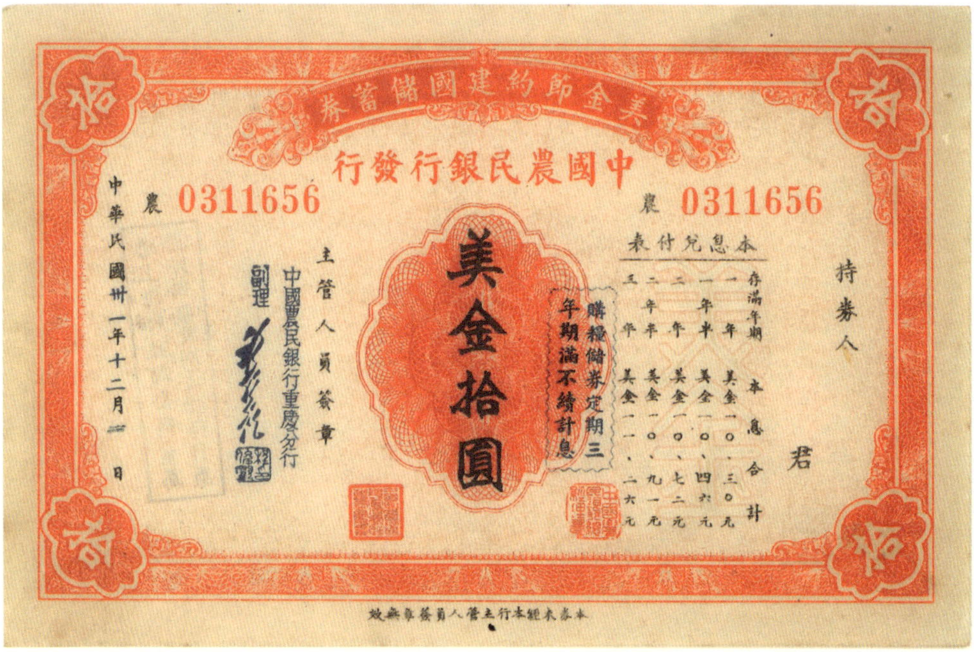

1942年12月1日，中国农业银行发行的美金拾圆正面（谭志伟先生藏品）

1932年5月1日，广东省财政厅发行的拾圆广东省国防要塞公债票正面（谭志伟先生藏品）

（二）宣传抗战救国

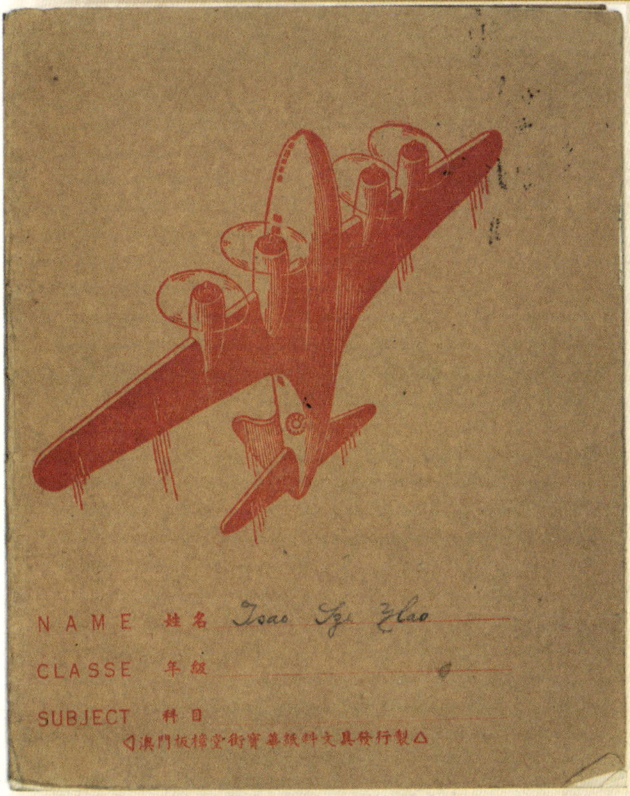

练习簿——红色飞机（罗景新先生藏品）

练习簿——航空救国（罗景新先生藏品）

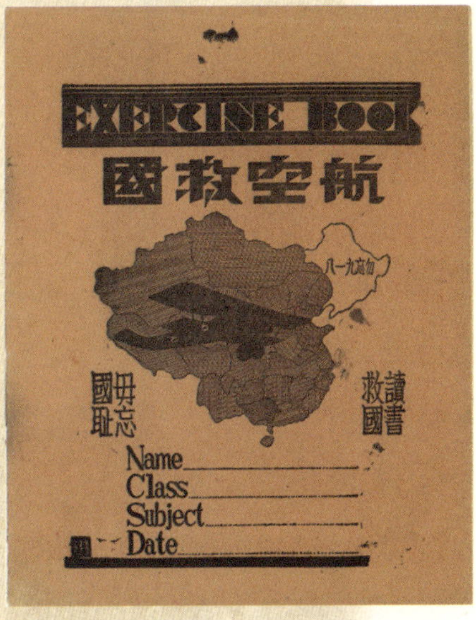

练习簿——航空救国（罗景新先生藏品）

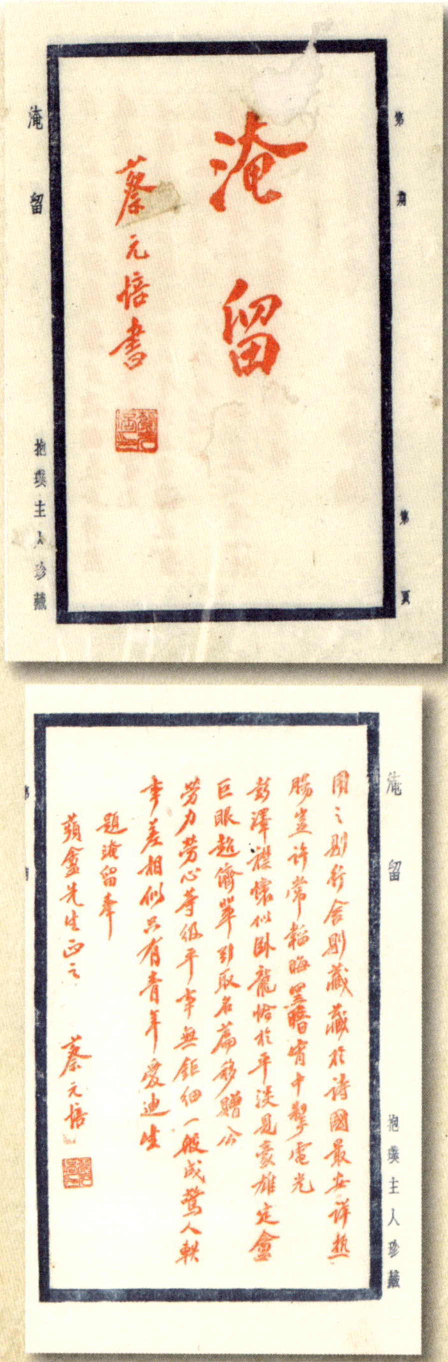

《淹留》书影（罗景新先生藏品）

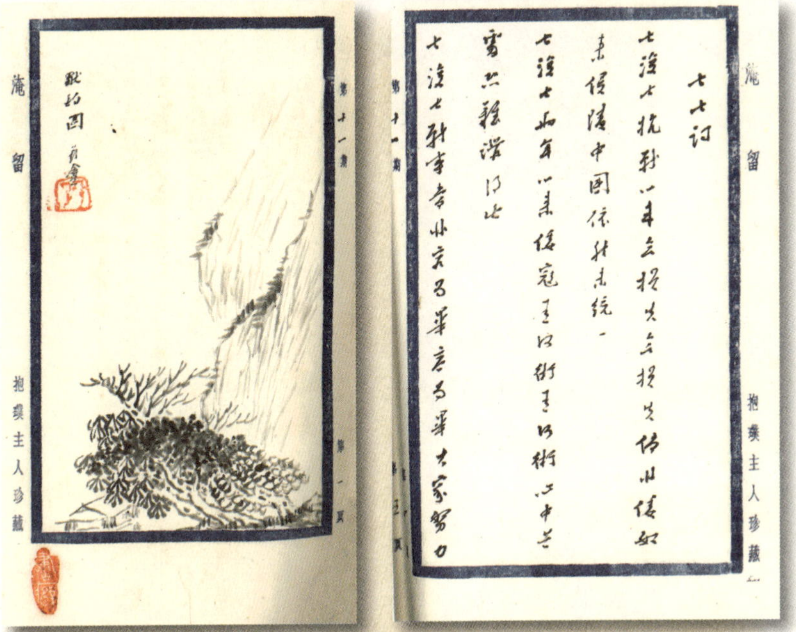

《淹留》书影（罗景新先生藏品）

（三）募捐筹款支援抗战

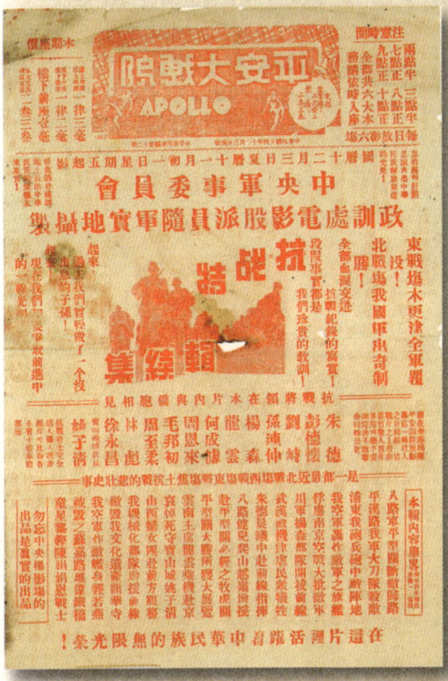

平安戏院海报（岑伟伦先生藏品）

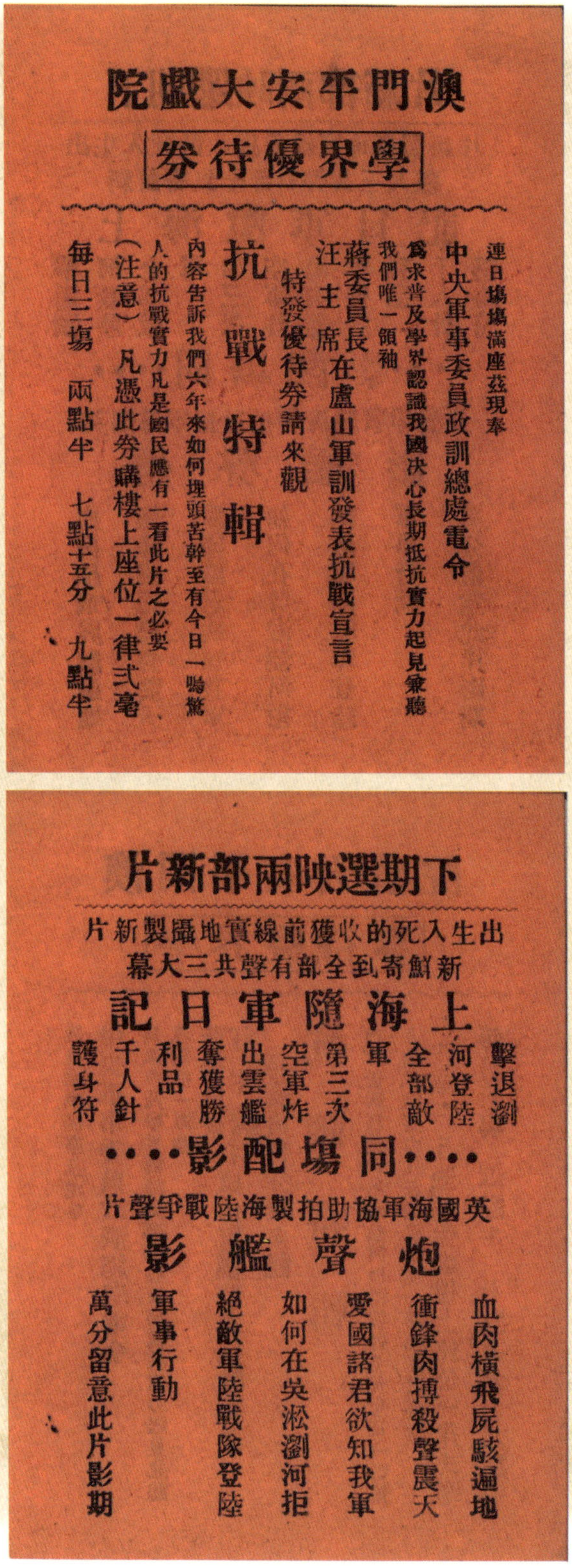
澳門平安大戲院

學界優待券

連日塲塲滿座茲現奉

中央軍事委員政訓總處電令

爲求普及學界認識我國决心長期抵抗實力起見兼聽

我們唯一領袖

蔣委員長
汪主席
在盧山軍訓發表抗戰宣言

特發優待劵請來觀

抗戰特輯

內容告訴我們六年來如何埋頭苦幹至有今日一鳴驚

人的抗戰實力凡是國民應有一看此片之必要

（注意）凡憑此劵躋樓上座位一律弍毫

每日三塲　兩點半　七點十五分　九點半

下期選映兩部新片

出生入死的收獲前線實地攝製新片

新鮮寄到全部有聲共三大幕

上海隨軍日記

擊退瀏河登陸全部敵軍

第三次空軍炸出雲艦

奪獲勝利品千人針護身符

····同場配影····

英國海軍協助拍製海陸戰爭聲片

炮聲艦影

血肉橫飛屍骸遍地

衝鋒肉搏殺聲震天

愛國諸君欲知我軍

如何在吳淞瀏河拒

絕敵軍陸戰隊登陸

軍事行動

萬分留意此片影期

澳门平安大戏院学界优待券——抗战特辑正背面（罗景新先生藏品）

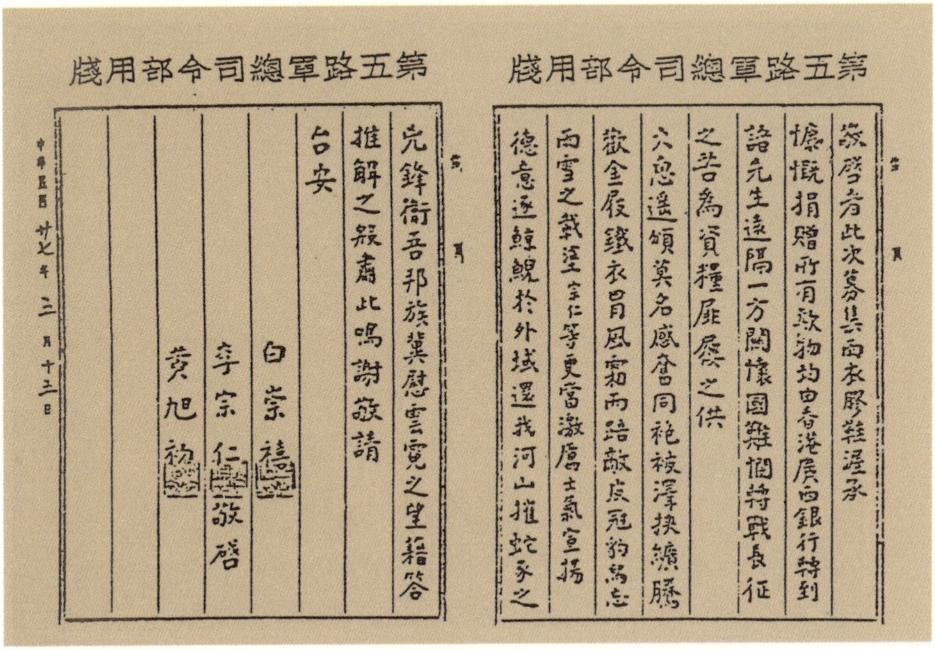

第五路軍總司令部用牋

敬啟者此次募集雨衣膠鞋滬承
慷慨捐贈所有款物均由香港廣西銀行轉到
諸先生遠隔一方關懷國難惆詳戰長征
之苦為資種屣屐之供
六急遥頒莫名感奮同袍被澤挾纊騰
歡金履鐵衣冒風霜而踏敵皮冠豹爲忘
雨雪之戴宗仁等更當激厲士氣宣揚
德意逐鯨鯢於外域還我河山摧蛇豕之
先鋒衛吾邦族冀慰雲霓之望藉答
推解之殷肅此鳴謝敬請
台安

白崇禧
李宗仁 敬啓
黄旭初

中華民國廿七年三月十三日

1938年5月15日，国民革命军第五路军长官李宗仁、白崇禧、黄旭初致澳门各界救灾会的感谢函

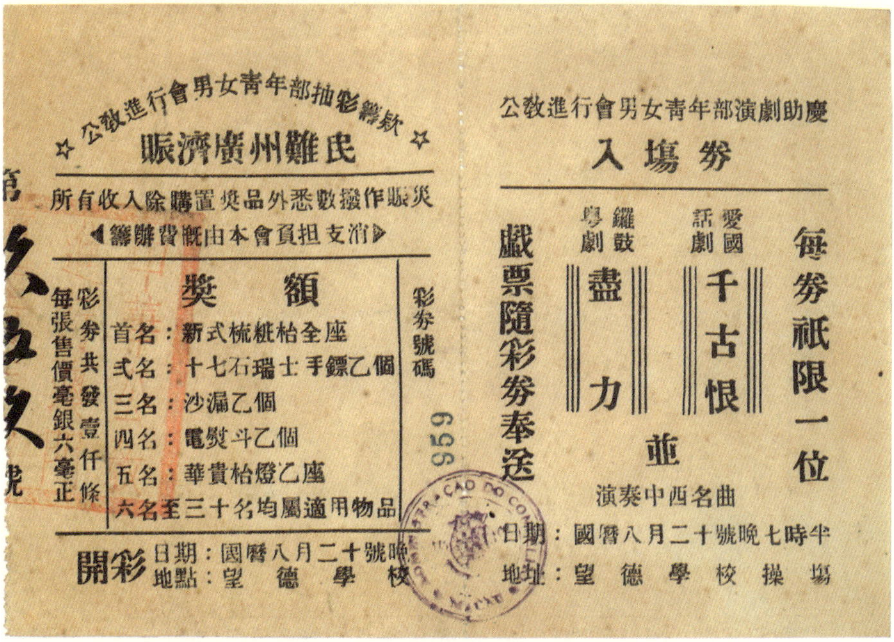

公教進行會男女青年部抽彩籌欵
賑濟廣州難民
所有收入除購置獎品外悉數撥作賑災
◀籌辦費概由本會負担支消▶

彩券共發壹仟條
每張售價毫銀六毫正

獎額

首名：新式梳粧枱全座
式名：十七石瑞士手鏢乙個
三名：沙漏乙個
四名：電熨斗乙個
五名：華貴枱燈乙座
六名至三十名均屬適用物品

彩券號碼 959

開彩 日期：國曆八月二十號晚
地點：望德學校

公教進行會男女青年部演劇助慶
入場券

每券祇限一位

愛國話劇 千古恨
鑼鼓粵劇 盡力
並
演奏中西名曲

戲票隨彩券奉送

日期：國曆八月二十號晚七時半
地址：望德學校操場

公教进行会男女青年部演剧赈济广州难民入场券（邓华开先生藏品）

1939年8月，“八一三”两周年澳门各界献金纪念照（岑伟伦先生藏品）

1939年8月，澳门商会“八一三”两周年纪念大会留影（岑伟伦先生藏品）

三

抗日英烈

天下兴亡，匹夫有责。澳门同胞与祖国人民心心相连，同呼吸，共命运，他们在国家民族危亡的紧要关头挺身而出，纷纷投入到抵御日军侵略的救国浪潮中，同仇敌忾，浴血奋战，涌现出了一批抗战英雄和先烈人物，无愧于国家和民族，为后人树立了榜样，留下了澳门同胞宝贵的精神文化财富。从1931年9月18日到1945年的8月15日，以时空范围，澳门同胞的抗战救亡运动可分为三个发展阶段。1931年的“九一八”事变为起始阶段，其显著特点是点燃了澳门同胞的抗战怒火，惊醒了民族救亡的强烈自觉意识。9月19日，澳门中文报纸头版头条报道“九一八”事变，澳门学界一马当先，向社会各界宣讲事变真相。澳门的粤华、崇实、尚志等中学，宏汉、镜湖、孔教、蔡高等小学纷纷举行周会、时事会，揭露日本侵略者的狼子野心。宏汉小学校长郑谷诒写了一篇铿锵有力、充满爱国激情的《致义勇军书》，激发了澳门同胞满腔的抗战救亡热忱。随之澳门工商界精英兼绅商范洁朋、李际唐、高可宁、毕侣俭以及教育界梁彦明等于11月发起成立“澳门各界抗日救国大会”，后易名为“筹赈兵灾慈善会”，为救国筹集军费。是年底成立的“航空救国会”也改为“航空救灾会”。中国航空建设协会发起献机运动，号召全球华侨、华人献飞机救中国，澳门同胞自觉组织起来，热情投入抗战救亡的大业中，在短短的两个月时间内，就做出了长期援助抗战救亡的准备和行动，把自己的命运与祖国的兴衰紧密地联系在一起。

1932年1月28日，日本海军陆战队分三路向上海中国驻军发起进攻，驻守上海的第十九路军奋起反抗，爆发了“一·二八”淞沪抗战。至1937年“七七”事变抗战全面爆发，为澳门抗战救亡的第二阶段。当时全国军民和海外华侨发出誓死保家卫国的呼声，不少华侨和港澳同胞毅然回国参战，并通电全国“捐躯救国，正此其时”，“小不丧军人之人格，大不失中华之尺土”！在港澳同胞志愿抗战杀敌队伍中，澳门柿山结义堂李福伍参加了十九路军，而青年学生蔡志昌和林耀则是中国最早的空军战士。以智勇双全闻名的李福伍担任十九路军大刀队教头，曾指挥与日军肉搏的水中大战。他们切断电源，日军在漆黑的水中持枪前进，李福伍命令大刀队员脱去上衣，凡遇到穿衣的就砍，把持枪的日军打得抱头鼠窜。参加中国空军的林耀，1911年出生，其父在澳门经商，他在澳门接受中学教育，后转到香港华仁书院求学，曾代表香港参加全国运动会。1935年被录取为广东航空学校新生，次年进入中央航空学校第七期深造，1938年毕业服役。1939年参加重庆空战，击落日机两架，左臂受伤，当了航校教练。1941年日机狂轰滥炸陪都重庆，林耀义愤填膺，刻苦锻炼恢复左臂机能，决心重返蓝天。1944年6月，已任空军第二十九中队长的林耀在湖南长沙附近的一场空战中，冒着日军密集的高射炮火，击沉击伤敌船多艘，又与日机鏖战，血洒长空，壮烈成仁，表现了澳门同胞为民族危亡视死如归的英雄气概。他被国民政府追认为空军少校，1987年其英名也被刻入“广东省航空纪念碑”。

1937年“七七”事变到1945年8月日本宣布投降，为澳门抗战救亡的第三阶段，澳门同胞在全国抗战、广东抗战和澳门本土开展的抗战救亡运动中都发挥了重要作用，处处都能见到澳门同胞的身影和感人的事迹。特别是1938年10月广州沦陷、1941年12月香港被日军占领后，澳门成为华南地区唯一长期抗战救亡的“孤岛”，直到抗战全面胜利。此阶段在国民党港澳支部、中共澳门地下党和澳门各界有识之士的领导和组织下，澳门社会各界呈现出一致抗战救亡的新局面，有大批的澳门同胞、青年学生和各界爱国志士投身到拯救国家民族危亡的洪流之中。

奔赴全国抗战前线报效祖国的有参与研制“乐士文”号飞机的机械师吴势，他应召从澳门到南京出任中央航空委员会运输大队机械长。澳门青年李寿南先到滇缅公路服务，后到第十四航空大队做地勤工作。柳志彬与欧文、杨霖开、徐汉中、陆海等开车穿梭于滇缅公路，参加战时军需品的运输，直到抗战胜利。何少初到昆明呈贡机场

开车，参与抗战工作。澳门学生黄欢笑读完中学转到香港玛丽医院高级护士学校就学，毕业后加入英国皇家护士学会。1941年12月香港沦陷后，她响应宋庆龄组织的“保卫中国同盟”的号召，前往昆明美军飞虎队照顾伤病员，是一位英语娴熟的护士，被飞虎队誉为“驼峰天使”。1941年毕业于培正中学的澳门著名渔栏“新和栈”少东赵不屈，前往重庆，毅然响应“十万青年十万军”的号召，报考了军官学校通讯科，接受一年培训后随军转战陕西，抗战胜利后，调守广州，因不参加内战而回到澳门从事教育工作。

在援助广东抗战救亡方面，澳门各界人士和青年学生更是英雄辈出，树立了光辉的楷模，体现了榜样的力量。如廖锦涛是岐关汽车公司职员，也是四界救灾会领导成员，中共澳门地下党领导成员。1937年8月，他带头回国服务，先后率领七个队与一个机工队共122人参加第十二集团军的服务工作，升任第七战区政治部少校，皖南事变后被杀害。杨维学是断了右掌的残疾人士，“七七”事变后，他毅然结束在澳门的五年工读机会，回到中山走上抗战救国的道路。在宣传抗战、教学和游击战中均有出色表现，曾担任中山义勇大队黄烽中队指导员和中山五区民主乡政负责人等职。1944年12月他带警卫员黎森、女战士叶涛（叶金彩）从梅溪返回游击根据地途中，遭遇日军被俘，日军用火将他活活烧死，牺牲时年仅29岁。还有梁捷和侯杰光，他们两人为掩护队友，献出了年轻的生命。几度出生入死的女战士梁铁，生于澳门，是中共澳门地下党的“四界救灾会”支部书记，动员青年回国抗日支部的组织委员，组织的秘密会议就在位于大炮台4号的她家里召开。1939年7月她作为救灾会第四分队队长率队赴广东顺德加入抗战队伍，抗击日军。救灾队的黎景尹、陈寿彭、陈曼、苏达文等人献出了宝贵的生命。梁铁多次濒临绝境。1944年她到广游二支队第二大队，在7月的植地庄战斗中，随行的14位队员都被日军的炸药炸死，而她是唯一幸存者，至今身上还留有日军的弹片和铁砂。

时势造英雄，在抗战救亡先辈的感召鼓舞下，澳门的众多师生回国投身到抗日的战场，其中成仁的烈士有十三名之多。当年纪念中学学生李成俊（李嘉）、周福荣、赖冠威（赖达）、郑诚之等篮球五虎将全部参与战斗。澳门学生奔赴五桂山、凤凰山游击区的还有镜湖护士学校的李铁、曾还、任艳华、朱碧；培正中学的韦庆远、郑帝普、赵不屈、关英和钟铁坚；崇实中学的刘光普、叶向荣；中德中学的徐永锵（徐疾）、郑汝钿、钱景麟、任惠莲和刘国模（刘星）；圣若瑟中学的林锋；雨芬中学的李沛方；镜湖小学的李甘泉、司徒诚等十几间学校的青年学生。他们或在学校教师的教育下，或在国语训练班、社会活动中得到引导启发，以英烈为榜样，不顾个人安危，投奔抗战救亡第一线，用实际行动实践了“树大志，立大功，做大事”的远大政治理想。

在澳门本土坚持抗战救亡的各阶层的精英分子，通过自己努力做出了应有的独特贡献，涌现出像梁彦明、林卓夫和鲍嘉琦等英烈人物，其事迹感人至深。梁彦明，字哲士，号卧雪，广东新会人，于1885年出生，先后毕业于南海师范学堂、两广优级师范学堂。1909年来澳创办崇实中学，从事教育救国工作，以培国本兼寓革命工作于其中。1910年，他结识朱执信、林直勉两人而加入中国同盟会南方支部，是同盟会的中坚分子之一。1920年，与刘雅觉神父、冯秋雪等人发起创立澳门教育会。1921年，孙中山曾在广州水泥厂（大元帅府）亲自会见他，鼓励其“先在澳团结澳中革命分子，作非常政府之后盾”。抗战以来，梁彦明在澳门先后组织成立各界救灾会、济难会、公债会、救护团、难童义学等社团，发动募集、献金、义卖等活动以支持抗战救亡运动。历任澳门教育会会长、中国国民党澳门支部常务委员、镜湖医院副主席、镜湖义学校长、同善堂值理、中华教育会常务委员、中山县历次代表大会指导员、广东省历届代表大会出席代表、澳门兵灾会、救国会常务委员等职，是在澳门本土坚持抗战的重要人物，被日伪视为眼中钉、肉中刺，遭利诱威逼不从。1942年12

月24日，被日本汉奸枪击重伤而不治。他牺牲后，被国民政府誉为“澳门华侨殉难之第一人”。抗战殉国烈士林卓夫，广东中山人，早年卒业于广东高师，曾任广州市教育局督学、中山县立中学校长、粤教育厅督学、独立一师政治部主任、中山县党部书记长、中山县县长等职。他被害时担任国民党驻港澳总支部执行委员兼澳门支部常务委员，史称他“于党务之展拓，擘画至多，对敌伪之打击，亦极深重。自梁彦明同志殉国后，烈士愤暴寇之凶顽，即怀与敌不两立，矢为国族牺牲之决心。其时澳门环境，险劣至极，敌伪鹰犬，日益横恣。惟烈士既决心报国，生死早已置之度外，日夕勤劳，尽瘁工作，毫无倦色。而敌伪乃益深嫉妒，遂派密探，伺机加害”。1943年2月1日，他在澳门寓所附近被狙击不治身亡，享年45岁。抗战烈士鲍嘉琦，广东中山人，早年曾追随朱卓文在故乡中山县从事国民党党务工作，后调充第五区结集队第二队副。中山县沦陷后，他召集旧部，投入第七战区挺进第三纵队任中队长。1943年春，奉澳门支部特派员屈仁则之命，参加澳门党务工作，因奉命营救电台同志，潜入日军特务机关，遭暗算包围，孤军作战，击毙敌军曹山田，击伤特务队长黄公杰，最终寡不敌众，身中5弹，壮烈殉难，时年32岁。

澳门的抗战英雄和先烈，在中华民族面临危亡的关键时刻，同仇敌忾，挺身而出，共赴国难，以鲜血和生命谱写了中国抗战史辉煌的篇章，名垂千古，彪炳史册。

（一）烈士姓名录

1．梁彦明

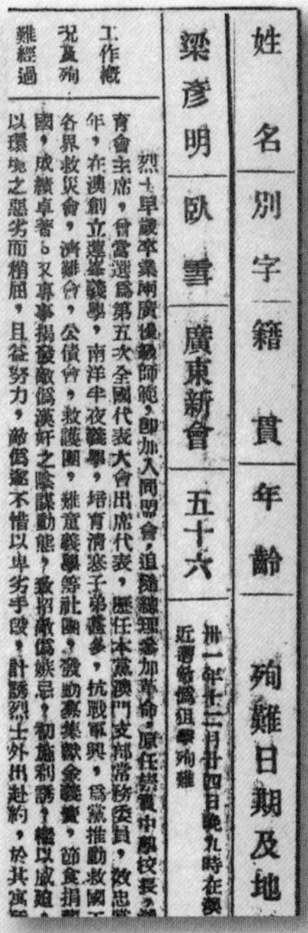

姓名	別字	籍貫	年齡	殉難日期及地
梁彥明	臥雪	廣東新會	五十六	卅一年十二月廿四日晚九時在澳 近西敵偽狙擊殉難

工作概況及殉難經過：

烈士早歲卒業兩廣優級師範，即加入同盟會，追隨總理參加革命，原任崇實中學校長，
育會主席，曾當選爲第五次全國代表大會出席代表，歷任本黨澳門支部常務委員，故忠
年，在澳創立蓮峯義學，南洋半夜義學，培育清寒子弟甚多，抗戰軍興，爲黨推動救國工
各界救災會，濟難會，公債會，救護團，難童義學等社團，發動募集款金義賣，節食捐
國，成績卓著。又專事揭發敵偽漢奸之陰謀動態，致招敵偽嫉忌，初施利誘，繼以威迫
以環境之惡劣而稍屈，且益努力，敵偽遂不惜以卑劣手段，計誘烈士外出赴約，於其寓

《港澳抗战殉国烈士纪念册》刊登的梁彦明烈士姓名表（岑伟伦先生藏品）

1932年6月，梁彦明与马普全等考察新会县冯平山图书馆合影（岑伟伦先生藏品、尹德卫先生藏品）

梁烈士彥明遺像

事畧

梁烈士彥明，字卧雲，粵新會人。早歲卒業於兩廣優級師範。素懷大志，好讀書，尤耽史籍，於古賢哲之瑰行軼聞，輒津津樂道，矢以建功業報國家爲志願。故自少加入同盟會，服膺三民主義，追隨總理，投身革命，効力黨國，歷時凡二十載，臨事忠誠沉毅，爲同志所欽服，曾當選爲第五次全國代表大會出席代表，叠任澳門支部常務委員，籌籌碩劃，建樹良多。烈士居常尤每以培養人材爲建國基本之計，對教育事業，畢生致力，未嘗或懈。在澳門手創崇實中學，自任校長，青年才俊之士，多出其門，歷次被推爲澳門中華教育會主席。復創立蓮峯義學及南洋半夜義學，苦心經營以普及平民教育，厥功尤偉。迨抗戰軍興，在澳爲黨推動救國工作，成立各界救災會，濟難會，公債會，救護團，難童義學，并發動獻金，義賣，節食，捐薪等義舉，昕夕奔走，激發同胞愛國熱忱，使其捐輸祖國，以助抗戰。節縮衣食，以拯難民，成績尤爲顯著，復因憤暴寇之南侵，漢奸之賣國，乃專事搜集敵僞互相勾結之陰謀，運用間接方法予以揭發，敵僞遭此打擊，雖極嫉視之而莫奈之何，然其死因種於此矣。敵僞對烈士，初則施以利誘，繼則動以威逼。烈士秉性忠貞，不爲稍動，而益深自惕勵，時加戒備，工作亦彌辛勤而縝密，至是敵僞詗知其志不可奪，遂不惜出其最卑劣手段，以爲對付，卅一年十二月廿四晚，遣一不速之客，來誘烈士外出，在寓前預伏兇徒，突起施以狙擊，烈士項、臂、背各中一彈，流血滿地，受傷後即由家人送入山頂醫院療治，惟以脊柱骨碎斷，子彈無法取出，延至夜午遂賫志而終，當烈士遇難之夕，正發動翌晨舉行澳支部各分部委員聯席會議，展拓黨務，加强對敵打擊，不圖于黨國倚畀正殷之際，遽遭毒手。丹心碧血，凜烈千秋。烈士死時年五十有六，身後蕭條，遺屬食指尤繁，現僅一子一女待以自謀餬口而已。嗚呼！如烈士者、可謂貧賤不能移，威武不能屈，富貴不能淫者矣。

~2~

《港澳抗战殉国烈士纪念册》刊登的梁彦明烈士事略（岑伟伦先生藏品）

在西洋坟场之梁彦明烈士墓碑（岑伟伦先生、尹德卫先生藏品）

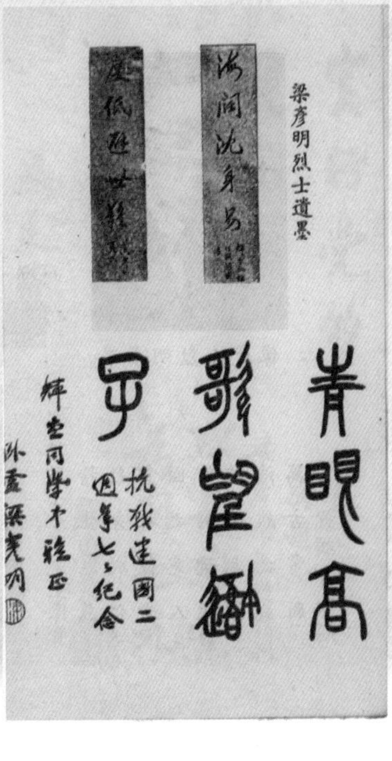

梁彦明烈士遗墨（岑伟伦先生、尹德卫先生藏品）

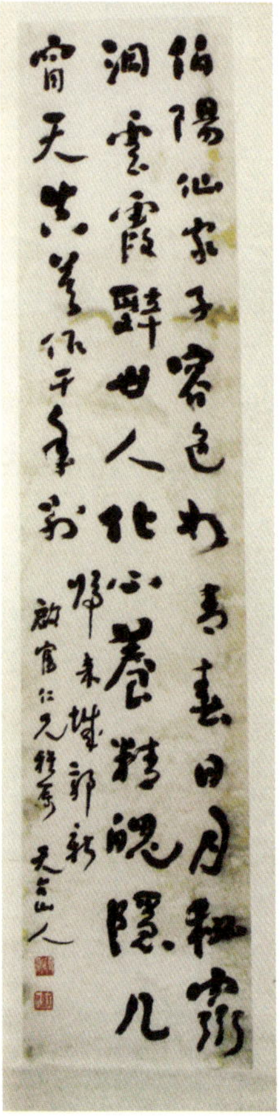

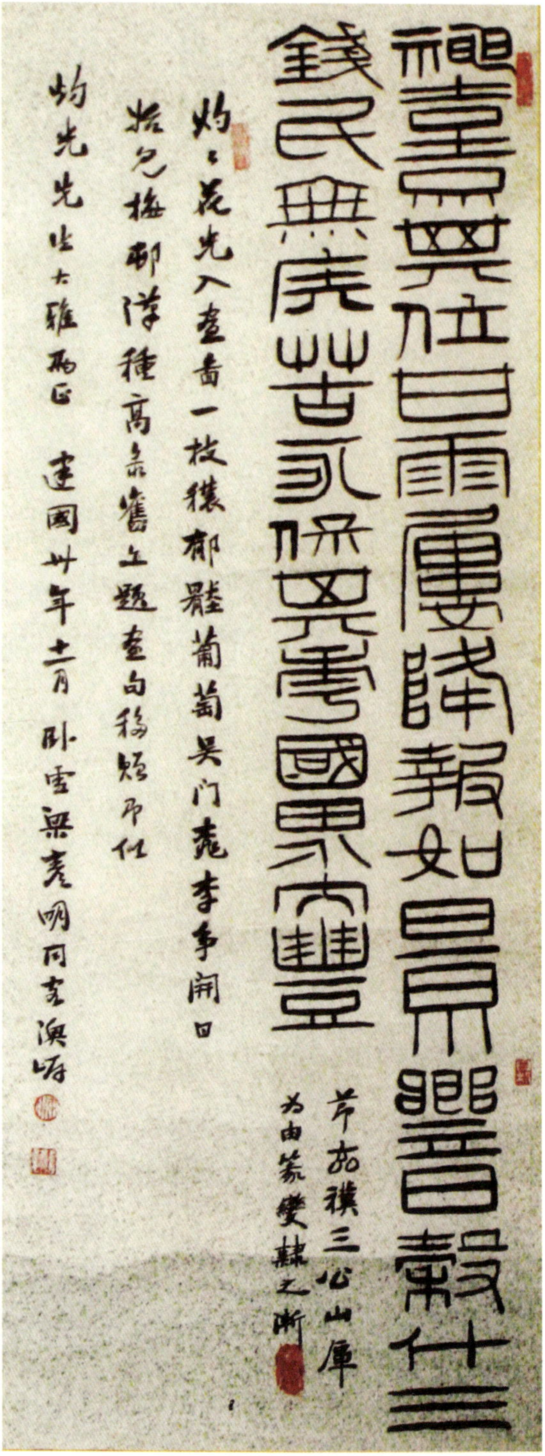

梁彦明烈士墨宝三帧

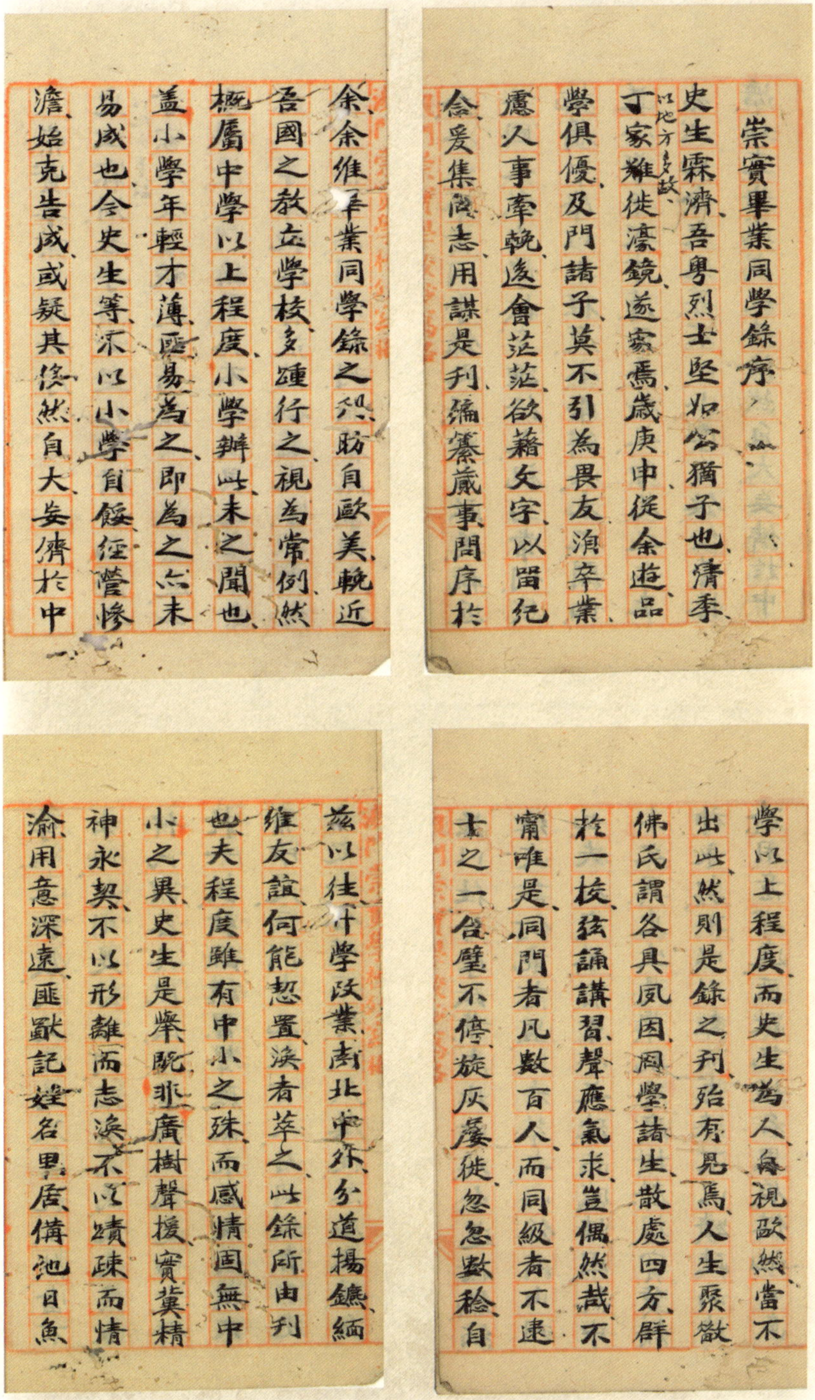
崇實畢業同學錄序
史生霖濟吾粵烈士堅如公猶子也清季江地方多故
丁家難徙濠鏡遂家焉歲庚申從余遊品
學俱優及門諸子莫不引為畏友洎卒業
應人事牽輓遂會茲茲欲藉文字以留紀
念爰集同志用謀是刊編纂蕆事問序於
余余維畢業同學錄之刱肪自歐美輓近
吾國之教育學校多踵行之視為常例然
概屬中學以上程度小學辦此未之聞也
蓋小學年輕才薄匪易為之即為之亦未
易成也今史生等不以小學自餒經營慘
澹始克告成或疑其僭然自大妄儕於中
學以上程度而史生為人自視歉然當不
出此然則是錄之刊殆有見焉人生聚散
佛氏謂各具夙因同學諸生散處四方群
於一校弦誦講習聲應氣求豈偶然哉不
甯唯是同門者凡數百人而同級者不逮
十之一合璧不停旋仄屢徙忽忽數稔自
茲以往升學改業南北中外分道揚鑣緬
維友誼何能恝置渙者萃之此錄所由刊
也夫程度雖有中小之殊而感情固無中
小之異史生是舉既非廣樹聲援實冀精
神永契不以形離而志渙不以績疏而情
渝用意深遠匪獸記姓名畢居備他日魚

1924年，梁彦明为崇实毕业同学录所作的序言（岑伟伦先生藏品）

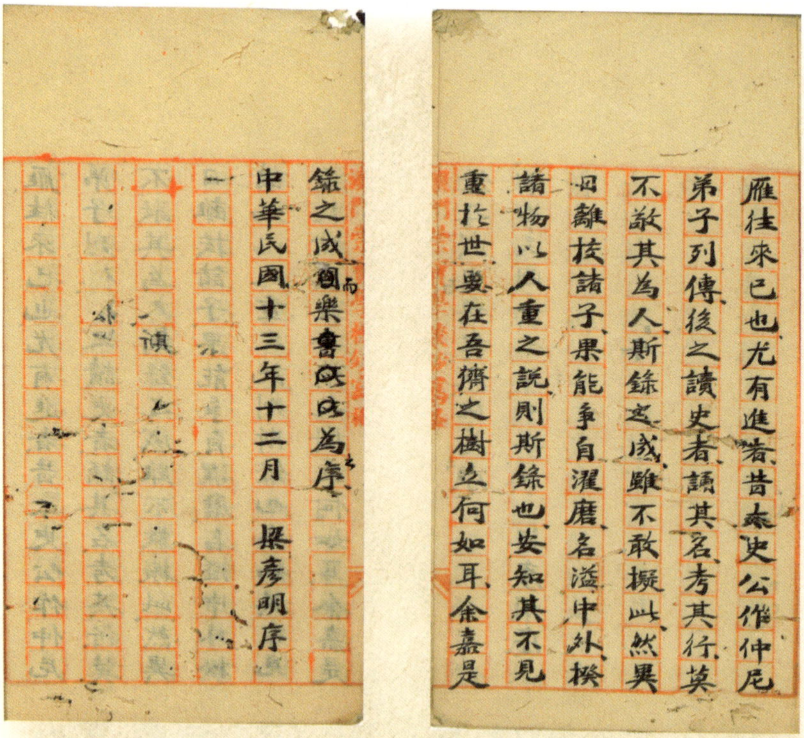

雁往來已也尤有進者昔太史公作仲尼弟子列傳後之讀史者誦其名考其行莫不欽其為人斯錄之成雖不敢擬此然異日離校諸子果能爭自濯磨名溢中外揆諸物以人重之說則斯錄也安知其不見重於世要在吾儕之樹立何如耳余嘉是錄之成因樂書以為序

中華民國十三年十二月 梁彥明序

1924年，梁彦明为崇实毕业同学录所作的序言（岑伟伦先生藏品）

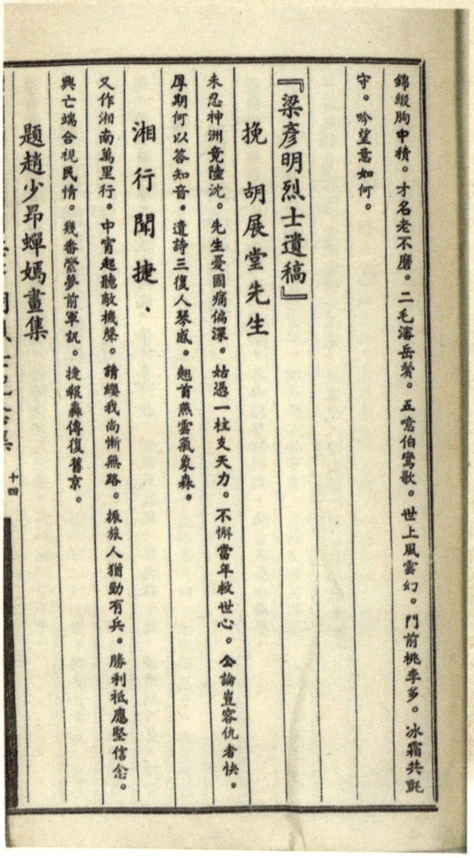

錦綴胸中積。才名老不磨。二毛滿岳鬢。五噫伯鸞歌。世上風雲幻。門前桃李多。冰霜共䟦守。吟望意如何。

『梁彥明烈士遺稿』

挽胡展堂先生

未忍神洲竟陸沈。先生憂國痛偏深。姑憑一柱支天力。不懈當年救世心。公論豈容仇者快。厚期何以答知音。遺詩三復人琴感。翹首燕雲氣象森。

湘行聞捷

又作湘南萬里行。中宵起聽敵機聲。請纓我尚慚無路。振旅人猶勵有兵。勝利祗應堅信念。興亡端合視民情。幾番縈夢前軍訊。捷報轟傳復舊京。

題趙少昂蟬嫣畫集

1946年，《梁彦明烈士纪念集》刊登之烈士遗稿（岑伟伦先生、尹德卫先生藏品）

2．林卓夫

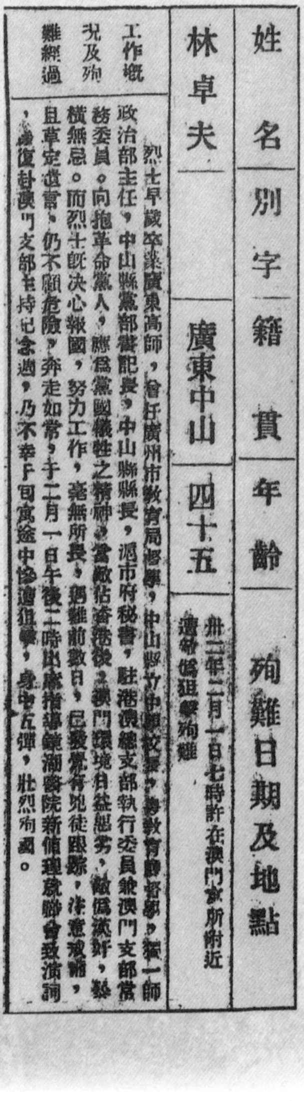

姓名	別字	籍貫	年齡	殉難日期及地點
林卓夫		廣東中山	四十五	卅二年二月一日七時許在澳門寓所附近遭敵僞狙擊殉難

工作概況及殉難經過
烈士早歲卒業廣東高師，曾任廣州市教育局督學，中山縣立中學校長，參教育廳督學，第一師政治部主任，中山縣黨部書記長，中山縣縣長，滬市府秘書，駐港澳總支部執行委員兼澳門支部常務委員。向抱革命黨人，應爲黨國犧牲之精神，當敵佔香港後，澳門環境日益惡劣，敵僞漢奸，驕横無忌。而烈士既決心報國，努力工作，毫無所畏，遇難前數日，已發覺有兇徒跟踪，注意戒備，且草定遺書，仍不顧危險，奔走如常，于二月一日午後二時出席指導鏡湖醫院新值理就職會致演詞，復赴澳門支部主持紀念週，乃不幸于回寓途中慘遭狙擊，身中五彈，壯烈殉國。

《港澳抗战殉国烈士纪念册》刊登的林卓夫烈士姓名表（岑伟伦先生藏品）

林烈士卓夫遺相

事略

林烈士卓夫，粵中山人，秉性剛介，抱負不凡，早歲卒業廣東高師。爲本黨諸先進所器重，服務軍政黨務多年，賢聲夙著。在廣州市教育局督學任內，對市區學校之整頓，殊多獻議。一時粵垣教育突飛猛晉，烈士督導之功不少。當局以烈士爲教育長材，又擢陞爲廣東教育廳督學，籌謀碩劃，普惠全省。烈士以磐磐大材，各方爭相延致。曾先後出任獨立一師政治部主任及十七師經理處黨代表，嗣以衆望所歸，被選任中山縣黨部書記長，調陞中山縣長。服務桑梓，百廢俱興，對建設地方，推廣教育，尤著勞績。蓋烈士向曾連任中山縣立中學校長歷五年，桃李滿門，人才輩出，勸助烈士推行縣政，收效特宏。以是政績斐然，鄉黨交譽。既卸縣政，復任黨務。洎太平洋戰事爆發後，烈士奉命任本黨總支部執行委員兼負澳門支部常委，於黨務之展拓，裨劃至多，對敵僞之打擊，亦極深重。自梁彥明同志殉國後，烈士憤暴寇之兇頑，即懷與敵不兩立矢爲國族犧牲之決心。其時澳門環境，險劣至極，敵僞鷹犬，日益橫恣。惟烈士旣決心報國，生死早已置諸度外，日夕勤勞，綦瘁工作，毫無倦色。而敵僞乃益深其嫉忌，遂遣派密探，伺機加害。當時烈士已微有發覺，曾注意戒備，并草定遺囑，仍不顧艱險，奔走如恒。卅二年二月一日下午二時出席指導鏡湖醫院新値理就職大會，致演詞達一時許，痛陳時艱，勗勉各界爲社會人羣謀福利。情詞懇切，感人至深。詞畢即赴澳門支部主持紀念週，檢討過去工作成績，指示未來奮鬥方針，其謀國忠誠，堪稱模範。不圖於回寓途中，慘遭狙擊，身中五彈，壯烈捐軀。烈士死時年僅四十有五，平生献身黨國，不治家人產。身後蕭條，上有白髮雙親，下有新寡遺孤，六口之家，嗷嗷待哺。嗚呼！烈士公爾忘私，精忠報國，其丹忱烈蹟，當長留史乘而垂不朽。嶺表山川明秀，代産英才。如烈士者，倘亦所謂靈氣獨鍾者歟！

～1～

《港澳抗战殉国烈士纪念册》刊登的林卓夫烈士事略（岑伟伦先生藏品）

3．鲍嘉琦

姓名	別字	籍貫	年齡	殉難日期及地點
鮑嘉琦		廣東中山	三十二	卅四年四月在澳門被敵軍曹山田敵特務機隊長黃逆公傑擊殺

工作概況及殉難經過
烈士曾隨革命先進朱卓文在中山故鄉從事黨務工作，旋入縣設社訓幹訓班，畢業後調充第五區結集隊第二隊副，及中山陷敵，烈士招集舊部，投入第七戰區挺進第三縱隊，任中隊長，卅二年春，奉澳門支部特派員屈仁則命，參加澳門黨務工作，因奉命營救電台同志，親入虎穴敵特務機關，遭其暗算包圍，拔搶應戰，擊斃敵軍曹山田，擊傷敵特務隊長黃公傑，因衆寡懸殊，身中五彈，壯烈殉難。

鮑嘉琦烈士事略

鮑烈士嘉琦，中山縣第五區山塲鄉人。幼承家訓，長乃出就外傅，聰敏好學，爲師長器重，嶄然露頭角，當革命先進朱公卓文長中山土地局時，即委之爲土地測量指導員。事竣，調充警察第三區沙口巡官。七七戰事起，以在鄉軍人資格，訓練壯丁，爲邑人倡。張公惠長嘉許之，於縣府撥贈槍彈，以强其實力，旋調充第五區集結隊第二隊附。洎中山陷敵，烈士即集合舊部，自籌餉械，投第七戰區挺進第三縱隊，任第二大隊中隊長，奉命在五區下游活動擊敵。中山之五區地瀕大海，而毗連澳門，爲國防要區，雖處敵僞夾逼之間，猶能機動游擊，屢挫暴敵，誅鋤奸匪。香洲鎮一役，擊斃敵駐前山三廠警備隊長井上春吉，其伍長士兵創傷尤多。其時第三縱隊副司令屈仁則，奉命調兼中國國民黨澳門支部特派員，以烈士英勇有謀略，遂引以爲助，常由淪陷區往來澳門，以經營航運商業以掩人耳目，而實際則從事於黨務之活動。烈士在澳既偵悉林烈士卓夫，梁烈士彥明之被狙，皆出自敵方駐澳特務隊長黃逆公傑之發縱指使，憤其認賊作父，毫無心肝，即立志誓殲殺此獠，爲林梁兩先烈復仇，密遣人計誘黃逆赴塘下，于舟至半江中，突起獲之入沙坪交第三縱隊轉解駱慶軍部，不意竟被逃脫，輾轉回澳，斂跡多時，顧賊性難改，嗣復受敵唆使，冀假其橫蠻武力摧殘我駐澳人員，烈士與諸同志縝密應付，仍于艱難危險環境中繼續擴展工作，四月初澳支部派李秉元同志在澳密設電台與後方互通訊息，竟被黃逆所脅持，失踪多日，烈士奉命營救，初與黃逆爪牙虛作委蛇，謀將李同志釋出，旋黃逆敦約烈士至柯高馬路寓所晤談，烈士早知鼠輩詭譎，心雖慮其有詐，但以營救同志情切，不惜親入虎穴，甫抵步，即遇敵特務機關日籍職員山田，復見有汽車停於門外，知已有變，而敵所預伏之武裝兇徒已蜂起包圍，烈士至是奮不顧身，拔槍應戰，葡方警察聞警開槍，葡督警察長復率領警隊馳至彈壓，一時亂彈紛飛，敵之山田早飲彈倒地，黃逆負傷逃脫，而烈士以衆寡懸殊，身中五彈臥血泊中，遂捐其生。嗚呼！臨難不苟，大勇無畏，其意氣之盛，死事之烈，可謂壯哉。烈士死時年三十有二，上有高齡父母，下有荏弱妻孥，其家復遭敵僞洗刦，蕩然無存，論者尤爲之歎息弗置也。

~11~

《港澳抗战殉国烈士纪念册》刊登的鲍嘉琦烈士姓名表及事略（岑伟伦先生藏品）

4. 李福伍

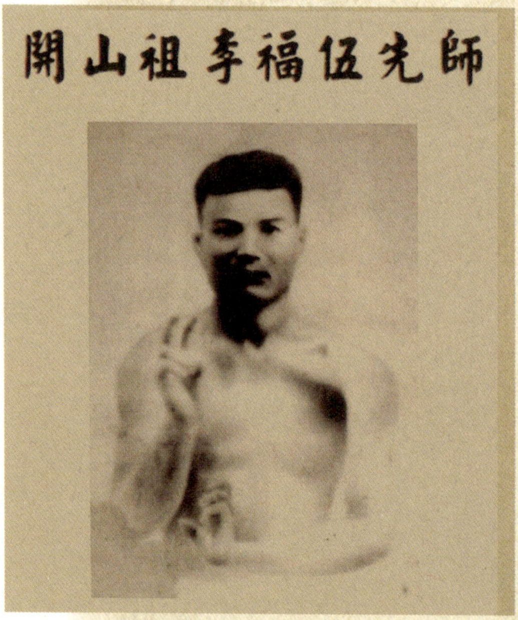

结义堂的帽子

李福伍使用过的大叉

5. 梁捷

6. 廖锦涛

7. 林耀

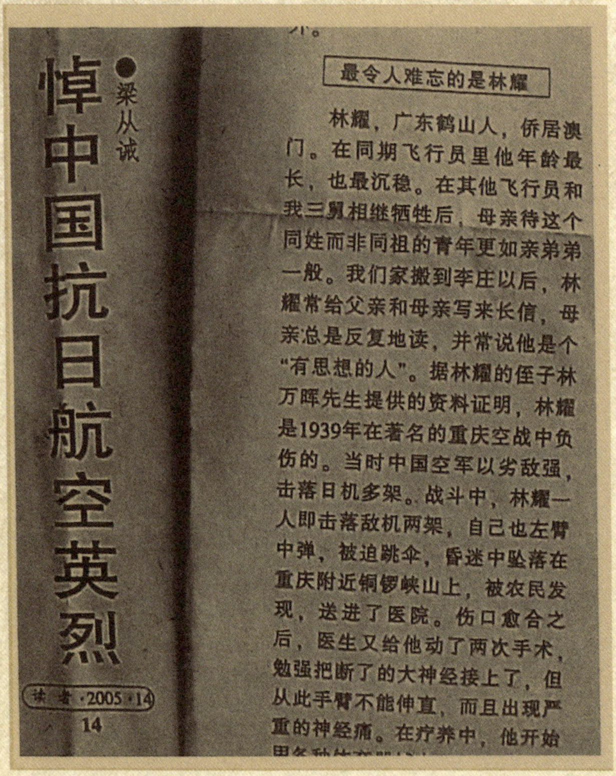

悼中国抗日航空英烈

●梁从诫

术。

最令人难忘的是林耀

林耀，广东鹤山人，侨居澳门。在同期飞行员里他年龄最长，也最沉稳。在其他飞行员和我三舅相继牺牲后，母亲待这个同姓而非同祖的青年更如亲弟弟一般。我们家搬到李庄以后，林耀常给父亲和母亲写来长信，母亲总是反复地读，并常说他是个“有思想的人”。据林耀的侄子林万晖先生提供的资料证明，林耀是1939年在著名的重庆空战中负伤的。当时中国空军以劣敌强，击落日机多架。战斗中，林耀一人即击落敌机两架，自己也左臂中弹，被迫跳伞，昏迷中坠落在重庆附近铜锣峡山上，被农民发现，送进了医院。伤口愈合之后，医生又给他动了两次手术，勉强把断了的大神经接上了，但从此手臂不能伸直，而且出现严重的神经痛。在疗养中，他开始

读者·2005·14

14

梁思成、林徽因的儿子梁从诫文章中忆述林耀的片段

8. 杨维学

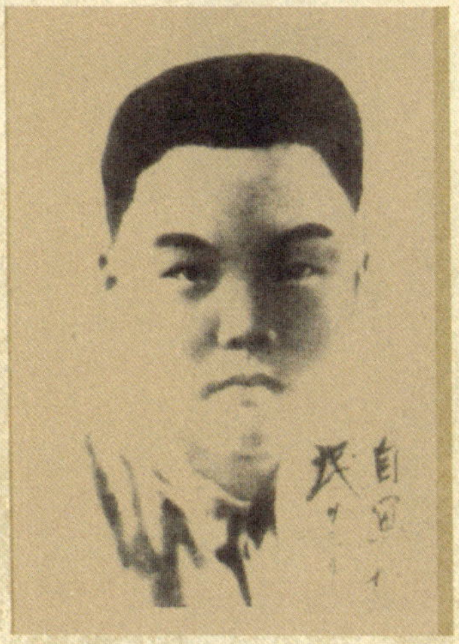

（二）国民政府抚恤电令辑要

1．梁彦明

（1）中央执行委员会电

中央執行委員會電

陳委員籌碩轉梁彥明同志家屬禮鑒，彥明同志爲國殉難，志節堅貞，良深悼念，除從優議卹外，特此電唁，中央執行委員會子馬機印。

（2）中央海外部代电

中央海外部代電

駐港澳總支部覽，刪電悉。該屬澳門支部執委梁彥明同志爲黨努力，以身殉難，大節凜然，深爲悼惜：本部經將梁同志殉難情形，函請中央秘書處轉陳核議優卹矣，卽希代爲唁慰梁同志家屬！中央海外部宥印

（岑伟伦先生藏品）

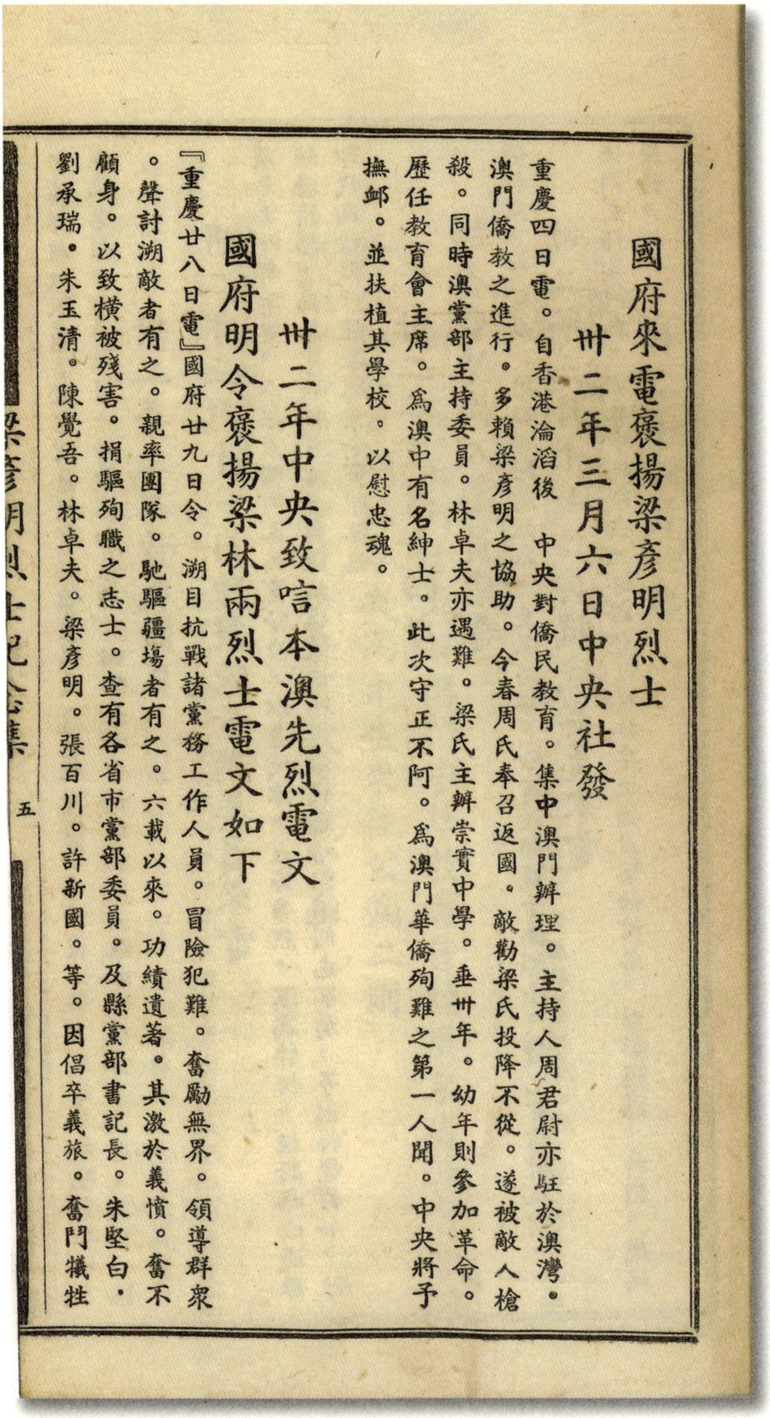

國府來電褒揚梁彥明烈士

卅二年三月六日中央社發

重慶四日電。自香港淪陷後　中央對僑民教育。集中澳門辦理。主持人周君尉亦駐於澳灣。澳門僑教之進行。多賴梁彥明之協助。今春周氏奉召返國。敵勸梁氏投降不從。遂被敵人槍殺。同時澳黨部主持委員。林卓夫亦遇難。梁氏主辦崇實中學。垂卅年。幼年則參加革命。歷任教育會主席。爲澳中有名紳士。此次守正不阿。爲澳門華僑殉難之第一人聞。中央將予撫卹。並扶植其學校。以慰忠魂。

卅二年中央致唁本澳先烈電文

國府明令褒揚梁林兩烈士電文如下

『重慶廿八日電』國府廿九日令。溯自抗戰諸黨務工作人員。冒險犯難。奮勵無界。領導群衆。聲討溯敵者有之。親率團隊。馳驅疆場者有之。六載以來。功績遺著。其激於義憤。奮不顧身。以致横被殘害。捐軀殉職之志士。查有各省市黨部委員。及縣黨部書記長。朱堅白．劉承瑞．朱玉清。陳覺吾。林卓夫。梁彥明。張百川。許新國。等。因倡卒義旅。奮鬥犧牲

梁彥明烈士紀念集　五

《梁彦明烈士纪念集》刊登的国民政府褒扬梁彦明及林卓夫烈士电文（岑伟伦先生、尹德卫先生藏品）

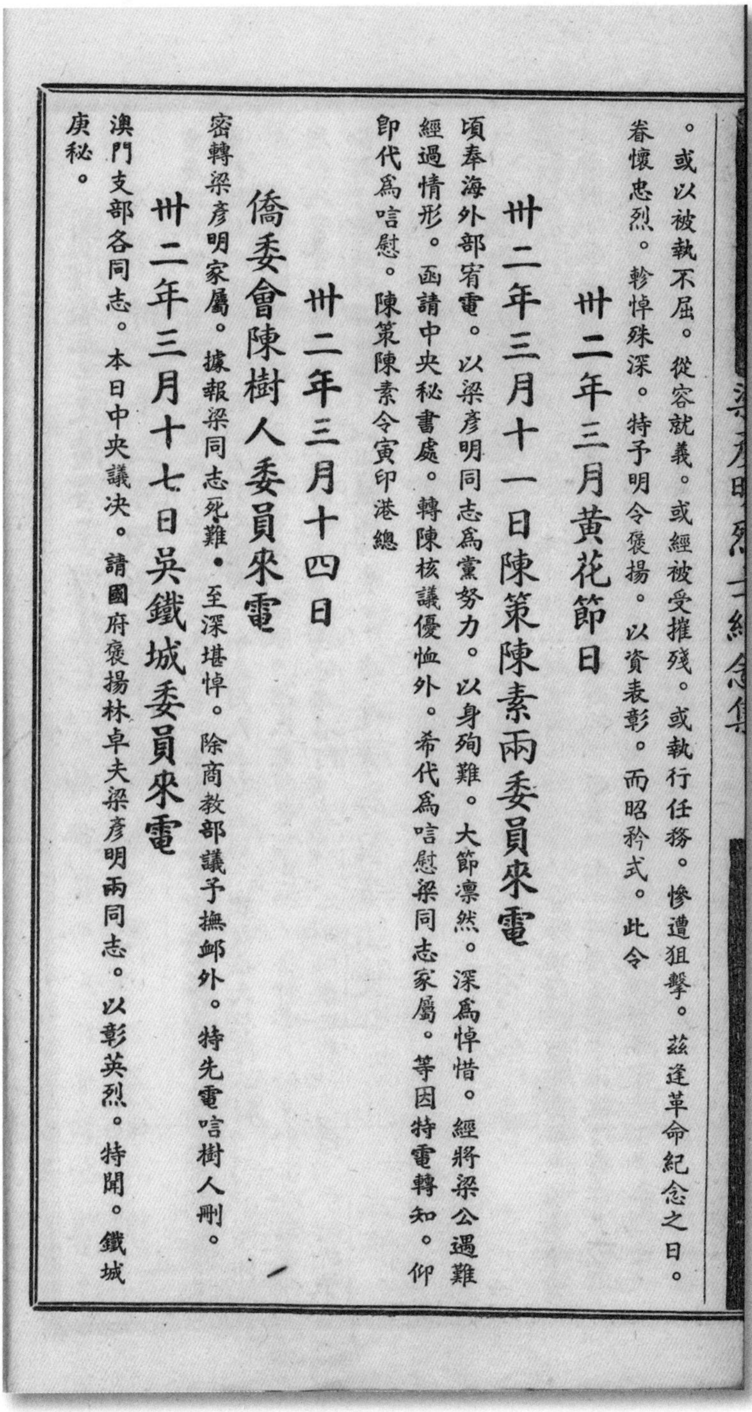
。或以被執不屈。從容就義。或經被受摧殘。或執行任務。慘遭狙擊。茲逢革命紀念之日。眷懷忠烈。軫悼殊深。特予明令褒揚。以資表彰。而昭矜式。此令

卅二年三月黃花節日

卅二年三月十一日陳策陳素兩委員來電

頃奉海外部宥電。以梁彥明同志為黨努力。以身殉難。大節凜然。深為悼惜。經將梁公遇難經過情形。函請中央秘書處。轉陳核議優恤外。希代為唁慰梁同志家屬。等因特電轉知。仰即代為唁慰。陳策陳素令寅印港總

卅二年三月十四日

僑委會陳樹人委員來電

密轉梁彥明家屬。據報梁同志死難。至深堪悼。除商教部議予撫卹外。特先電唁樹人刪。

卅二年三月十七日吳鐵城委員來電

澳門支部各同志。本日中央議決。請國府褒揚林卓夫梁彥明兩同志。以彰英烈。特聞。鐵城庚秘。

《梁彦明烈士纪念集》刊登的慰问电（岑伟伦先生、尹德卫先生藏品）

2. 林卓夫

（1）中央海外部代电　　（2）中央抚恤委员会代电

中央海外部代電海都二（三二）字第〇一七〇〇號

駐港澳總支部執委會鑒，頃准中央撫卹委員會公函開：査關於林故同志卓夫年卹部份，現經中央核定給一等年卹金九百元，以子女成年爲止在案，除彙案送財政部照發外，相應檢同通知書乙紙函達，即希査照轉知具領等由，合行檢同通知書電達卽希轉知具領爲要。附發原通知書乙紙中央海外部敬印

中央撫卹委員會代電

駐港澳總支部執行委員會鑒，香組字第一四八號呈及附件均悉，除將該遺腹女林瑞英塡註名册，並分函財政審計兩部査照外，特檢同故員林卓夫卹証及增加年金通知各一紙電達，即希査照轉發並飭補具領保証送會備査爲荷。附卹証通知各一紙中央撫卹委員會申陽印

《港澳抗战殉国烈士纪念册》刊登的中央抚恤委员会代电（岑伟伦先生藏品）

（三）题词

1．林森：器望兼资

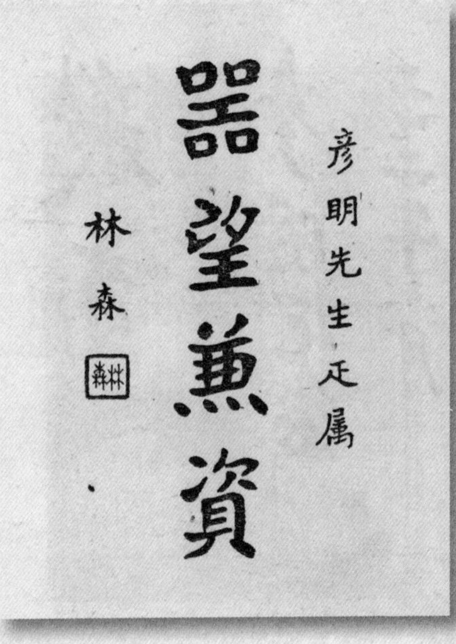

2．蔡廷锴：实行党的教育

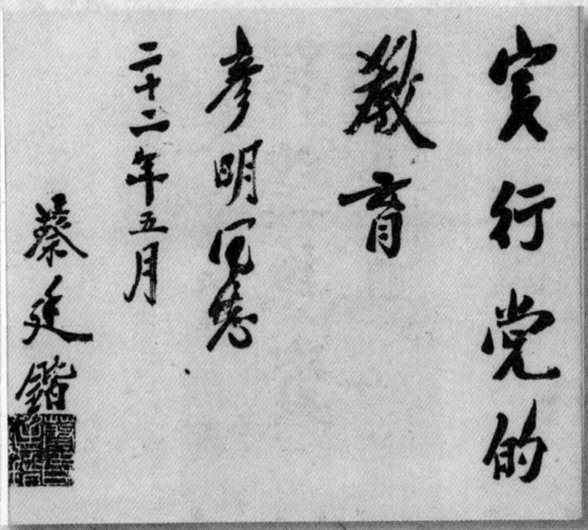

3．黄麟：舍生取义，杀身成仁；党之健者，国之完人；仰瞻遗像，烔烔丰神；浩然之气，万古常新

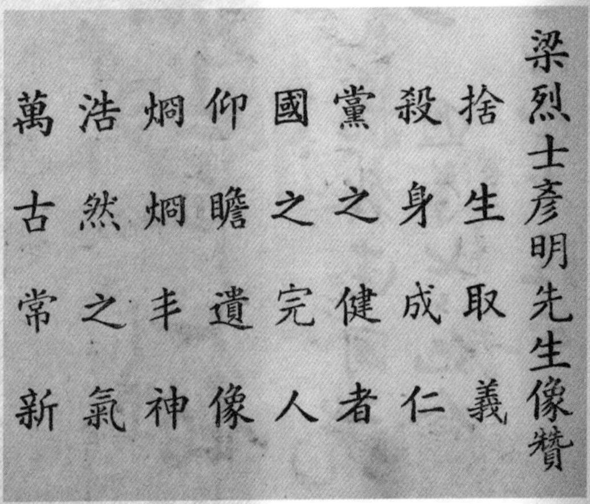

（岑伟伦先生、尹德卫先生藏品）

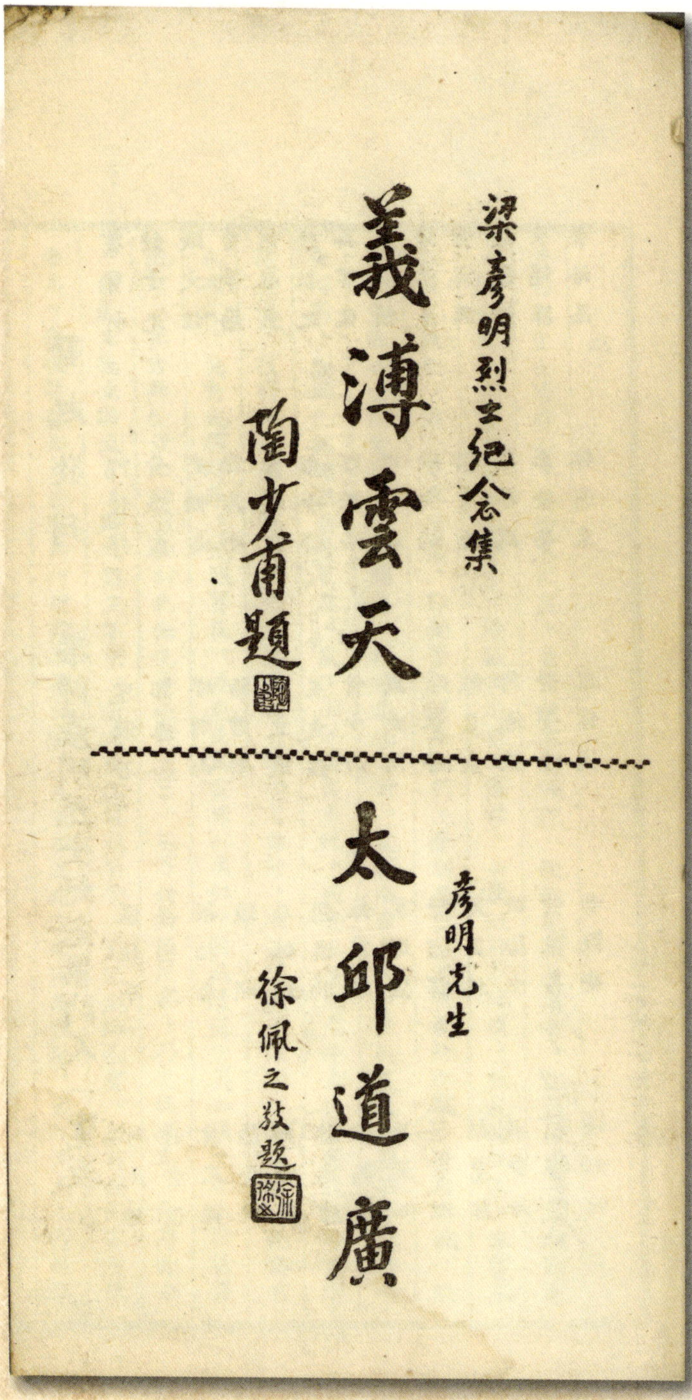
梁彥明烈士紀念集
義薄雲天
陶少甫題

彥明先生
太邱道廣
徐佩之敬題

《梁彦明烈士纪念集》（岑伟伦先生、尹德卫先生藏品）

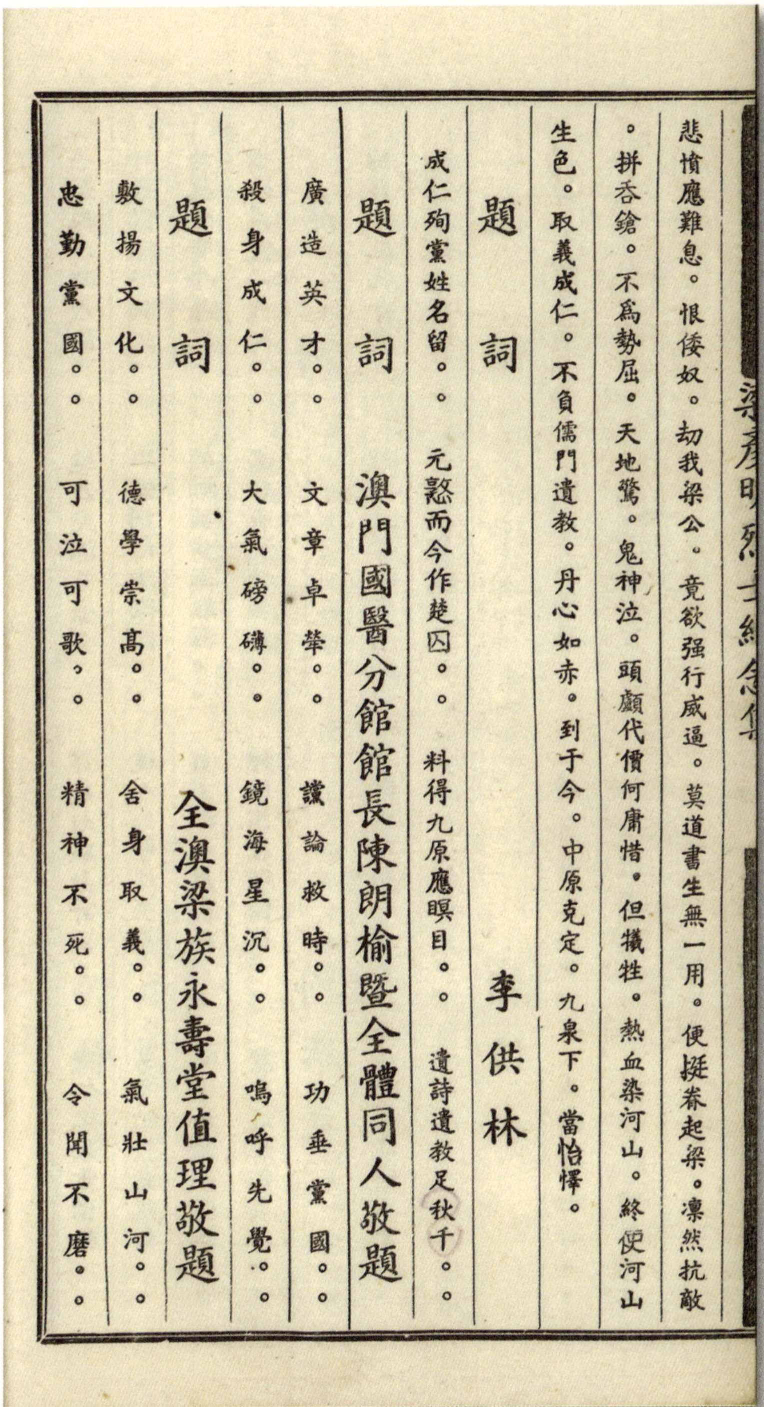
悲憤應難息。恨倭奴。刼我梁公。竟欲强行威逼。莫道書生無一用。便挺脊起梁。凛然抗敵。拼吞鎗。不爲勢屈。天地驚。鬼神泣。頭顱代價何庸惜。但犠牲。熱血染河山。終使河山生色。取義成仁。不負儒門遺教。丹心如赤。到于今。中原克定。九泉下。當怡懌。

題詞　李供林

成仁殉黨姓名留。。元憝而今作楚囚。。料得九原應瞑目。。遺詩遺教足秋千。。

題詞　澳門國醫分館館長陳朗榆暨全體同人敬題

廣造英才。。文章卓犖。。讜論救時。。功垂黨國。。
殺身成仁。。大氣磅礴。。鏡海星沉。。嗚呼先覺。。

題詞　全澳梁族永壽堂值理敬題

敷揚文化。。德學崇高。。舍身取義。。氣壯山河。。
忠勤黨國。。可泣可歌。。精神不死。。令聞不磨。。

以上题词均载《梁彦明烈士纪念集》（岑伟伦先生、尹德卫先生藏品）

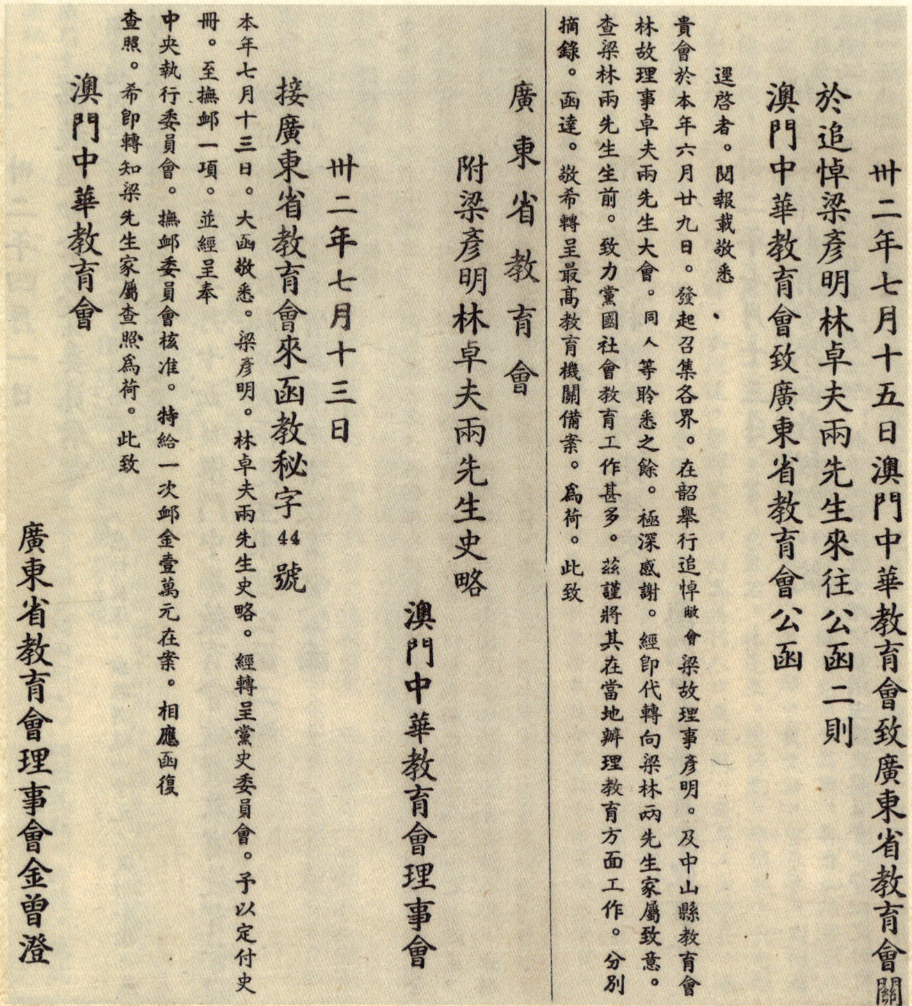

卅二年七月十五日澳門中華教育會致廣東省教育會關於追悼梁彥明林卓夫兩先生來往公函二則

澳門中華教育會致廣東省教育會公函

逕啓者。閱報載敬悉

貴會於本年六月廿九日。發起召集各界。在韶舉行追悼敝會梁故理事彥明。及中山縣教育會林故理事卓夫兩先生大會。同人等聆悉之餘。極深感謝。經即代轉向梁林兩先生家屬致意。查梁林兩先生生前。致力黨國社會教育工作甚多。茲謹將其在當地辦理教育方面工作。分別摘錄。函達。敬希轉呈最高教育機關備案。為荷。此致

廣東省教育會

附梁彥明林卓夫兩先生史略

澳門中華教育會理事會

卅二年七月十三日

接廣東省教育會來函教秘字44號

本年七月十三日。大函敬悉。梁彥明。林卓夫兩先生史略。經轉呈黨史委員會。予以定付史冊。至撫卹一項。並經呈奉

中央執行委員會。撫卹委員會核准。特給一次卹金壹萬元在案。相應函復

查照。希即轉知梁先生家屬查照為荷。此致

澳門中華教育會

廣東省教育會理事會金曾澄

1943年7月15日，澳门中华教育会致广东省教育会关于追悼梁彦明、林卓夫两先生来往公函二则，选自《梁彦明烈士纪念集》（岑伟伦先生、尹德卫先生藏品）

四

战争避难所

澳门的第一批难民是居住在上海的葡侨，1937年上海沦陷后，居住在上海的葡萄牙人逃到澳门避难。澳门政府将峰景酒店作为安置葡侨的中心。广州沦陷后，由各港口到澳门避难的葡萄牙人约有1000人。1941年8月，居住香港的葡侨男女及儿童共1263人到澳门，分别被安置在陆军俱乐部、六一儿童会、助学会、鲍斯高慈幼会、中葡小学和圣罗撒女子中学。澳门的两次难民高潮，出现在1938年10月和1941年12月两个时段，当时在香港的葡英美等国人士，以及原本在广州沦陷时逃到香港的难民、广东和东南沿岸的居民争相涌入澳门，其中1943年到1945年之间仅镜湖医院收容的英美籍难民就有2277人。澳门总人口也由抗战爆发前的15万多，至1941年的45万人之多，澳门已成为中国南部的国际避难所。大量难民涌入澳门，使澳门政府的粮食供给、生活物资、居住房屋、卫生防疫以及社会治安力量等方面严重不足，超出政府和民间的承受能力，严重影响了澳门本地居民的生活，也给难民的安置救济造成了困难。

澳门难民的安置和救济主要由澳门政府、港澳赈济会、天主教救济会、官民合作的临时机构以及众多的澳门民间社团和临时成立的各种救济团体负责组织。其中澳门政府和港澳赈济会属于官方机构，而后者成立于1940年1月，代表国民政府处理粤港澳的赈济事务，主任委员为吴铁城，驻澳门的办事处主任为周雍能，其顾问均为港澳当地热心公益事业的社会名流，但由于缺乏经费以及战局混乱，未能发挥应有的作用。因此澳门难民的安置和救济等事务主要由澳门政府主导，并由官民合作如澳门救济难民兼管理粮食委员会、澳门统制进出口物品委员会和澳门居民粮食互助委员会，澳门本土原有的镜湖医院慈善会、同善堂、澳门中华总商会、澳门华侨联合会、中华教育会、民间社团以及天主教救济会与佛教功德林等负责具体救济事务。从其具体安置和救济内容看，无论是政府还是民间社团，或天主教与佛教功德林等所担当或扮演的角色各有侧重。澳门难民的安置与救济主要包括如下几个方面：

首先，设置难民营收容安置难民。澳门政府的职责除了安置葡侨外，还将所有医院、教堂及天主教教会开办的学校辟为难民收容中心，同时先后在氹仔、路环、青洲、台山“难民给养所”安置难民。1941年初，在青洲万国火柴厂内成立难民收容所，次年初收容所迁往台山谦源炮竹厂内，并将在街道上的流浪汉和乞丐强送收容所实行严格管理。澳门的主要社会团体也极尽所能收容难民，如路环难民营1939年4月间收容难民900余名，其中难童300余名；镜湖医院接收难民600名；圣若瑟修道院将青洲水泥厂部分场地及其附属的奥斯定堂的耶稣十字圣会开放给难民居住；观音堂收留难民166人，分东西两神殿住宿。抗战期间难童孤儿的救济安置也是难民安置的主要内容之一。1941年7月，仁慈堂将其孤儿收容所的50名葡人孤儿托付给高若瑟主教管理。8月下旬又交付慈幼会照顾，并将这些孤儿安置在圣母无原罪工艺学校的孤儿院内，与华人孤儿共处一院。1942年5月，澳门天主教嘉诺撒仁爱会设立三所临时托儿所救济孤儿难童，第一所设于三巴仔6至8号，收容2岁以上6岁以下儿童；第二所设于无原罪学校，收容6岁以上儿童；第三所设于白鸽巢育婴堂，收容6岁以上女童。当时澳门社会孤儿难童很多，该会10天内收养弃儿117名，每月平均达200余人。1943年6月，镜湖医院慈善会附设难童疗养所，专门救济和教养因战事而受影响的儿童，初定为200名，但实际人数超出规定名额。

其次，在救济难民和澳门贫民生活方面，稳定米价和供应充足食物是澳门政府的主要职责之一，当时政府为稳定米价而采取的主要措施是寻找米源、设法运抵澳门和限定价格。澳门在1942年1月、1943年7月和1945年5月曾遭遇三次大的粮食短缺和恐慌，其中在第一次恐慌时期，出现过一个月饿死千人以上的情况。为保障供应和解决澳门市民的食物短缺问题，政府在本岛和氹仔等地设有公价米出售站15处，并在1941年8月由市政局颁布条例，对米市价格作出限定，仅此食米公卖一项，在一年多的时间里，政府就亏损500万元，所售公米每担亏蚀15元，而政府一年的税收才681万元。但仍有米商哄抬价格的，政府不得不颁布新法令，以打击非法的黑市米，并从1941年开始执行粮食分配制度，居民凭米粮证到指定粮站购买限购粮食，其余的杂货铺必须关闭。在医疗卫生方面，为防止霍乱和疟疾，政府还为市民和难民注射疫苗。

而澳门民间主要社团和慈善机构救济难民和贫民的义举：一是向贫民出售低价饭粥。1941年1月，有百名难民在新口岸填筑劳作，同善堂每天供粥8大桶。同年8月29日，同善堂改在镜湖义庄施粥济贫，有平民5000人到场领粥。最多时每天要施粥16 000多份。9月，镜湖医院将领回来的10吨燕麦交予同善堂，代为煮粥施赈，而运费及柴火则由镜湖负担。1942年1月，天主教救济会在东区长亭、西区妈阁设立贫民饭场，每天平价售出1000份，次年4月改为售粥。1943年3月，澳门妇女会主办望厦平民粥场，4月，同善堂开始施派难童餐，中国公教进行会主办平民粥场，赈济贫困和饥饿的澳门平民及难民。当时还有其他慈善团体的施粥善举，如佛教功德林的平粥会，怡兴堂在镜湖医院长亭、青洲火柴厂，澳侨赈饥会在镜湖医院义庄、青洲和妈阁，诚修堂在精武会，大福公司在青洲乞丐营以及鲍斯高中学等都有施粥赈济贫民和难民的善举。

二是赠医施药。镜湖医院从1939年6月至1940年1月，赠诊的患者由150人增至300多人，对病情严重的贫困者，医院除免费治疗外，还提供免费的食宿，同时医院还诊治葡英美等国在澳门避难的患者。从1941年4月到1943年4月，医院共收容患病难民383名，其中痊愈出院及被带回者共206名，死亡162名，留医者15名。1941年12月，澳门名绅高可宁等出资设同善堂药局，开始医病赈济患者。

三是施赠贫民难民寒衣等物品。1938年11月，天寒地冻，很多难民饥寒交迫，崇德学校学生将家长给的糖果钱节省下来，捐赠棉背心100件。1940年澳门小球协会举办港澳埠际小球义赛，为全澳露宿街头贫民募集寒衣，共筹款3000多元。1943年全澳歌姬为贫民和难民筹集寒衣而举游艺会，筹集港币1.5万元，用于购置镜湖医院留医病人衣服。此外，澳门救济委员会还采取以工代赈的方式，通过让难民参加修筑道路、挖掘水塘、粘贴火柴盒、制作炮竹和制鞋等工作，获得一些工资作为生活零用或回乡的费用。

再次，设难童义学关注其教育及技能培养。1939年1月，私立澳门中德中学在校内设立难民公学校，胡肇椿任校长，此为华人在澳门为难童所办的小学，专门收容失学难童，至6月收容小学六个年级难童130名。港澳赈济委员会自7月份起，每月拨款国币400元，以半年为期。当年9月，因中山等地战事激烈，难童到澳日众，国民政府侨务委员会广东侨务处特令中德中学属校扩大名额，至11月间，收容的难童有300人。1940年1月，港澳赈济会每月拨助私立中德中学附设难童学校国币500元，并以一年为限，同时该校改名为“澳门第一义学”，委任该校教导主任胡淑婉为校长。当时由港澳赈济会举办的难童义学还有越山义学、雨芬义学、崇实义学和知行义学。难童的费用全免，书籍也由义学提供。义学设有公民训练、国语、常识、算术和音乐，为失学难童提供继续教育的机会。1939年1月，嘉诺撒女修会在雅廉访大马路新建圣心英文书院新校舍，由高若瑟主教祝圣启用，开始时仅有学生27人，翌年学生增至200人，大半是从上海来澳避难的葡侨女学生。1942年爱尔兰耶稣会士在澳门创办圣类斯书院，收容由香港逃避战火而来澳门的葡萄牙小学生及中学生，采用英国学制，以英语为教学语言，至1945年结束。而澳门中华教育会也在所属各会员校内设有难民学校20所。同时主要庙宇和社团慈善机构设立的义学有鲍公庙义学、康公庙义学、莲溪义学、望厦坊会义学、永存义学、佛梵社义学、宝觉女子义学和公进义学。由官民合办的澳门救济难民兼管理粮食委员会在难民营也举办义学，为失学的300名难童提供就学机会。镜湖医院慈善会也办有难童义学。澳门难童义学的一个显著特点是以附属的形式寄居于其他办学实体内，是临时的权宜之计，除了政府资助外，其办学经费主要来自该实体或通过各种公开筹款和私人捐赠而获得。

如粤华中学开设难民小学及习艺所的开办经费，主要由公演名剧《钦差大臣》筹得1100多元，澳门富商筹款800元。其中习艺所主要为16岁以上的高小毕业生提供实用的工商业课程，如工厂管理、维修技术等，注重实际技能的培训，而难童义学则以基础教育为主，课程以简单的理论为主。

最后，成立澳侨协助难民回乡委员会以协助或护送难民回乡。自1941年12月香港沦陷以来，前来澳门避难的难民有10多万人，由于战局混乱以及日军封锁，澳门的粮食来源日益紧张，经常出现饿殍遍野的窘境。到1942年3月，受物价飞涨和各种社会资源拮据影响，留澳难民生活更加困苦，死亡率激增，为缓解由此产生的巨大社会压力，亟待实施难民回乡计划以缓解难民问题。为此澳侨赈饥会在东亚酒店召开联席会议，宣布成立"澳侨协助难民回乡委员会"，并召开两次会议，确立回乡会组织架构，计划先组织南海、番禺、中山、东莞、顺德和四邑难民回乡。回乡会的初步目标是协助或护送5万人归乡，协助1名难民回乡约需大洋110元，5万人则需要经费500多万元，澳督表示支持此项计划；此项难民回乡工作从1942年4月启动到1943年2月结束，前后共协助或护送回乡的难民47批次约12 000多人。

整个难民回乡过程可分为三个阶段。1942年4月为第一阶段，探索工作思路和模式，筹措经费和游说社会各阶层捐助资费。至4月底，回乡会以《华侨报》为平台共筹款大洋2万元，高可宁、刘柏盈和傅伟生等社会名绅富商等捐赠垫支所需费用，护送4批难民回乡。第5和第6批难民的回乡经费由社会各界捐赠，回乡运动初见成效。1942年5月至1942年8月为第二阶段，也是难民回乡的高峰期，澳督以个人名义捐献5万大洋，并提供政策方面的便利条件。7月《华侨报》筹得大洋12万多元，到8月中旬累计达到84.3万多元，共资助30批难民回乡。1942年8月19日至1943年2月28日为第三阶段，工作断断续续进行，期间因经费严重不足，曾经一度宣布停送难民回乡，1943年2月正式宣布结束协助和护送难民回乡工作。

（一）外国难民

1. 葡萄牙侨民

香港葡僑
撤回本澳
首批今日可到

（本報專訪）葡籍人士之僑居香港者，直至現在，爲數達二千餘之衆，現在駐港葡領事實行將不必留居香港之葡僑，撤回澳門，計是次動程來澳者，共有一千六百餘名，將分兩批來澳，首批若干人，于今日乘白銀丸抵澳云。

1942年2月6日《华侨报》

當局擬暫借各戲院
收容來澳葡僑
昨到九百餘人今日續到一批

（本報專訪）留居香港之葡籍僑民，曾經駐港葡領事，認爲不必留居香港者，須撤回澳門後，先後登記願撤退者，計有一千六百零人，首批九百八十人，已于昨日乘白銀丸輪船，于午間安抵本澳，船泊碼頭時，當局派出人員蒞場爲之照料一切，并設法爲之安置，聞于此次撤退回澳之葡僑，共分兩批來澳，該白銀丸一輪俟搭客上岸完畢，即啓駛往香港，于今日上午復載第二批葡僑來澳，至第二批數共七百人，將于今日午間抵達，當局對於來澳之葡僑，現擬將全澳戲院暫借爲收容之用，僅餘一間，以利居民娛樂云。

1942年2月7日《华侨报》

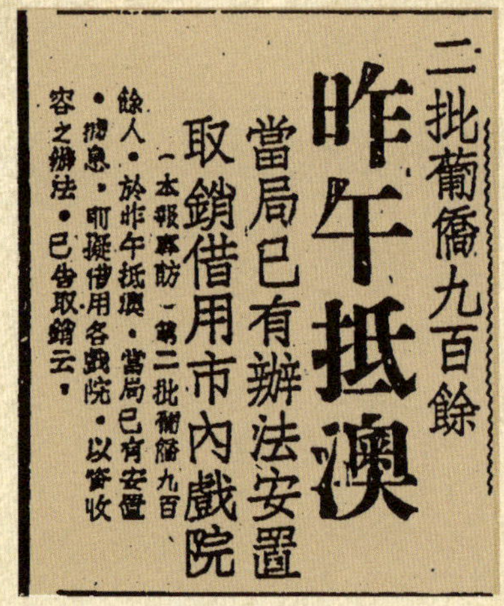

二批葡僑九百餘

昨午抵澳

當局已有辦法安置

取銷借用市內戲院

〔本報專訪〕第二批葡僑九百餘人・於昨午抵澳・當局已有安置・辦法・前擬借用各戲院・以資收容之辦法・已告取銷云。

1942年2月8日《华侨报》

C. E. R.

No. 1372/2.

Exmo. Sr.

Tenho a honra de informar V. Exa. de que, em 27 do corrente mês, deve terminar o serviço hospitalar a prestar aos refugiados a cargo desta Comissão nêsse Hospital e desta oportunidade me aproveito para apresentar a V. Exa. os meus agradecimentos pelo óptimo tratamento que os Refugiados têm podido receber nêsse estabelecimento.

A bem da Nação.

Macau, Secretaria da C. E. R. (Cartório da Santa Casa da Misericórdia), 13 de Dezembro de 1945.

Exmo. Sr.
Director do Hospital Kiang-Vu.

Artur dos Anjos Lopes,
Presidente da Comissão.

葡籍难民委员会主席洛比士来函称由本年月二十七日起该会停止送难民来本院留医前对于本院悉心医治葡国难民表示感激

1945年12月13日，葡籍难民委员会主席洛比士致函镜湖医院，由12月27日起停送葡国难民到院医治，并对医院全心医治葡国难民表示感激

海镜酒店，原为1870年建成的住宅。曾几度易主，先后为酒店、中学、收容所、休养所。1936年底恢复为酒店，并改名为峰景酒店，是澳门历史最悠久的五星级酒店。1937年抗战爆发后，上海避难到澳门的葡国人曾被安置在此酒店居住

建于1870年的南湾街东段军人俱乐部，1942年曾被澳门政府用作安置香港来澳门的葡国人的居住之所

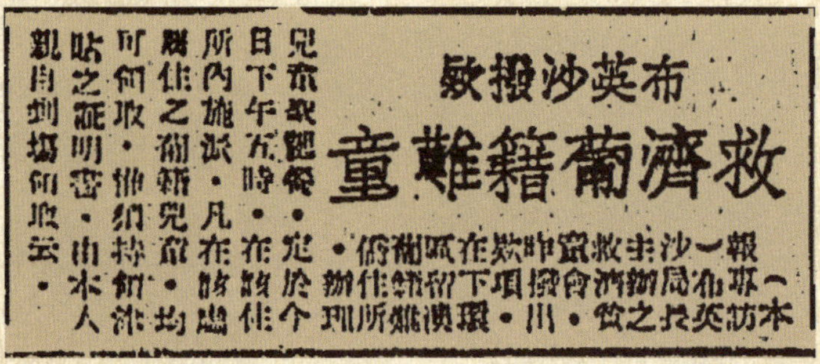

布英沙援款

救濟葡籍難童

1945年1月7日《华侨报》

2. 英美籍侨民

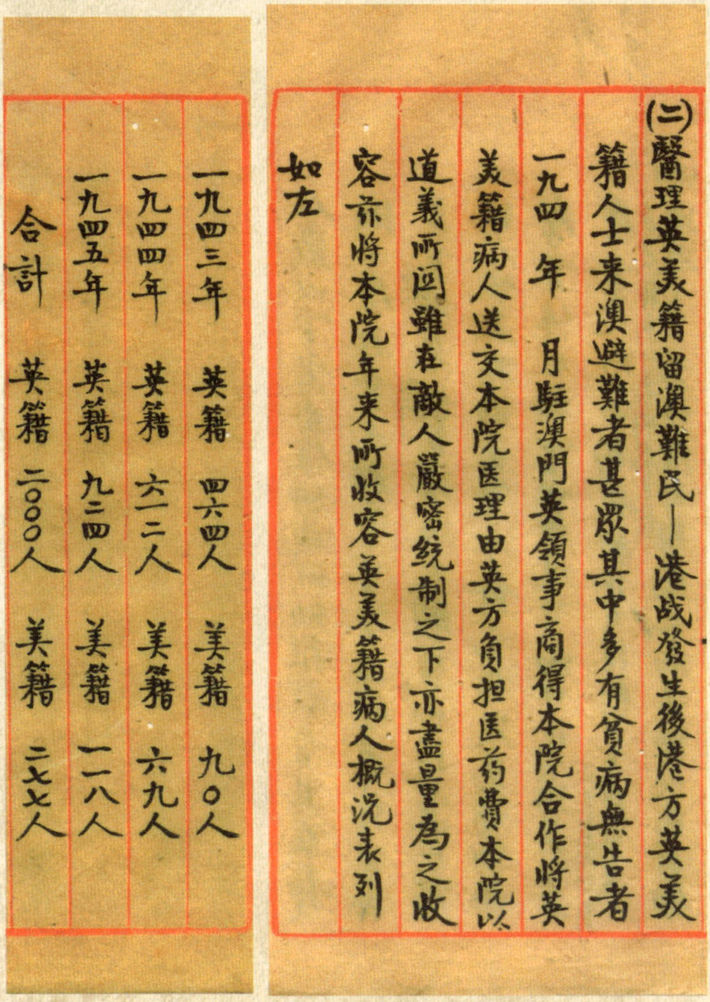

(二)醫理英美籍留澳難民——港战發生後港方英美籍人士来澳避難者甚眾其中多有貧病無告者一九四 年 月駐澳門英領事商得本院合作將英美籍病人送交本院医理由英方負担医药費本院以道義所回雖在敵人嚴密统制之下亦盡量為之收容亦將本院年来所收容英美籍病人概况表列如左

一九四三年	英籍	四六四人	美籍	九〇人
一九四四年	英籍	六一二人	美籍	六九人
一九四五年	英籍	九二四人	美籍	一一八人
合計	英籍	二〇〇〇人	美籍	二七七人

在镜湖医院抗战期间之工作概况总结草稿中，对镜湖英美籍难民留医人数有详细记录

（二）中国难民

1. 周边及内地难民

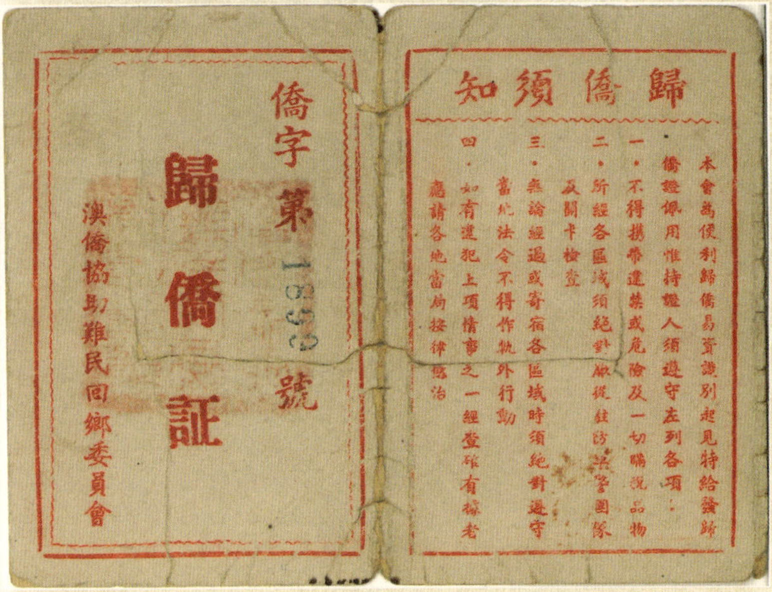

僑字第1692號

歸僑證

澳僑協助難民回鄉委員會

歸僑須知

本會為便利歸僑易資識別起見特給發歸僑證俾用惟持證人須遵守左列各項：

一、不得攜帶違禁或危險及一切應稅品物

二、所經各區域須絕對服從駐防軍警團隊及關卡檢查

三、無論經過或寄宿各區域時須絕對遵守當地法令不得作軌外行動

四、如有違犯上項情事之一經查確有據者應請各地當局按律懲治

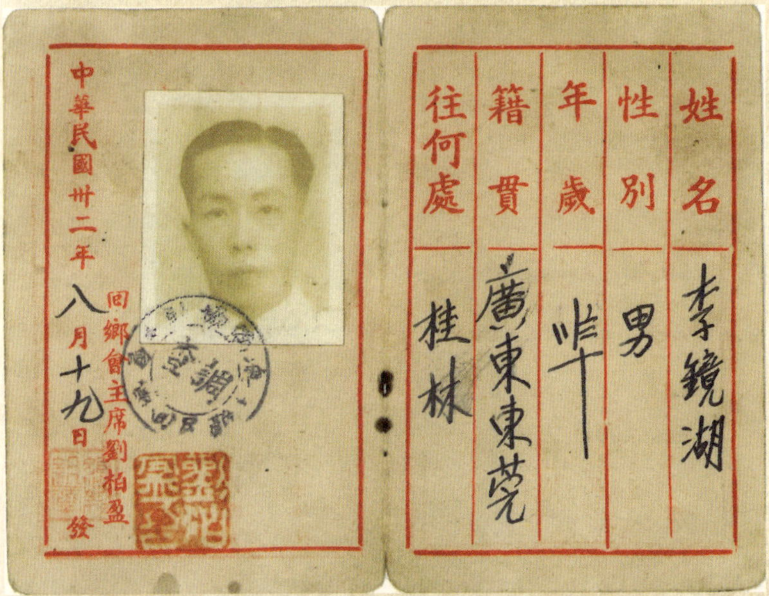

中華民國卅二年八月十九日

回鄉會主席劉柏盈發

姓名	性別	年歲	籍貫	往何處
李鏡湖	男	[illegible]	廣東東莞	桂林

上图为1943年8月19日，澳侨协助难民回乡委员会主席刘柏盈签发之归侨证封面，下图为持证人姓名、照片及籍贯等信息

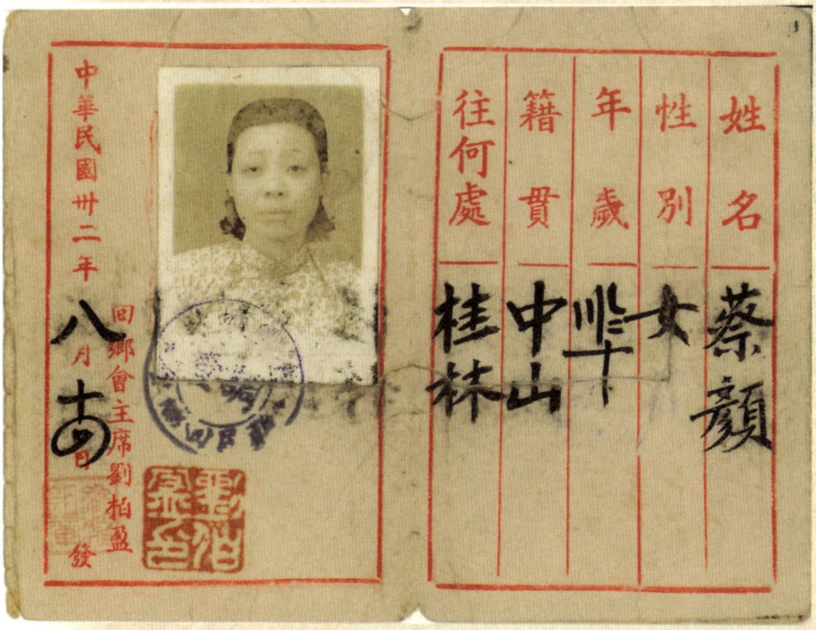

姓名 蔡顏
性別 女
年歲 [illegible]
籍貫 中山
往何處 桂林
中華民國卅二年八月十四日
回鄉會主席劉柏盈發

侨胞证原件式样。1943年8月14日，澳侨协助难民回乡委员会主席刘柏盈签发之蔡颜归侨证（尹德卫先生藏品）

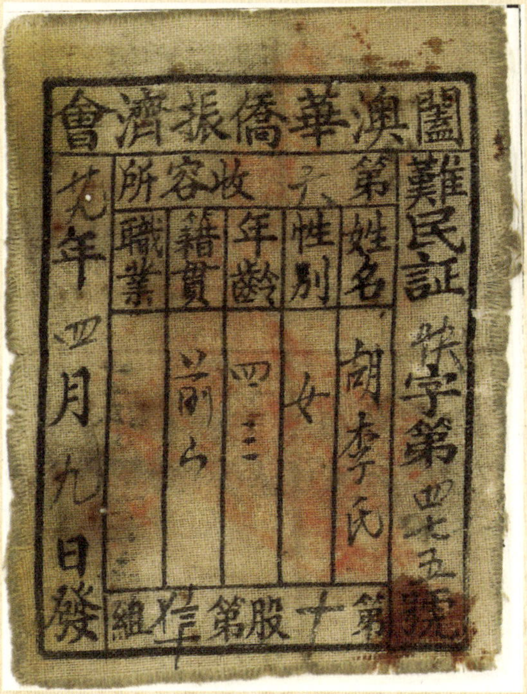

闔澳華僑振濟會
難民証 恢字第四七五號
第六收容所
姓名 胡李氏
性別 女
年齡 四十二
籍貫 前山
職業
第十股第[illegible]組
廿九年四月九日發

1940年4月9日，阖澳华侨赈济会颁发之难民证（罗景新先生藏品）

澳门的难民轮候领取救济物品

三灶各鄉
留澳貧民
生活殊爲悽苦

（本報專訪）自香港戰爭爆發後，三灶難民由港紛紛避澳，擬設法歸鄉，另尋生活，故于前乘澳門同鄉會成立之始，即推派吳經武，李陸民，譚國棟等十餘人，聯具公函，代表到會請求，希望予以協助返鄉，免受生活痛苦，並爲餓殍，各情經紀前訊，後以該地爲特殊環境，雖經代表等之努力奔走呼籲，亦終難願償，遂至滯留澳中，迄今半載于茲矣，而彼輩避難來此，然無入息，生活艱難，殊非維筆所能形容，故惻隱君子，爲之抱同情心者甚衆，記者以三灶難民數千，滯留澳中，其最近情形如何，實爲社會人士所關注，故不憚煩向該鄉人士探詢，據稱，日前難民等請求歸鄉，家鄉要的，因有等爲生活所驅，不惜冒險偷渡回鄉，最近三灶島復與機投彈後，當地當局對於水陸兩方來往，特屬戒備，絕對禁止人民出入，否則開槍掃射，故最近鄉民益而生畏，不敢前往，生活更苦云。

1942年12月25日《华侨报》

留澳三灶難民
已有生機
將移往鶴山開墾
辦法已在商討中

（本報專訪）[illegible]澳三灶難民，經數度[illegible]二三千眾之譜，彼等以既無[illegible]生活，無[illegible]，但[illegible]其維持生活而[illegible]計，乃於去月[illegible]各難民等十餘人，辦理公務，到一同鄉會一請求設法，向[illegible]水[illegible]知照[illegible]，協助[illegible]灶中[illegible]數次到會，請求[illegible]結果以三灶一[illegible]為一[illegible]難民歸鄉之計，[illegible]所[illegible]頭，現對會人士，對此來仍極多關懷，記者昨往訪鄉人士，探得消息，為現三灶[illegible]，感[illegible]彼等[illegible]，為表示同情起見，擬將港澳兩地難民數千衆，在短期內，設法安置，移往鶴山墾荒之說，此事據聞已在商議者慮中，實行有期，雖未有定，如果此事將來能成事實，則不獨為三灶留澳難民之福，抑本澳難民之福[illegible]，將來減[illegible]，居民實多，後事如[illegible]容在續報。

1942年10月2日《华侨报》

2．香港难民

港僑來澳
如無親屬關照者
當取道同鄉為宜

（本報專訪）昨為港澳恢復交通之第三日。輪船抵達者有白銀丸及南超丸兩艘。前者載來搭客華人一千二百五十八名及西人十二名、後者則載搭客四百二十人。據于連日香港居民疏散來澳。昨警察廳長布茲沙對記者發表談話如次、據稱。所有連日由港來澳之民衆。如澳中有親屬照顧或有家庭者。儘可在澳居留、不然。則因澳中人口稠密。當以取道本澳他往為宜云云。

警方法、向在大炮台施放鳴鳴而鳴之警號。原有之警報機。係以自力施放者。查該種機件。近因略有損壞。故遇火警。無從鳴號。消防當局為此、現乃置備手搖者數架。將來改以此種新機報警。為欲知其聲音傳播之範圍。

許修五醫師專治濕[illegible]
許修五醫師發明皮膚特效[illegible]今許醫師以本澳[illegible]膚脂者一試刀圭當能[illegible]一專售許修五補腎[illegible]

1942年1月22日《华侨报》

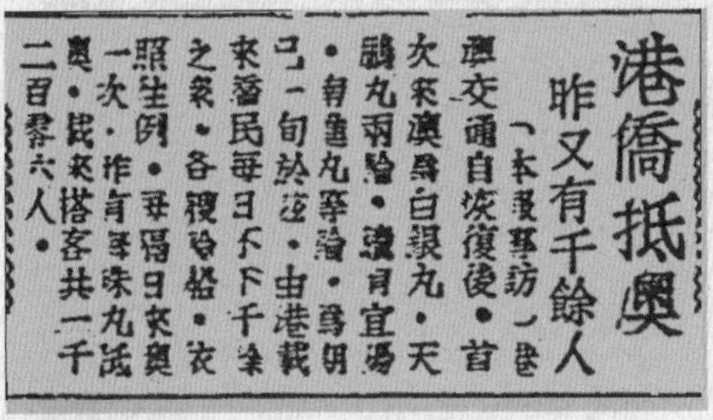

港僑抵澳
昨又有千餘人

「本報專訪」港澳交通自恢復後，首次來澳爲白銀丸，天鵝丸兩輪，繼有宜陽，白鹿丸等輪，鸟明已一旬於茲，由港載來澳民每日不下千餘之衆，各渡輪往來照生例，每隔日來往一次，昨有華來丸試來，此次搭客共一千二百零六人。

1942年1月26日《华侨报》

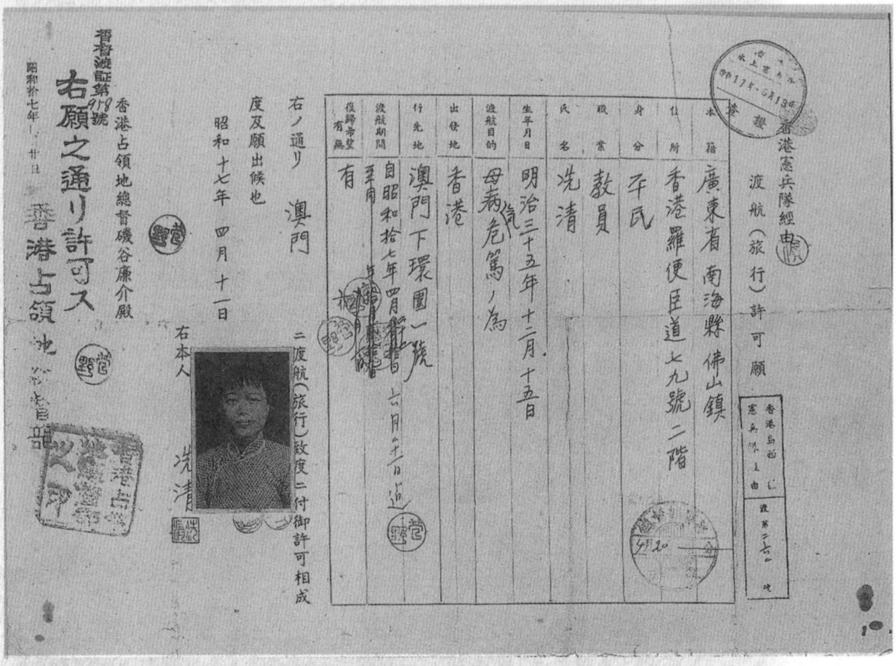

香港憲兵隊經由
渡航（旅行）許可願

本籍	住所	身分	職業	氏名	生年月日	渡航目的	出發地	行先地	渡航期間	復歸希望有無
廣東省南海縣佛山鎮	香港羅便臣道七九號二階	平民	教員	冼清	明治三十五年十二月十五日	母病危篤ノ為	香港	澳門下環圍一號	自昭和拾七年四月 至 六月二十日	有

右ノ通リ澳門二渡航（旅行）致度ニ付御許可相成度及願出候也

昭和十七年四月十一日

右本人 冼清

香港占領地總督磯谷廉介殿

香督港証第918號
右願之通リ許可ス
昭和拾七年四月十一日
香港占領地總督部

1942年4月11日，香港占领地总督签发的港澳往来渡航（旅行）许可证

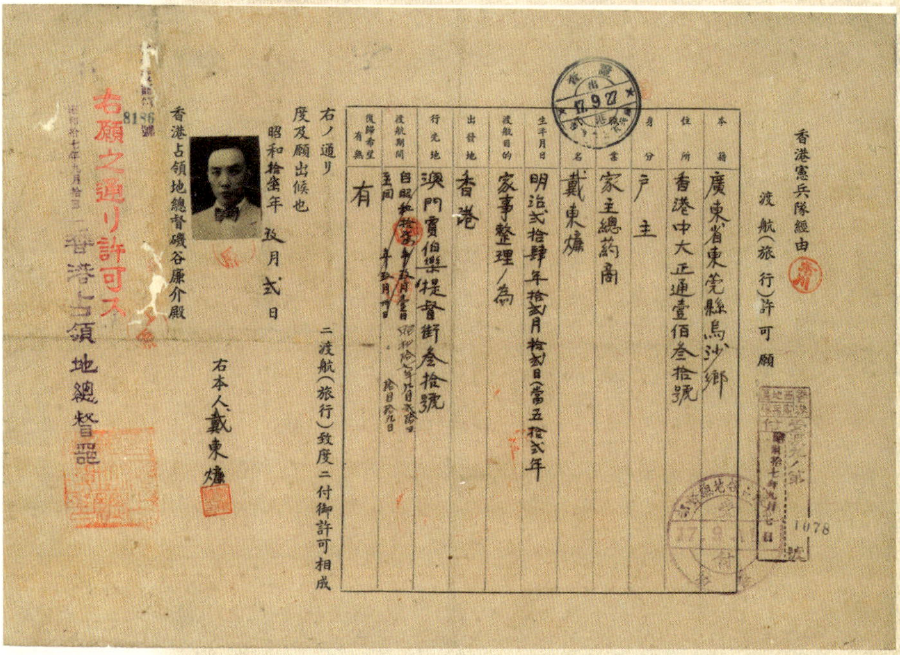

香港憲兵隊經由

渡航（旅行）許可願

本籍	住所	身分	職業	氏名	生年月日	渡航目的	出發地	行先地	渡航期間	復歸希望有無
廣東省東莞縣烏沙鄉	香港中大正通壹佰叁拾號	戶主	家主總葯商	戴東爙	明治弍拾肆年拾弍月拾弍日（當五拾弍年）	家事整理ノ為	香港	澳門賈伯樂提督街叁拾號	[illegible]	有

右ノ通リ渡航（旅行）致度ニ付御許可相成度及願出候也

昭和拾柒年玖月弍日

右本人 戴東爙

香港占領地總督礒谷廉介殿

右願之通リ許可ス

香港占領地總督

1942年9月2日，香港占领地总督签发的戴东爙港澳往来渡航（旅行）许可证（尹德卫先生藏品）

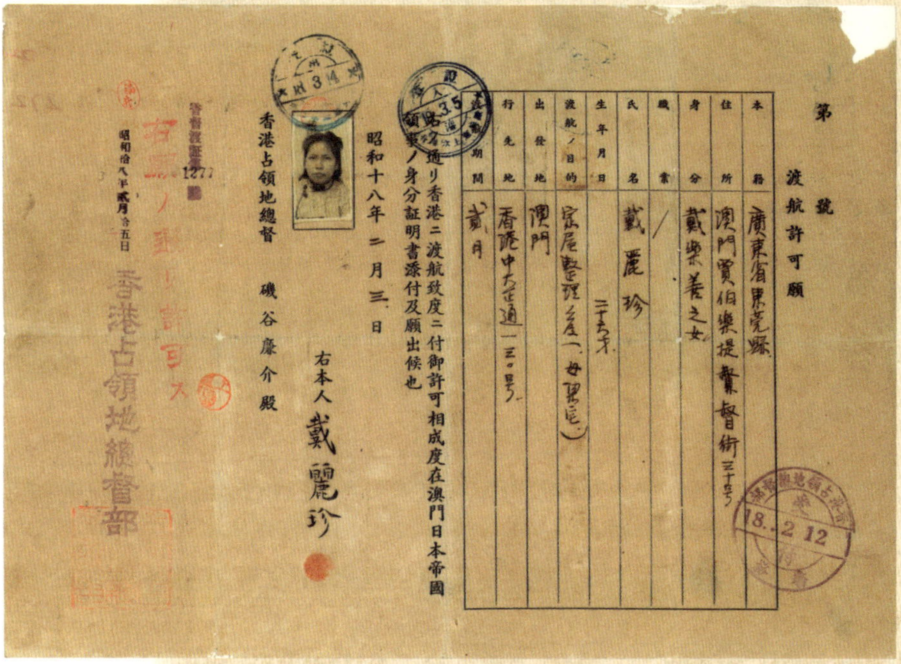

第　號

渡航許可願

本籍	住所	身分	職業	氏名	生年月日	渡航ノ目的	出發地	行先地	期間
廣東省東莞縣	澳門賈伯樂提督街三十號	戴樂善之女	／	戴麗珍	二十六才	家屋整理	澳門	香港中大正通一三〇號	貳月

右ノ通リ香港ニ渡航致度ニ付御許可相成度在澳門日本帝國領事ノ身分証明書添付及願出候也

昭和十八年二月三日

右本人 戴麗珍

香港占領地總督 礒谷廉介殿

右願ノ通リ許可ス

昭和拾八年貳月拾五日

香港占領地總督部

1943年2月3日，香港占领地总督签发的戴丽珍港澳往来渡航许可证（尹德卫先生藏品）

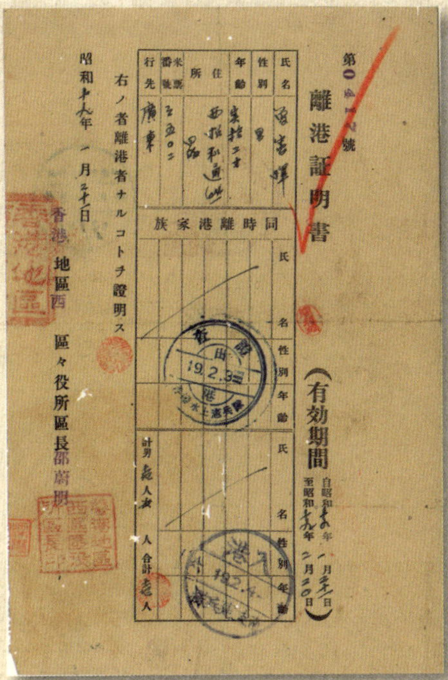
第〇號

離港証明書

（有効期間 自昭和十九年一月廿一日 至昭和十九年二月二十日）

氏名	曾憲暉
性別	男
年齡	三十二才
住所	西昭和通64
米票番號	三五〇二
行先	廣東

同時離港家族

氏名	性別	年齡	氏名	性別	年齡

計 男 人 女 人 合計 人

右ノ者離港者ナルコトヲ證明ス

昭和十九年一月廿一日

香港地區西區々役所區長

1944年1月21日，香港地区签发的离港证明书（麦林先生藏品）

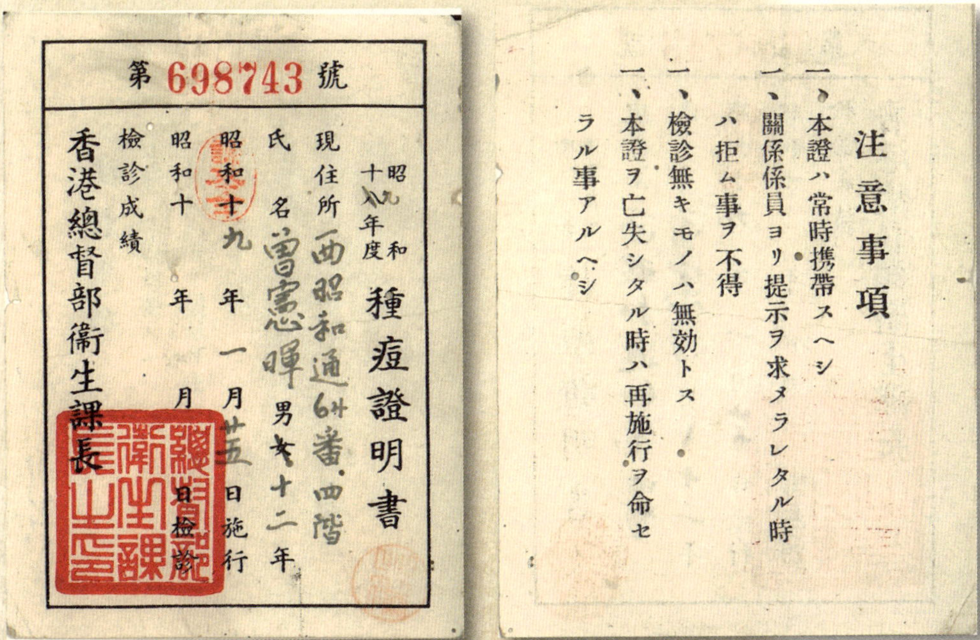
第698743號

昭和十九年度 種痘證明書

現住所 西昭和通64番·四階

氏名 曾憲暉 男 三十二年

昭和十九年一月廿五日施行

昭和十 年 月 日檢診

檢診成績

香港總督部衛生課長

注意事項

一、本證ハ常時携帯スヘシ

一、關係係員ヨリ提示ヲ求メラレタル時ハ拒ム事ヲ不得

一、檢診無キモノハ無効トス

一、本證ヲ亡失シタル時ハ再施行ヲ命セラルル事アルヘシ

1944年1月25日，香港总督部卫生课长签发的种痘证明书正背面（麦林先生藏品）

（三）澳门居民

1. 设公价米站

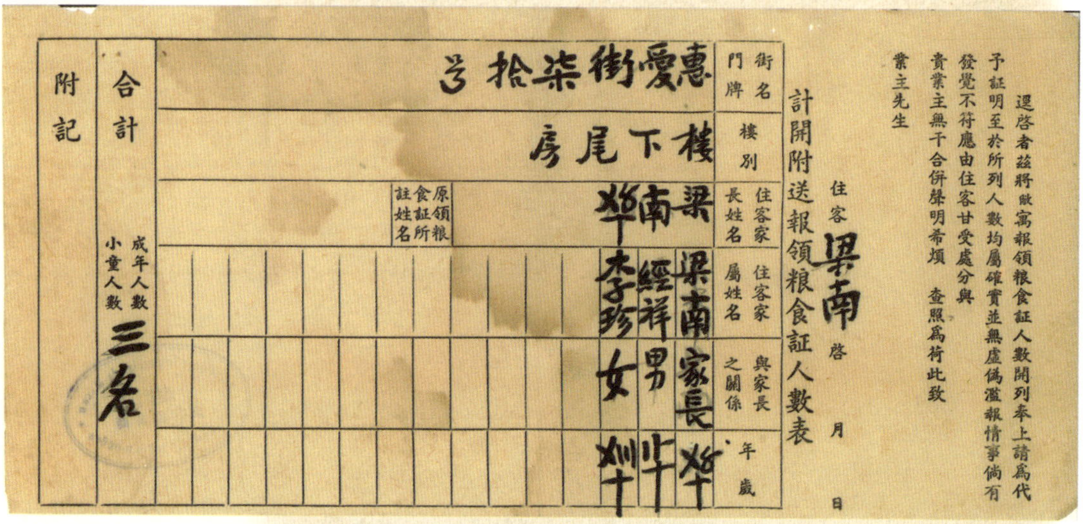

逕啓者茲將敝寓報領糧食証人數開列奉上請爲代予証明至於所列人數均屬確實並無虛僞濫報情事倘有發覺不符應由住客甘受處分與貴業主無干合併聲明希煩 查照爲荷此致
業主先生
住客梁南啓 月 日

計開附送報領糧食証人數表

街名門牌	惠愛街柒拾号	
樓別	樓下尾房	
住客家長姓名	梁南	原領糧食証所註姓名

住客家屬姓名	與家長之關係	年歲
梁南	家長	[illegible]
經祥	男	[illegible]
李珍	女	[illegible]

合計 成年人數 小童人數 三名

附記

住客梁南计开附送报领粮食证人数表（尹德卫先生藏品）

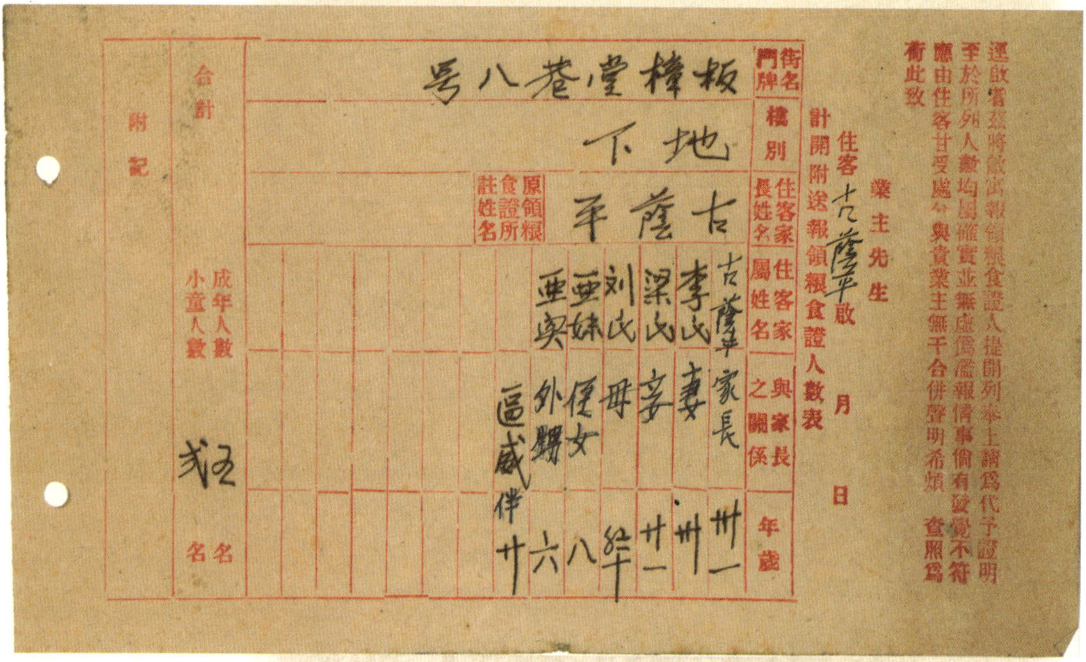

逕啟者茲將敝寓報領糧食證人提開列奉上請爲代予證明至於所列人數均屬確實並無虛偽濫報情事倘有發覺不符應由住客甘受處分與貴業主無干合併聲明希煩 查照爲荷此致
業主先生
住客古蔭平啟 月 日

計開附送報領糧食證人數表

街名門牌	板樟堂巷八号	
樓別	地下	
住客家長姓名	古蔭平	原領糧食證所註姓名

住客家屬姓名	與家長之關係	年歲
古蔭平	家長	卌一
李氏	妻	卅
梁氏	妾	廿一
刘氏	母	[illegible]
亞妹	俾女	八
亞[illegible]	外甥	六
	[illegible]戚伴	廿

合計 成年人數 名 小童人數 名 [illegible]

附記

住客古荫平计开附送报领粮食证人数表（尹德卫先生藏品）

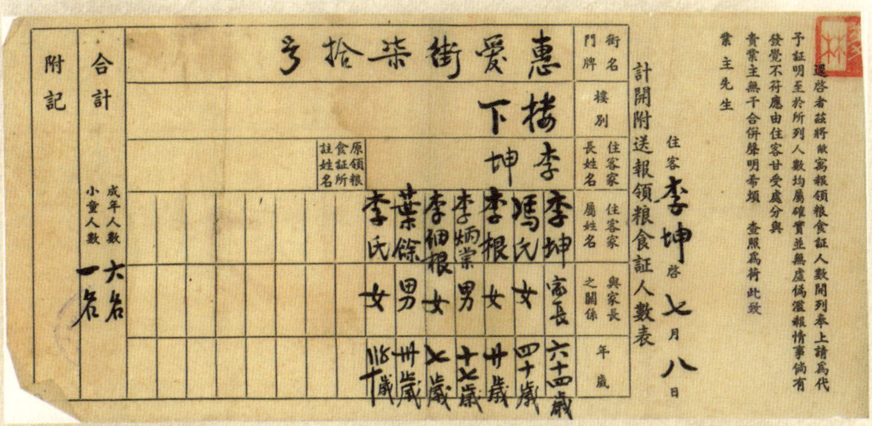

逕啓者茲將敝寓報領粮食証人數開列奉上請爲代予証明至於所列人數均屬確實並無虛僞濫報情事倘有發覺不符應由住客甘受處分與貴業主無干合併聲明希煩 查照爲荷 此致

業主先生

住客李坤 啓 七月八日

計開附送報領粮食証人數表

街名門牌	樓別	住客家長姓名	住客家屬姓名	與家長之關係	年歲
惠愛街柒拾号	樓下	李坤	李坤	家長	六十四歲
			馮氏	女	四十歲
			李根	女	廿歲
			李炳棠	男	十七歲
			李細根	女	七歲
			葉餘	男	卅歲
			李氏	女	二十歲

原領粮食証所註姓名

合計 成年人數 六名 小童人數 一名

附記

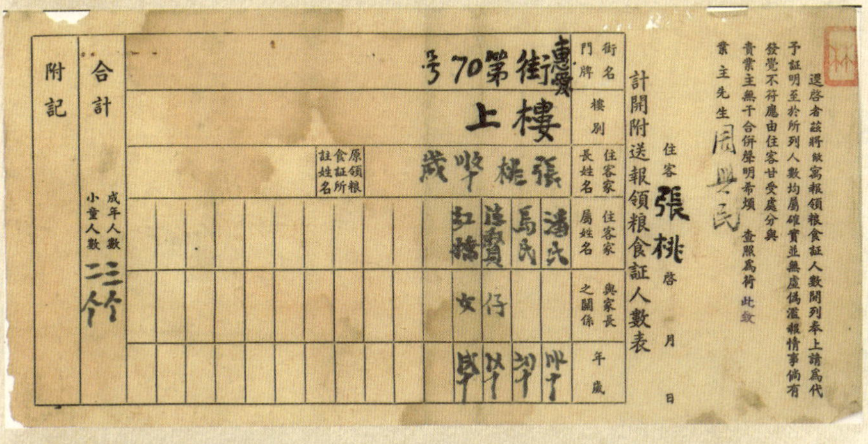

逕啓者茲將敝寓報領粮食証人數開列奉上請爲代予証明至於所列人數均屬確實並無虛僞濫報情事倘有發覺不符應由住客甘受處分與貴業主無干合併聲明希煩 查照爲荷 此致

業主先生周興民

住客張桃 啓 月 日

計開附送報領粮食証人數表

街名門牌	樓別	住客家長姓名	住客家屬姓名	與家長之關係	年歲
惠愛街第70号	樓上	張桃 卅歲	潘氏		卅
			馬氏		廿
			張寶	仔	八
			紅梅	女	二

原領粮食証所註姓名

合計 成年人數 三 小童人數 二个

附記

以上两图分别为住客李坤、张桃计开附送报领粮食证人数表（麦林先生藏品）

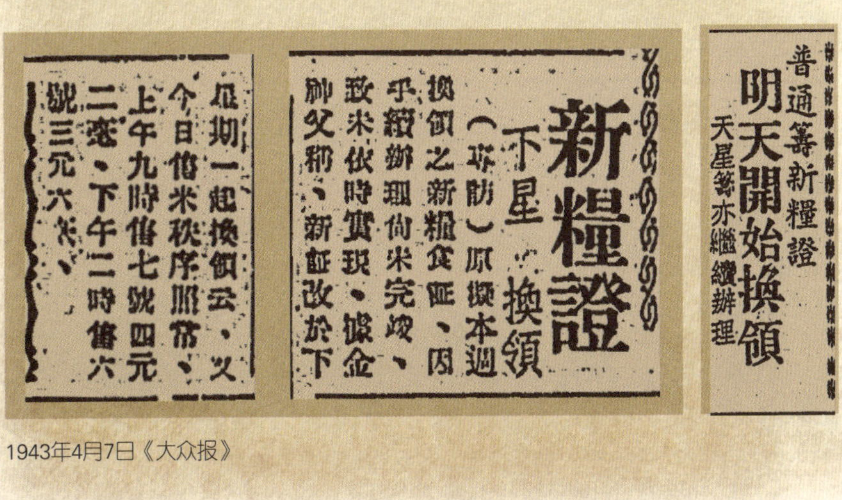

普通籌新糧證

明天開始換領

天星籌亦繼續辦理

新糧證

下星期換領

（本市訊）原擬本週換領之新糧食証、因平糶辦理僞米完竣、致米依時實現、據金冊父稱、新証改於下星期一起換領云、又今日售米秩序照常、上午九時售七號四元二毫、下午二時售六號三元六毫、

1943年4月7日《大众报》

（專訪）換領新粮食證、盛昌米站于昨日發售學校報館人員集團米及四人以上米時起實行、但是日間或因貼相遲延者、則改在下星期六領米時持回舊證補領、今日照例休息一天、(撤金神父路肥者稱、星期一繼續辦理轉換人員以次及各普通新粮證、秩序依照原次每日之定例、星期一售十號證六元正、星期二上午售九號證五元四毫、下午售八號證四元八毫、星期三上午售七號證四元二毫、下午售六號證三元六毫、星期四上午售五號證三元、下午售四號證二元四毫、星期五上午售三號證一元八毫、下午售二號證一元二毫、一號證售六毫、星期六集團米所售如此、市民應守時刻換領新證云、

1943年4月11日《大众报》

華人天星新粮證
改在下週繼續更換
今日輪值六七號普通籌換證

（專訪）普通證新證、本例起經在盛昌米站售米時隨同更換、關于遺失損證、請求發給新證、及撤銷不符之證等事宜、則在經濟局(即俗稱金巴喇)、每日由上午拾時至十二時、下午由二時至五時辦理之、今日米站上午輪值七號普通證持領新證、並售米四元二毫、下午輪值六號普通證持領新證、並售米三元六毫、而是日之六號附人米則加倍售米並為一元二毫、又如每日秩序米及換領者、則在下星期售米時補領、至於華人天星證方面、本週暫緩更換、一俟普通新證發領完竣、下星期一當能繼續辦理更換云、

1943年4月14日《大众报》

粮證管理處
今日檢查新証
在米站辦理補蓋印章

（本報專訪）盛昌米站今日開始由粮証管理處派員負責檢查新証、如有尚未蓋印之証可即補蓋之、並已確定全日售十號證之秩序公佈如下、

上午八時、一至五百
九時、五〇一至一千
十時、千〇一至千五百
十一時、一千五百〇至二千
下午一時、二〇〇一至二五〇〇
二時、二五〇一至三千
三時、三千〇一至三千五百
四時、三五〇一至四千

1943年5月10日《大众报》

新口岸填地工程
澳督親臨視察
亟盼完成以工代賑計劃

（本報專訪）本澳新口岸填地工程、經由年前開始動工、為當局施行建設新澳門計劃之一、一面招納失業工人工作、並行以工代賑、法至良善、數日來、督憲戴思樂氏、於每日晨九時許親赴新口岸、視察填地工程、並勗該填地公司、積極通行填地工作、俾完成其計劃、同時以婦女會及女青年會所辦之平民粥場、辦理成績良善、備致嘉許云、

1942年12月25日《华侨报》

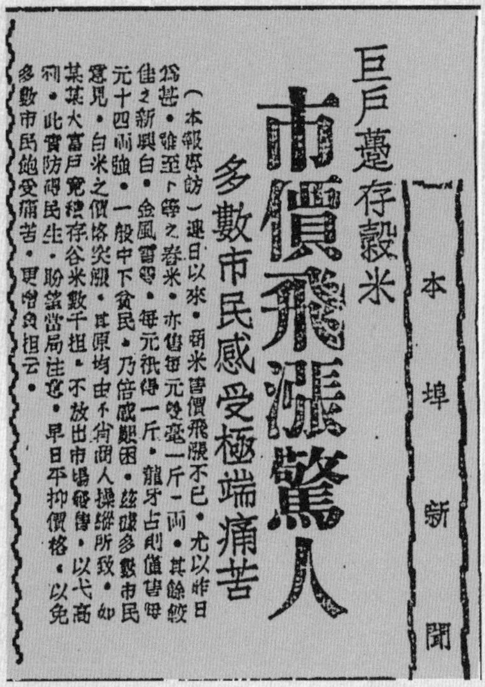

本埠新聞

巨戶蓄存穀米

市價飛漲驚人

多數市民感受極端痛苦

（本報專訪）連日以來，商米售價飛漲不已，尤以昨日為甚，雖至下等之舂米，亦售每元雙毫一斤一兩，其餘較佳之新興白，金鳳雪粘，每元祇得一斤，龍牙占則僅售每元十四兩強，一般中下貧民，乃倍感艱困，茲據多數市民意見，白米之價格突飆，其原均由不肖商人操縱所致，如某某大富戶竟積存谷米數千擔，不放出市場發售，以弋高利，此實防碍民生，盼當局注意，早日平抑價格，以免多數市民飽受痛苦，更增負担云。

1942年12月28日《华侨报》

2．施粥售饭济贫

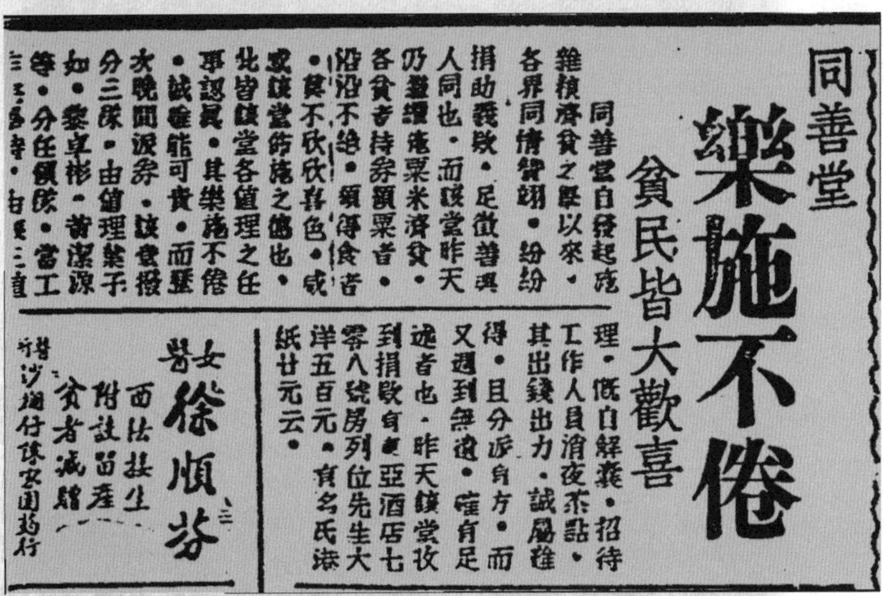

同善堂

樂施不倦

貧民皆大歡喜

同善堂自發起施粥賑濟貧之舉以來，各界同情贊助，紛紛捐助義款，足徵善與人同也，而該堂昨天乃繼續施粟米濟貧，各貧者持券領粟者，沿沿不絕，領得食者，莫不欣欣喜色，咸謂該堂所施之德也，此皆該堂各值理之任事認眞，其樂施不倦，誠難能可貴，而暨次晚間派券，該堂撥分三隊，由值理梁子如、黎卓彬、黃潔源等，分任領隊，當工[illegible]等，[illegible]理，低自解囊，招待工作人員消夜茶點，其出錢出力，誠屬難得，且分涉各方，而又週到無遺，確有足述者也，昨天該堂收到捐款有東亞酒店七零八號房列位先生大洋五百元，有名氏港紙廿元云。

女醫 徐順芬

西法接生　附設留產　貧者減贈

[illegible]沙坳仔[illegible]

1942年1月27日《华侨报》

20世纪40年代同善堂施粥的煮粥工场（尹德卫先生藏品）

同善堂煮粥用的大锅（尹德卫先生藏品）

同善堂煮粥工人合影（罗景新先生、尹德卫先生藏品）

同善堂运粥用的汽车（尹德卫先生藏品）

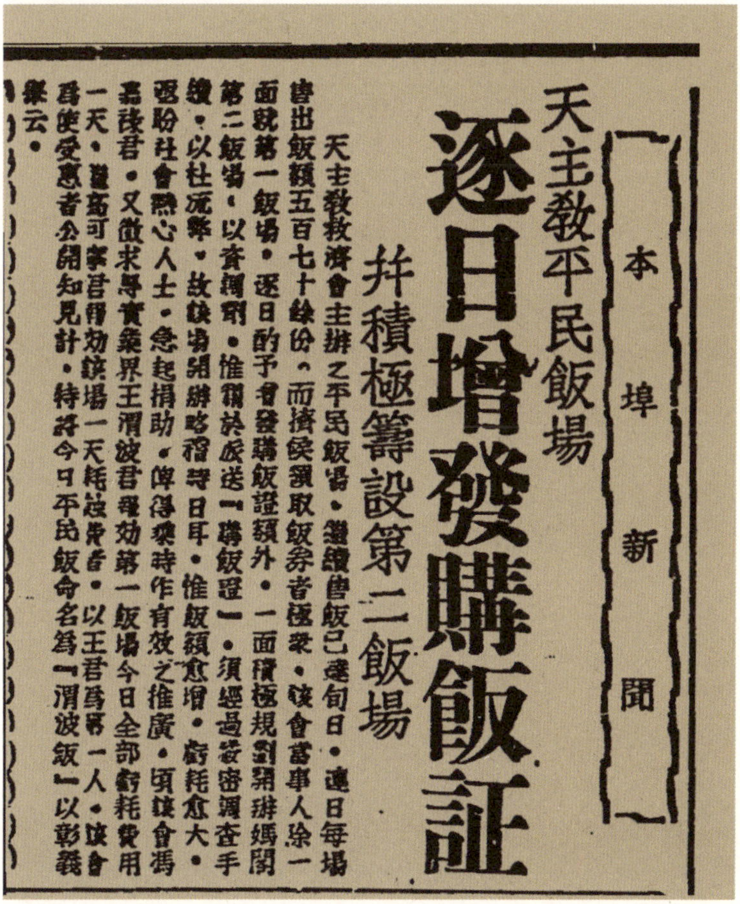

本埠新聞

天主教平民飯場
逐日增發購飯証
并積極籌設第二飯場

天主教救濟會主辦之平民飯場，開辦已達旬日，連日每場售出飯額五百七十餘份，而擠候領取飯券者極衆，該會當事人除一面就第一飯場，逐日酌予增發購飯證額外，一面積極規劃開辦媽閣第二飯場，以資調劑，惟額外派送「購飯證」，須經過嚴密調查手續，以杜流弊，故該場開辦略需時日耳，惟飯額愈增，虧耗愈大，還盼社會熱心人士，急起捐助，俾得乘時作有效之推廣，頃該會為嘉後君，又徵求得實業界王渭波君報效第一飯場今日全部虧耗費用一天，羅高可享君得報效該場一天耗欵費者，以王君為第一人，該會為使受惠者公開知見計，特將今日平民飯命名為「渭波飯」以彰義舉云。

1942年2月2日《华侨报》

張老牛先生捐助平民飯場一連五天虧耗費用

天主教救濟會主辦之平民飯場，每日以最低廉代價售出足供果腹之飯餸，物資之虧耗甚重，本社會人士同情斯舉，紛起捐輸，如安行堂等，首先捐助經常補助金逾港幣二千員之巨，而報効每場虧耗費用者，又紛紛繼起，使該場得將平民飯額逐已擴充，在糧食緊張時期，獲此調劑補助，誠平民之福利也，頃該會馮嘉祿君又徵求得張老牛先生報効第一飯場（鏡湖醫院舊長亭）每天虧耗費用，由七日起至十一日止一連五天，如張先生之義不後人，加惠貧苦誠不淺矣。

續辦斑斕飯

天主教救濟會主辦之平民飯場，因辦理良好，故甚得社會人士信仰，連日樂助該會善款者，頗不乏人，惟平民飯場每日所售出之平民飯，日見增加，如長此以往，苟無外界踴躍捐助，該會則恐難以作長時間支持。是以該會辦事人，奔走呼號，極力向各方呼籲，本報社長趙斑斕先生，以該會關懷貧苦老弱殘疾之人，殊深敬佩，特慨捐港紙六十元，以作該會飯場一天虧蝕經費，尚望各界熱心人士，當仁不讓，踴躍捐助，共襄善舉，查天主教救濟會，以趙斑斕先生慈善爲懷，爲酬謝其善舉起見，將繼「張老牛飯」後，舉辦「斑斕飯」一天云

持劍行刦案 警方破獲 拘男子伍人

（本報專訪）下環街市門牌廿四號林掌記豆腐店，于二月四日晚上約九時，由該店主事人上警署報案，謂被賊入屋行刦，當時一賊上樓，二賊在門外把風，上樓

1942年2月7日《华侨报》

本埠新聞

天主教平民飯場 各界熱烈捐助 今日售斑斕飯·明日售老太飯

（本報專訪）[illegible]殘年，冬寒料峭，朔風怒號，寒氣逼人，流浪者瑟縮街頭，無衣無食，凍餒餓死，見者可憐，聞者心傷，天主教救濟會，有鑒於此，除將主辦之平民第一飯場，每日加售飯券，廉價售平民飯外，並加緊進行開放媽閣第二飯場，以利貧苦殘疾之人。

茲平民第一飯場，一連五日售「老牛飯」，昨日爲最後一天，今日繼續售「斑斕飯」，明天售「老太飯」，隨後一連十日售「善人飯」云。

昨有凡影先生，到平民飯場參觀，慈悲心動，慷慨爲懷，慨然捐出港紙二百元，交天主教救濟會李澤民神父及梁尚道神父，聲明補助飯場兩天之虧蝕，「積德陰功善莫[illegible]」，如凡影先生，其功德無量，可謂當仁不讓也，該會爲誌其善舉，將於售「善人飯」後，繼售「凡影飯」云。

積善之家，必有餘慶，際此非常時期，亟望善長仁翁，踴躍解囊捐助，使平民飯場，多設數所，以利貧苦之人，爲善最樂，善與人同，則福自悠歸也。

1942年2月12日《华侨报》

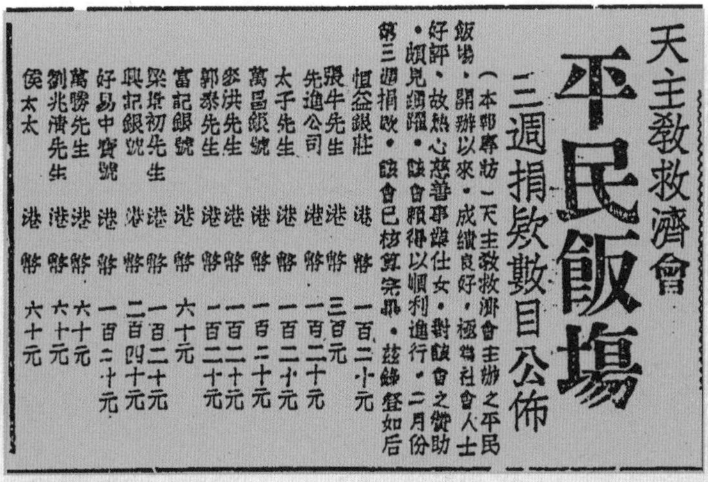

天主教救濟會

平民飯場

三週捐款數目公佈

（本報專訪）天主教救濟會主辦之平民飯場，開辦以來，成績良好，極得社會人士好評，故熱心慈善事業仕女，對該會之贊助，頗見踴躍，該會賴得以順利進行，二月份第三週捐款，該會已核算完畢，茲錄登如后

恒益銀莊	港幣	一百二十元
張牛先生	港幣	三百元
先進公司	港幣	一百二十元
太子先生	港幣	一百二十元
萬昌銀號	港幣	一百二十元
麥洪先生	港幣	一百二十元
郭泰先生	港幣	一百二十元
富記銀號	港幣	六十元
梁景初先生	港幣	一百二十元
興記銀號	港幣	二百四十元
好易中資號	港幣	一百二十元
萬勝先生	港幣	六十元
劉兆清先生	港幣	六十元
侯太太	港幣	六十元

1942年2月27日《华侨报》

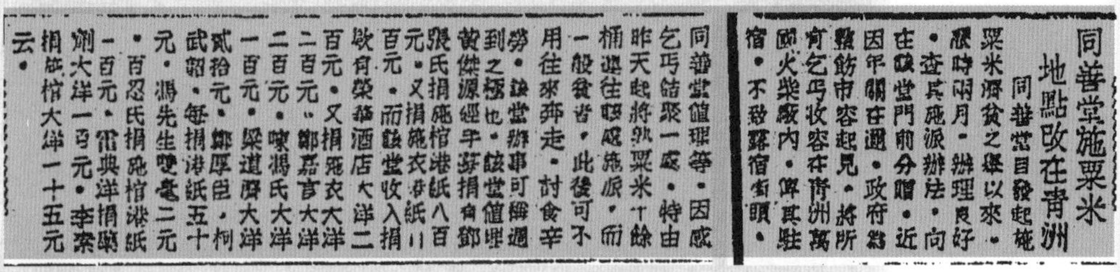

同善堂施粟米

地點改在青洲

同善堂自發起施粟米濟貧之舉以來，歷時兩月，辦理良好，查其施派辦法，向在該堂門前分贈，近因年關在邇，政府為整飭市容起見，將所有乞丐收容在青洲萬國火柴廠內，俾其駐宿，不致露宿街頭，同善堂值理等，因感乞丐結聚一處，特由昨天起將熟粟米十餘桶運往該廠施派，而一般貧者，此後可不用往來奔走，討食辛勞，該堂辦事可稱週到之極也，該堂值理黃傑源經手募捐鄧張氏捐施棺港紙八百元，又捐施衣港紙二百元，而該堂收入捐欵有榮華酒店大洋二百元，又捐施衣大洋二百元，鄭嘉言大洋二百元，陳渴氏大洋一百元，梁道齊大洋一百元，貳拾元，郭厚邑，柯武韶，每捐港紙五十元，渴先生港毫二元，百忍氏捐施棺港紙一百元，霍典洋捐粥一大洋一百元，李棠捐施棺大洋一十五元云，

1942年2月12日《华侨报》

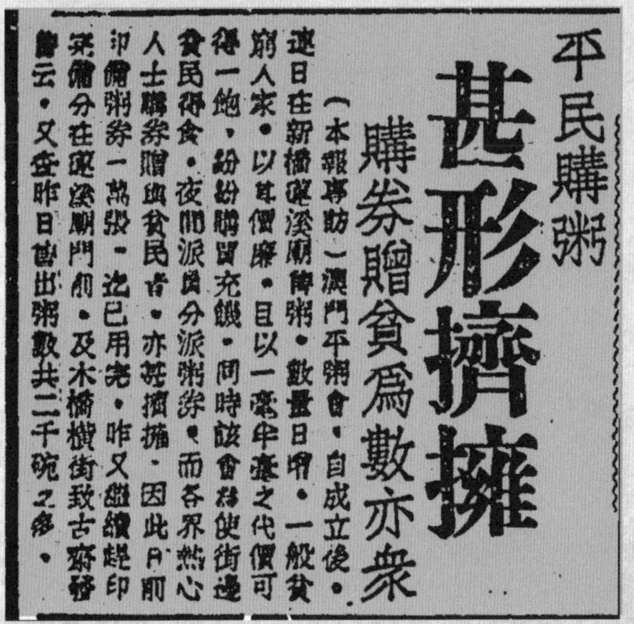

平民購粥

甚形擠擁

購券贈貧為數亦衆

（本報專訪）澳門平粥會，自成立後，連日在新橋蓮溪廟施粥，數量日增，一般貧窮人家，以其價廉，且以一毫半毫之代價可得一飽，紛紛購買充饑，同時該會為使街邊貧民得食，夜間派員分派粥券，而各界熱心人士購券贈與貧民者，亦甚擠擁，因此月前印備粥券一萬張，迄已用完，昨又繼續趕印采備分在蓮溪廟門前，及木橋横街致古齋發售云，又查昨日售出粥數共二千碗之多，

1942年3月14日

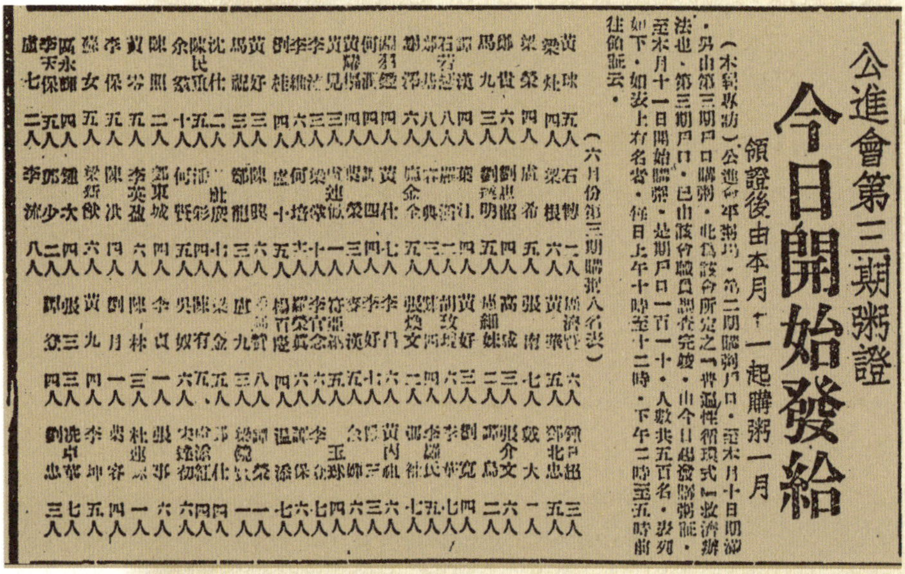

公進會第三期粥證

今日開始發給

領證後由本月十一起購粥一月

（本報專訪）公進會平糶粥，第二期購粥戶口，至本月十日期滿，另由第三期戶口購粥，此為該會所定之「普遍性循環式」救濟辦法也。第三期戶口，已由該會職員調查完竣，由今日起發購粥證，至本月十一日開始購粥，是期戶口一百一十，人數共五百名，茲列如下，如表上有名者，每日上午十時至十二時，下午二時至五時前往領證云。

（六月份第三期購粥人名表）

[illegible]

1943年6月6日《华侨报》

（四）难民安置

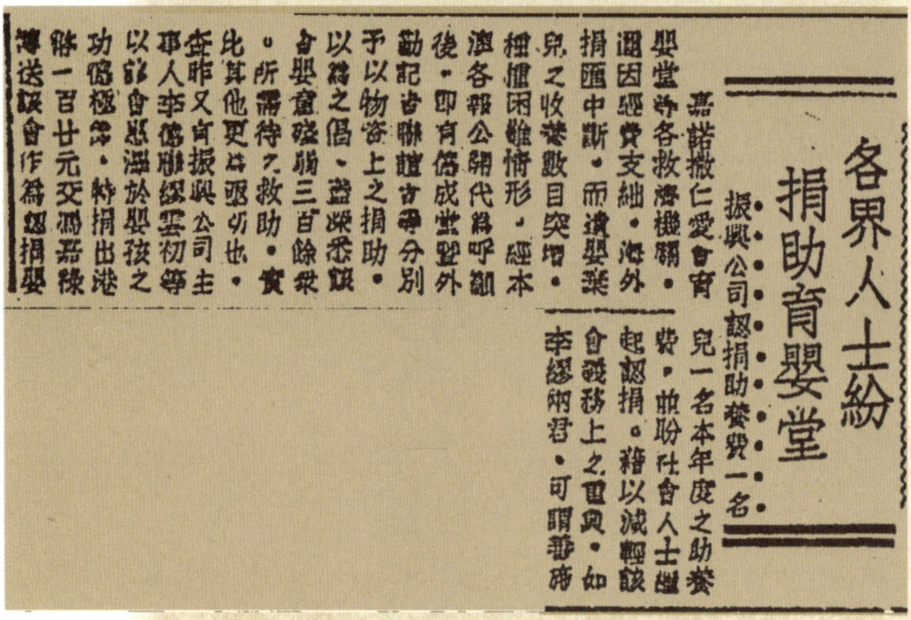

各界人士紛捐助育嬰堂

振興公司認捐助養費一名

嘉諾撒仁愛會育嬰堂等各救濟機關，邇因經費支絀，海外捐匯中斷，而遺棄嬰兒之收養數目突增，種種困難情形，經本澳各報公開代為呼籲後，即有僑成堂暨外勤記者聯體育會分別予以物資上之捐助，以為之倡，益深盛誼。會嬰當殘孤三百餘衆，所需待之救助，實比其他更為亟切也。茲昨又有振興公司主事人李僑聯繆雲初等，以該會慈濟於嬰孩之功德極偉，特捐出港幣一百廿元交為嘉祿傳送該會作為認捐嬰兒一名本年度之助養費，並盼社會人士繼起認捐，藉以減輕該會義務上之負累，如李繆兩君，可謂善病……

1942年3月12日《华侨报》

督察長官耶
庇蔭孤兒
收容人數日增
辦理極為完善

（本報專訪）督察長官耶氏，為體卹流離本澳之孤兒，特將全澳孤兒，盡量收容，辦理數月，成績極佳，迄今收容數量，已達二百餘人，昨據鮑斯高校長[illegible]，對記者談：官局救濟此孤苦兒童，數目遞增，原有之收容所，地方實感不敷，故現在[illegible]市區內，尋求一宏敞之屋宇，約可收容三百餘人為合，以擴大此收容所，此後更將各孤兒長年，幼年，男性，女性，等分別甄出，并使之供讀無原罪學校，俾此將來得以成材云。

1942年7月3日《华侨报》

育嬰堂收容孤兒
十日內百十一名

（本報專訪）香港事變後，生活程度狂漲，棄嬰之事時有所聞，育嬰堂特收容孤兒之機關，月中收容此等難童為數不少，由本月一日至十日內，收容共達一百一十一名，可惜送院者全數均患重病，入院後不幸夭殤者五十名，尚餘之六十一名，仍賴醫藥之治理，據該會發言人稱，該會之設純為救濟兒童之生命，惟送院者，非至劇病不願遣送，似此遣送之兒童多因病不救，至為可惜，甚望以後決定將兒童送院者，須及早遣送，則兒童之健康得保，而該院不須耗費醫藥料理之責，實兩[illegible]其利云。

1942年7月14日《华侨报》

等待派发难童餐的众童（罗景新先生藏品）

1941年，部分难童在镜湖医院留医所门前合影

镜湖医院难童教养部部分难童合影。后排右五为柯麟医生，右四为难童教养部负责人梁秀珍护士长（姚鸿光先生藏品）

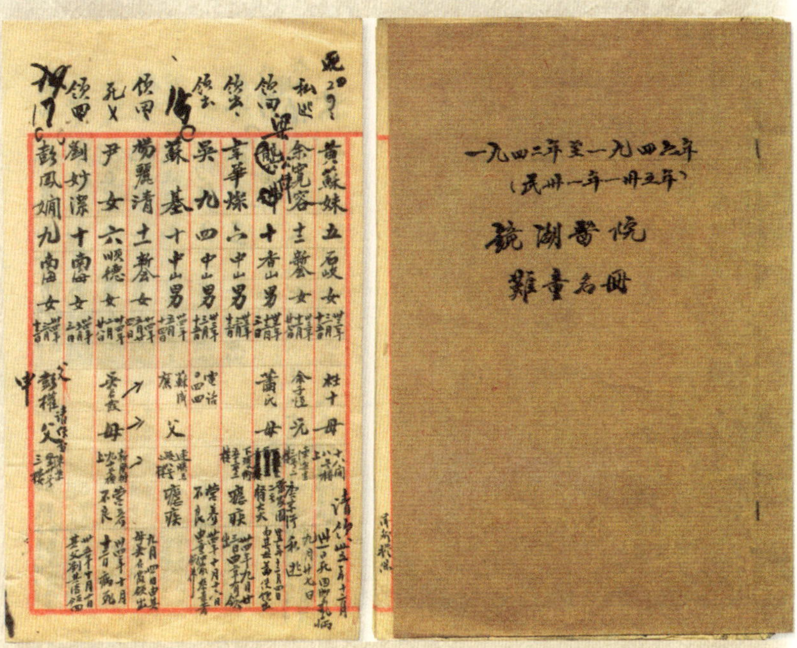
一九四二年至一九四六年
(民卅一年—卅五年)
鏡湖醫院
難童名冊

镜湖医院难童名册

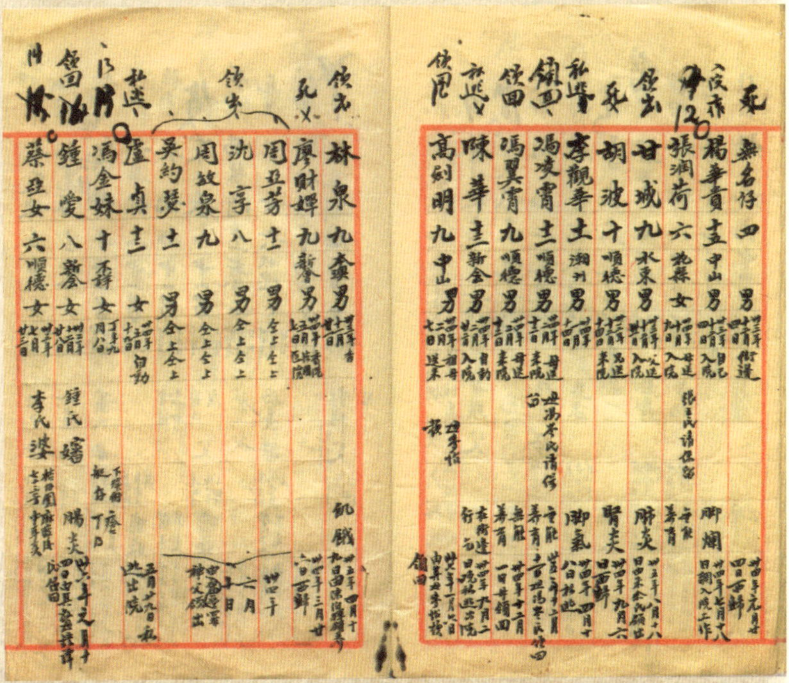

镜湖医院难童名单列记

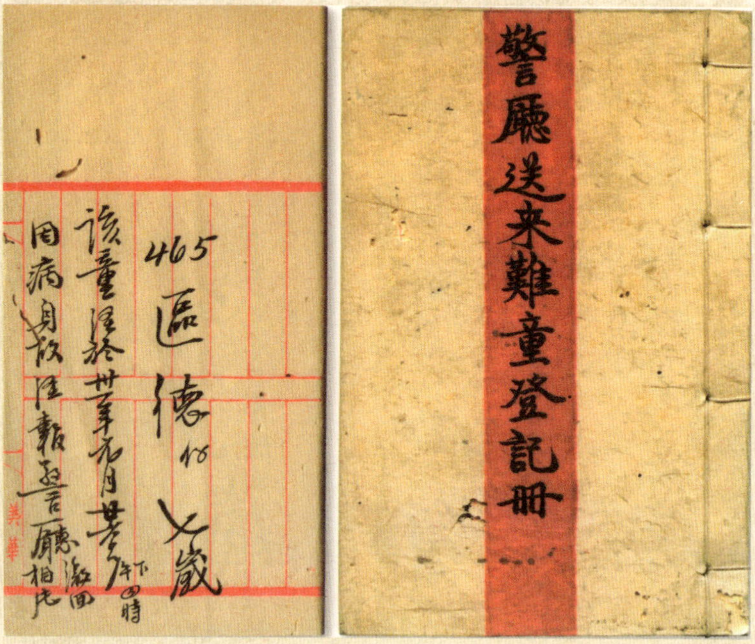

警厅送到镜湖医院的难童登记册

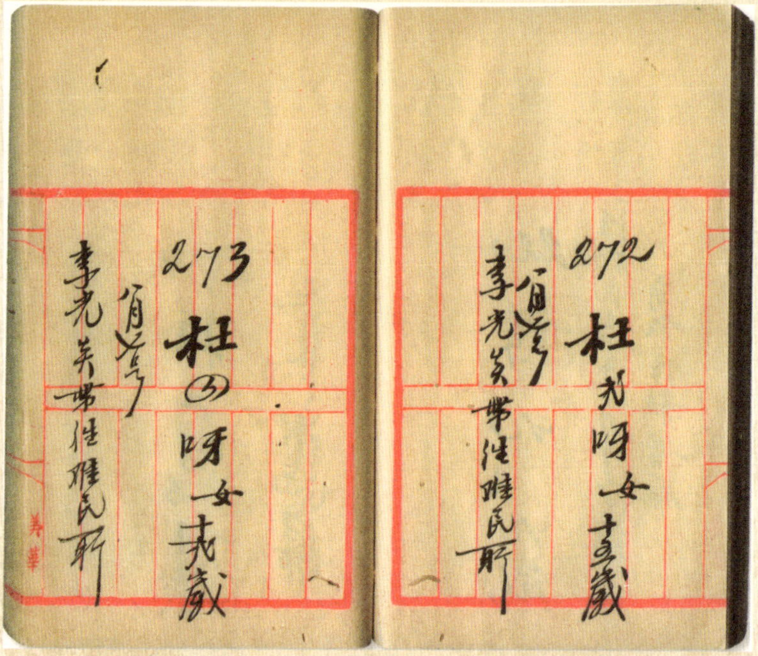

警厅送镜湖医院难童名单列记

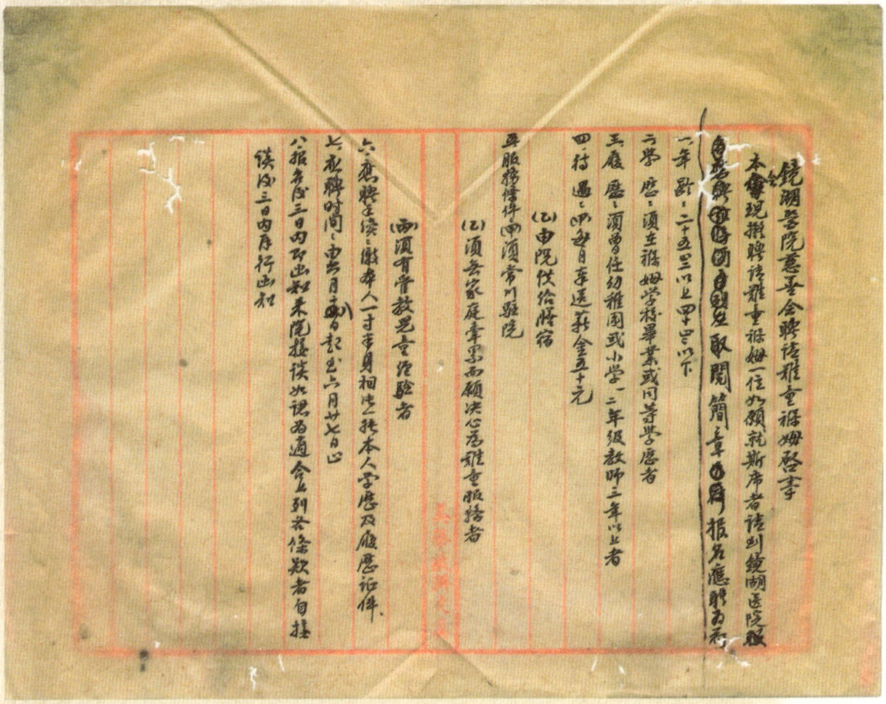

镜湖医院慈善会聘请难童保姆启事

本会现拟聘请难童保姆一位，如愿就斯席者请到镜湖医院报名[illegible]取阅简章[illegible]报名应聘为荷

一、年龄：二十五岁以上四十岁以下

二、学历：须在保姆学校毕业或同等学历者

三、履历：须曾任幼稚园或小学一二年级教师二年以上者

四、待遇：（甲）每月车马薪金五十元

（乙）由院供给膳宿

五、服务条件：（甲）须常川驻院

（乙）须无家庭牵累而愿决心为难童服务者

（丙）须有育教儿童经验者

六、应聘手续：缴本人一寸半身相片二张、本人学历及履历证件

七、报名时间：由六月廿一日起至六月廿七日止

八、报名后三日内可由知来院接谈，如认为适合上列各条款者，自接谈后三日内另行函知

镜湖医院慈善会聘请难童保姆启事拟稿

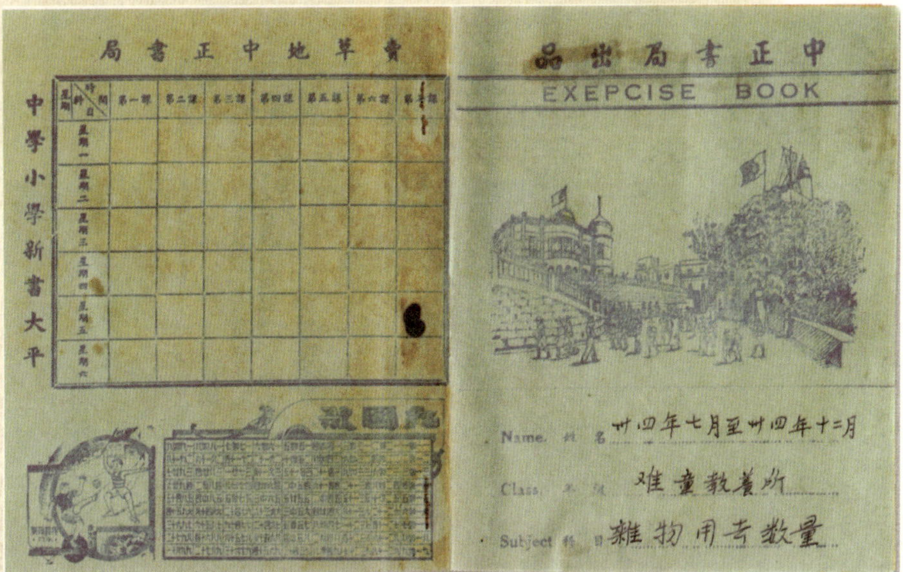

难童教养所杂物使用数量登记册封面及封底

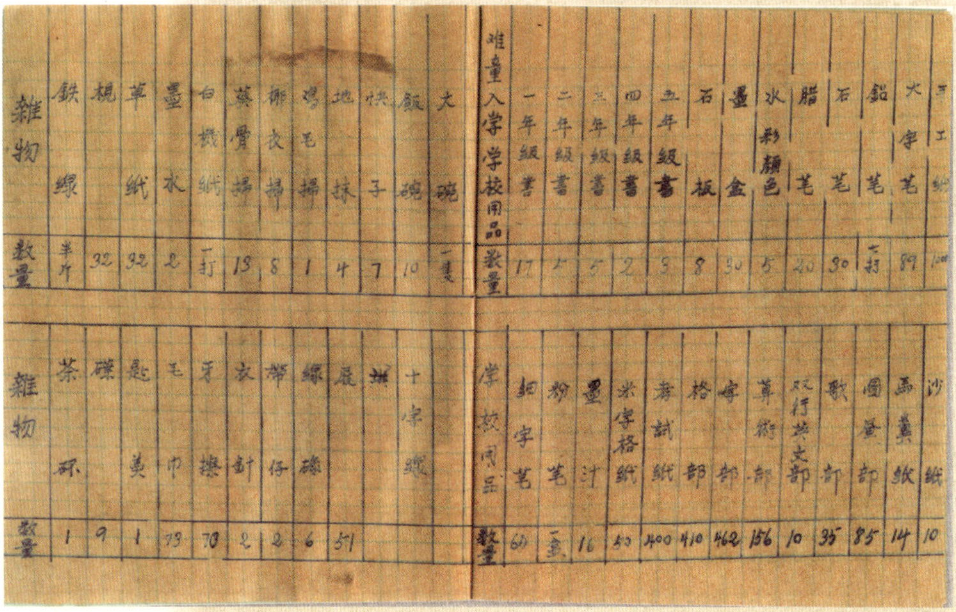

雜物	鉄綫	梘	草紙	墨水	白撚紙	篾骨掃	椰衣掃	鷄毛掃	地抹	快子	飯碗	大碗
數量	半斤	32	32	2	一打	13	8	1	4	7	10	一隻

雜物	茶杯	碟	匙羹	毛巾	牙擦	衣針	帶仔	綫碌	屐	卌	十字綫
數量	1	9	1	73	70	2	2	6	51		

难童入学学校用品	一年級書	二年級書	三年級書	四年級書	五年級書	石板	墨盒	水彩顏色	腊笔	石笔	鉛笔	大字笔	手工紙
數量	17	5	5	2	5	8	30	5	20	30	七打	89	100

学校用品	細字笔	粉笔	墨汁	米字格紙	考試紙	格部	字部	算術部	双行英文部	歌部	圖畫部	畫簿紙	沙紙
數量	60	一盒	16	50	400	410	462	156	10	35	85	14	10

镜湖医院教养所杂物使用数量登记册内页

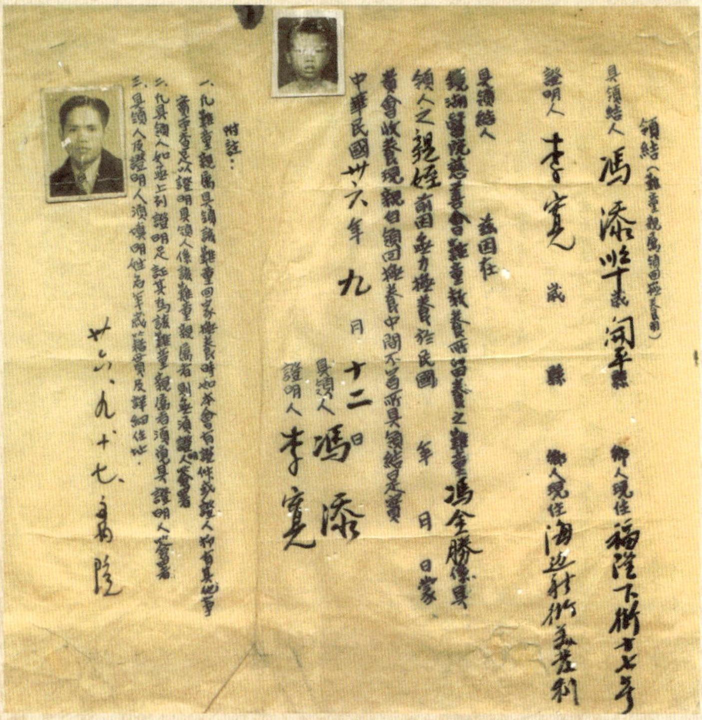

领結（難童親屬領回撫養用）

具領結人 馮添 卅 歲 開平縣 鄉人現住 福隆下街十七號

證明人 李寬 歲 縣 鄉人現住 海邊新街義巷利

具領結人

鏡湖醫院慈善會 今因在 難童教養所留養之難童 馮全勝 係具

領人之親姪 前因無力撫養 於民國 年 月 日 蒙

貴會收養 現親自領回撫養 中間不虛所具領結是實

中華民國廿六年 九 月 十二 日

具領人 馮添

證明人 李寬

附註：

一、凡難童親屬具領該難童回家撫養時，如本會有證件或證人，即有其他事實可查足以證明具領人係該難童親屬者，則無須證明人簽署。

二、凡具領人如無上列證明足證其為該難童親屬者，須覓具證明人簽署。

三、具領人及證明人須填明姓名年歲籍貫及詳細住址。

廿六、九、十七、[illegible]

难童亲属领回抚养证明书

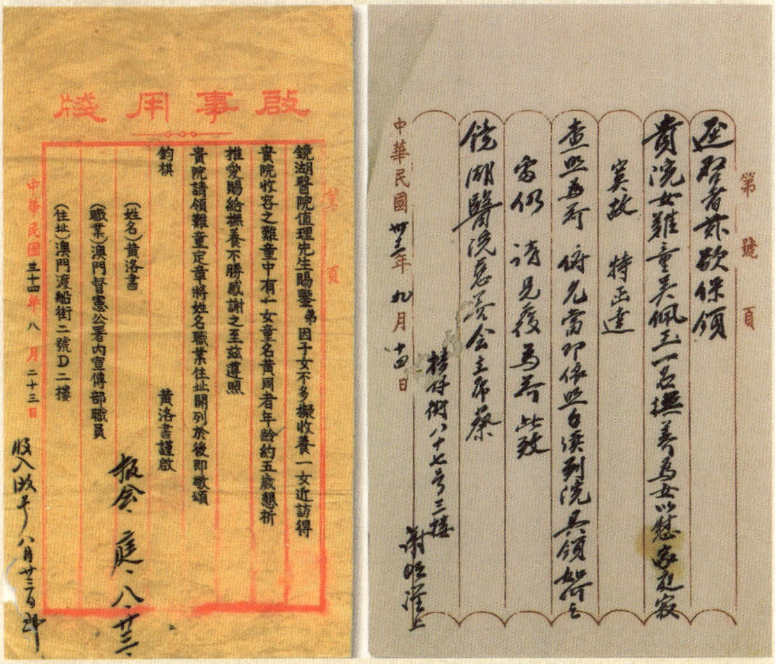

敬事用箋

鏡湖醫院值理先生賜鑒 弟因子女不多擬收養一女近訪得
貴院收容之難童中有一女童名黃同者年齡約五歲懇祈
推愛賜給撫養不勝感謝之至茲遵照
貴院請領難童定章將姓名職業住址開列於後即歉頌
鈞祺
黃洛書謹啟
（姓名）黃洛書
（職業）澳門督憲公署內宣傳部職員
（住址）澳門渡船街二號D二樓
中華民國三十四年八月二十三日

逕啓者茲欲保領
貴院女難童吳佩玉一名撫養為女以慰家庭寂
寞故 特函達
查照為荷 倘允當即偕保到院具領
審閱 請見復為荷 此致
鏡湖醫院慈善会主席蔡
中華民國卅三年九月十四日

澳门殷户来函要求领养难童

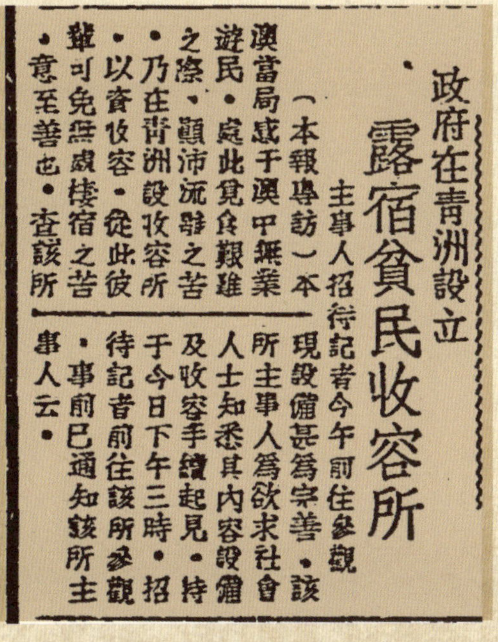

政府在青洲設立
露宿貧民收容所
主事人招待記者今午前往參觀

（本報專訪）本澳當局咸于澳中無業遊民，處此覓食艱難之際，顛沛流離之苦，乃在青洲設收容所，以資收容，從此彼輩可免無處棲宿之苦，意至善也。查該所現設備甚爲完善，該所主事人爲欲求社會人士知悉其內容設備及收容手續起見，特于今日下午三時，招待記者前往該所參觀，事前已通知該所主事人云。

1942年1月25日，《华侨报》报道政府在青洲设立露宿贫民收容所

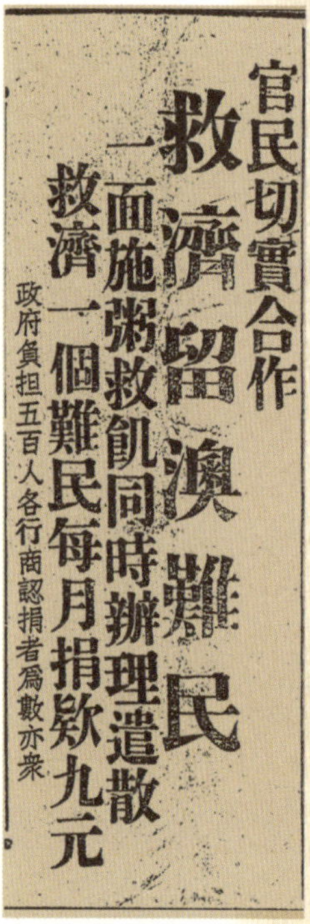

官民切實合作
救濟留澳難民
一面施粥救飢同時辦理遣散
救濟一個難民每月捐欵九元
政府負担五百人各行商認捐者爲數亦衆

1942年10月2日《华侨报》

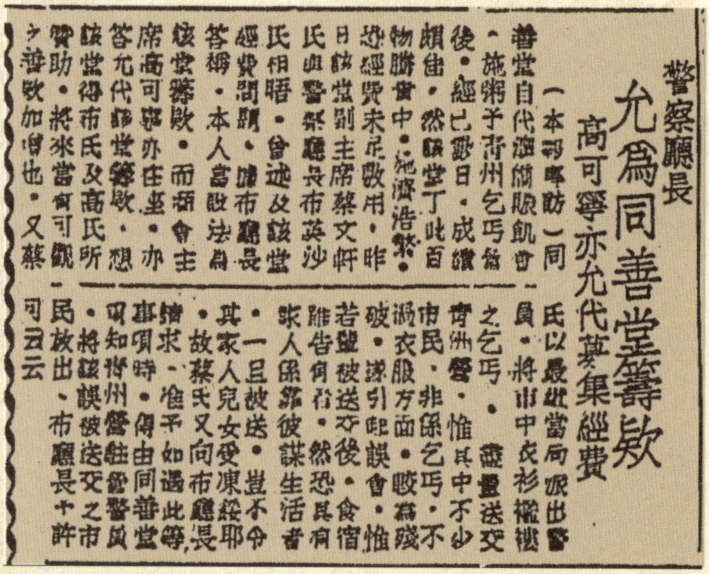

警察廳長
允爲同善堂籌欵
高可寧亦允代募集經費

（本報專訪）同善堂自代澳府賑飢曾、施粥予荷州乞丐爲後·經已數日·成績頗佳·然該堂丁此百物騰貴中·施濟浩繁·恐經費未足敷用·昨日該堂別主席蔡文軒氏與警察廳長布英沙氏相晤·曾述及該堂經費問題·據布廳長答稱·本人當設法爲該堂籌欵·而商會主席高可寧亦在坐·亦答允代該堂籌欵·想該堂得市民及高氏所贊助·將來當有可觀之籌欵加增也·又蔡氏以最近當局派出警員·將市中衣衫襤褸之乞丐·盡量送交荷州營·惟其中不少市民·非係乞丐·不過衣服方面·較爲殘破·誤引起誤會·惟若輩被送交後·食宿雖告有着·然恐其有家人係靠彼謀生活者·一旦被送·豈不令其家人兒女受凍餒耶·故蔡氏又向布總長請求·准予如遇此等事項時·得由同善堂即知荷州營駐警員·將該誤被送交之市民放出、布總長十許可云云

1942年6月27日《华侨报》

（五）难民救济

1. 官民慈善团体

（1）镜湖医院

镜湖医院值理会主席刘叙堂

1937年7月26日，镜湖医院新旧值理举行交代典礼合照

1938年5月22日，镜湖医院值理就职典礼合照

1940年6月16日，镜湖医院新旧值理举行交代典礼合照

1941年3月24日，镜湖医院新旧值理举行交代典礼合影。孙中山女婿戴恩赛博士担任镜湖值理会主席（姚鸿光先生藏品）

1941年夏，镜湖医院值理会刘叙堂主席与值理及镜湖医院员工合照

1943年2月1日，镜湖医院慈善会值理会值理举行就职典礼合照（姚鸿光先生藏品）

1944年2月15日，镜湖医院慈善会第二届值理就职典礼与嘉宾合照（姚鸿光先生藏品）

1945年5月2日，镜湖医院慈善会第二届值理会同人合照（姚鸿光先生藏品）

1945年5月20日，镜湖医院慈善会第三届值理就职典礼合照（姚鸿光先生藏品）

（2）同善堂

1938年，抗日救亡义卖会后同善堂值理等人士合照

1939年，同善堂主席崔诺枝与华南体育会负责筹款的工作人员合照

1941年，同善堂值理就职合照

1943年6月9日，同善堂筹募难童餐经费义演大会全体工作人员合照

（3）澳门商会

澳门中山同乡会成立暨职员就职典礼

（4）澳侨赈饥会

賑饑會是否停辦

將決定貧民之生命

嗷嗷待哺者萬餘人勢將無門呼籲

聞該會決於可能範圍內繼續辦理

（本報專訪）港戰發生後，本澳手工業多告停頓，如炮竹、線香、火柴等失業工人甚衆，述於關係，因而嗷嗷待哺者，將達萬衆，賑飢會施粥以來，對該批失業工人，雖未能盡量救濟，然亦可幫助其一部份「食」之問題，最近，賑飢會有停辦之意，詢之主事人，云此乃不得已之舉，在可能範圍內，決繼續辦理也，關於此事，該會昨開常會討論，以此事關係重大，決於日間由主席劉柏盈，委員梁[illegible]晉謁澳督，請示一切，并定於八月十六日開全體大會，以作決定云。

1942年8月3日《华侨报》

本埠新聞

捐欵若能源源而來

賑飢會將繼續辦理

賑飢會主席劉柏盈語記者願任驅策

澳門賑飢會辦理施粥已歷六月，一般貧苦飢民，每日領賑者約逾三千人，於本澳治安衛生及市容裨助不少，最近該會因存欵將罄，特一再開會討論，定期辦至本月底結束，屆時即便停止施粥，記者以此種關係民命甚巨，且轉瞬冬寒將屆，一旦飢寒交迫，則爲狀如何，不言可喻，昨特走訪該會主席劉柏盈氏，叩詢一切，承發表談話如下：劉氏謂賑飢會此次出於結束，純因捐欵來源不繼，原屬不得已，現距停辦之期，尚有一月，[illegible]，尚[illegible]數支，不過以前發出捐册，尚有九十餘本，仍未繳回，其中諒有不少捐欵，[illegible]會人士，早日將所捐項及捐册等繳，倘捐欵能源源不絕，本人亦甚願繼續辦理，以免飢[illegible]無告，[illegible]每日到場領粥者，[illegible]老弱[illegible]，彼等久居本澳，確無家鄉可歸，現成生活及失業之苦，殊堪憐憫，倘本會停辦時，亦望社會熱心人士，發起繼續施濟，以維人羣互助義務，本人雖屬能力有限，仍願附驥供任驅策云。

1942年9月1日《华侨报》

（5）天主教救济会

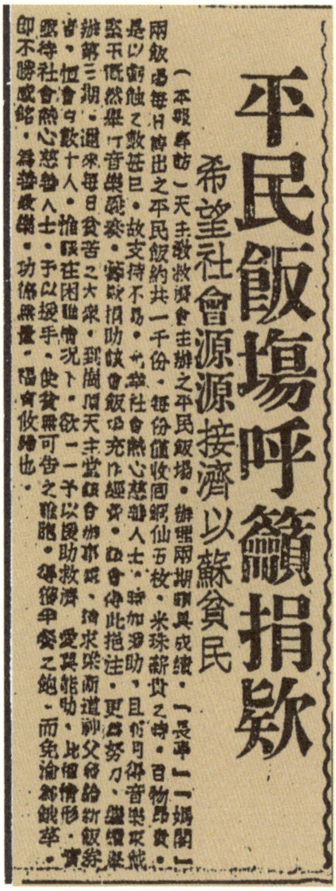

平民飯場呼籲捐欵

希望社會源源接濟以蘇貧民

（本報專訪）天主教救濟會主辦之平民飯場，辦理兩期頗具成績。「長寧」「媽閣」兩飯場每日施出之平民飯約共一千份，每份僅收回銅仙五枚，米珠薪貴之時，百物昂貴，是以虧蝕之數甚巨，故支持不易。尤幸社會熱心慈善人士，時加資助，且於月前得音樂家盛[illegible]然舉行音樂演奏，籌款捐助該會飯場充作經費。該會得此挹注，更為努力，繼續舉辦第三期。週來每日貧苦之大衆，到崗頂天主堂該會辦事處，請求來[illegible]道神父發給新飯票者，恒[illegible]數十人。惟該在困難情況下，欲一一予以援助救濟，愛莫能助，此種情形，實望待社會熱心慈善人士，予以援手，使貧無可告之難胞，得得果腹之飽，而免淪於餓莩。即不勝感銘，為善最樂，功德無量，福有攸歸也。

1942年9月2日《华侨报》

澳门各界救灾会沿门募捐队第六队天主教代表团

天主教代表男队员

天主教代表女队员

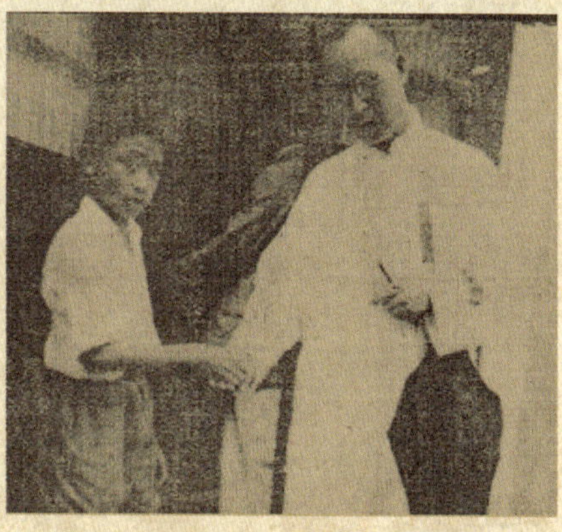

沿门劝捐有不少华童踊跃捐助

（6）澳门粮食互助委员会

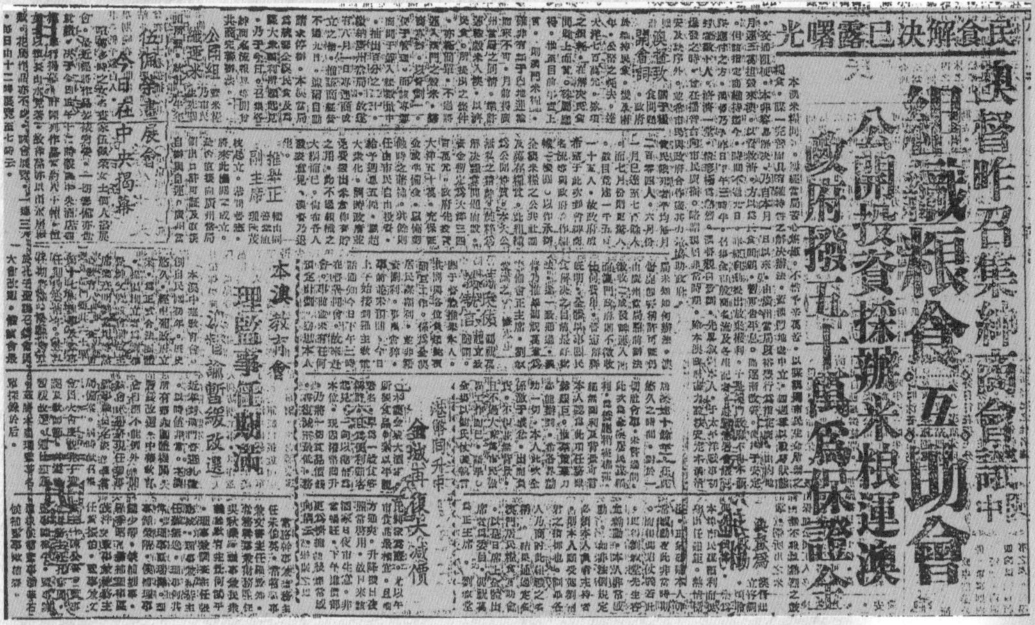

民食解決已露曙光

澳督昨召集紳商會議中

組織粮食互助會

公開投資採辦米粮運澳

政府撥五十萬爲保證金

1943年8月10日《大众报》

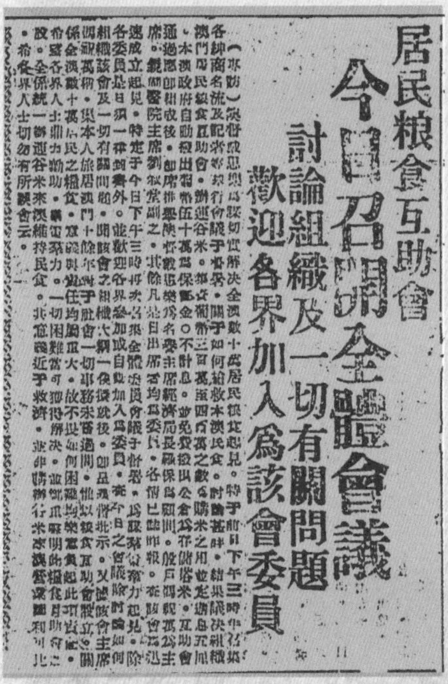

居民粮食互助會

今日召開全體會議

討論組織及一切有關問題

歡迎各界加入爲該會委員

1943年8月11日《大众报》

澳門居民粮食互助會宣言

1943年8月24日《大众报》

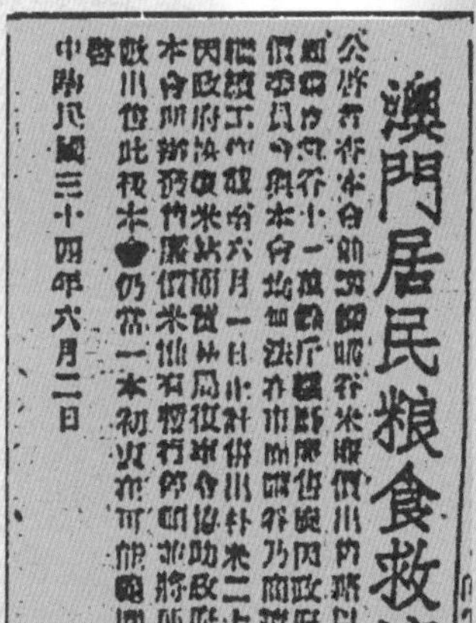

澳門居民粮食救濟會啓事

中華民國三十四年六月二日

1945年6月3日《华侨报》

（7）佛教功德林平粥会

本埠新聞

一元彩券開獎有期

二月一日在良友球場攪珠

鏡湖值理辭職

政府尚未決定

功德林

平民飯場

仍待各方協助

教社體育會成立

公進會平民粥場

希望社會人士贊助

小球聯賽

（播音節目）

簡訊

布英沙報啟

救濟葡籍難童

繳納公鈔

1945年1月7日《华侨报》

（8）澳门中山同乡会

1945年9月9日，澳门中山同乡会成立暨职员就职典礼合影留念

2. 赠医、施粥、施茶

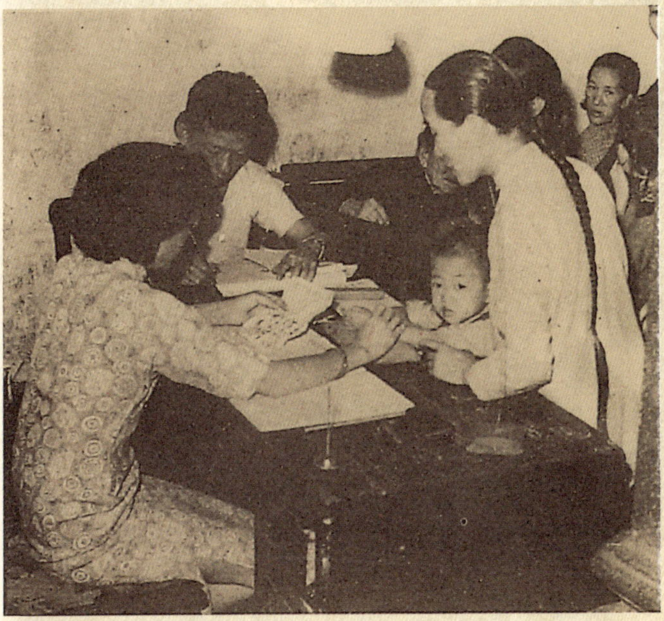

抗战时期同善堂赠诊的场景（尹德卫先生藏品）

同善堂药局1941年创办时的贺画

同善堂药局古老的铡药刀

同善堂药局古老的用具

在同善堂横街轮候施赠的难民（尹德卫先生藏品）

童子军维持施粥秩序

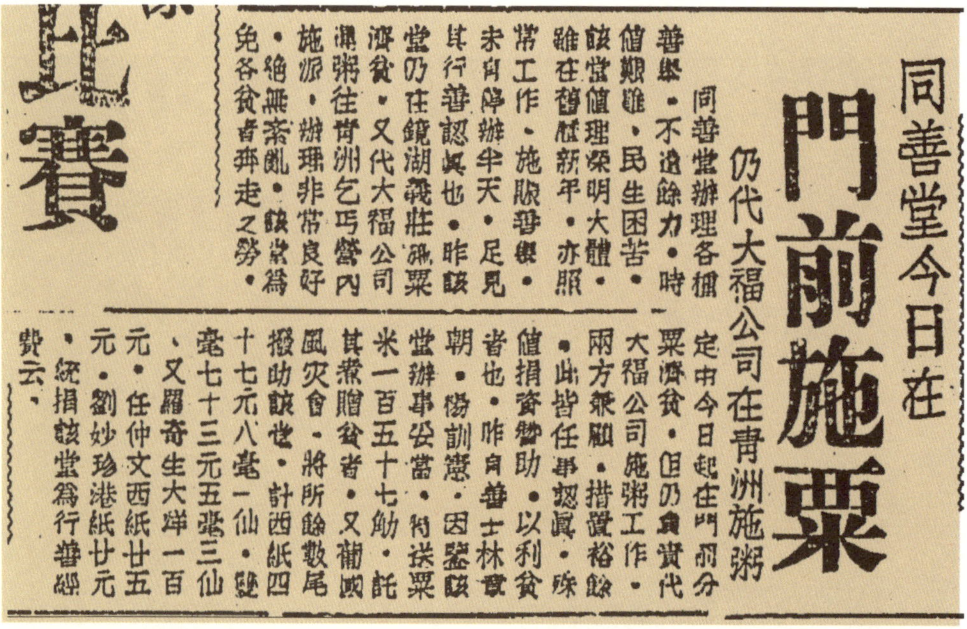

同善堂今日在

門前施粟

仍代大福公司在青洲施粥

同善堂辦理各種善舉・不遺餘力・時值艱難・民生困苦・該堂值理深明大體・雖在舊歷新年・亦照常工作・施賑善舉・未有停辦半天・足見其行善認眞也・昨該堂仍在鏡湖義莊施粟濟貧・又代大福公司派粥往青洲乞丐營內施派・辦理非常良好・絕無紊亂・該堂爲免各貧者奔走之勞・定由今日起在門前分粟濟貧・但仍負責代大福公司施粥工作・兩方兼顧・措置裕餘・此皆任事認眞・殊値捐資贊助・以利貧者也・昨有善士林發朝・楊訓憲・因鑒該堂辦事妥當・特送粟米一百五十七觔・託其兼贈貧者・又葡國風灾會・將所餘數尾撥助該堂・計西紙四十七元八毫一仙・雙毫七十三元五毫三仙、又羅奇生大洋一百元・任仲文西紙廿五元・劉妙珍港紙廿元・統捐該堂爲行善舉費云、

比賽

1942年2月21日《华侨报》

当时的同善堂主席崔诺枝（穿白衣、戴墨镜者）到长亭主持施粥工作

高可宁到施粥现场视察

饥民喜获一碗粥（尹德卫先生藏品）

同善堂

代派番薯

救濟市內飢民

同善堂定期明天將「一二三」善士所送之番薯蒸熟，分予貧者充飢，屆時該堂門前，又有數千人討食耳，貧者聞此消息，必定喜形雀躍，該堂昨天收到梁鑑波足球義賽籌款得港紙二百七十三元一毫，雙毫二十八元五毫，先仕二十八枚，林悅鴻捐轉劑大洋一十元，梁容女、梁容愛、梁官洪，合共捐藥劑港紙五元云。

1942年3月16日《华侨报》

同善堂施粟施粥

救濟貧民

各界踴躍捐欵贊助

同善堂逐日以來，不斷代各善信施粥濟貧，及又在門前施粟米濟飢，其善務不斷擴張，救濟貧者，此皆該堂值理任事認眞所致，尤其是高可寧氏最爲熱心，除其個人施粥派銀外，且力勸各親友解囊施粥，該日又親赴青洲萬國火柴廠（乞丐營）內，巡視施粥情形，及慰問貧者，誠富貴不忘患難，眞仁者之心也，在此末流之世，不易多得之君子，願發奮慈善者，有以效之，不讓高翁獨美，貧除之幸也，杏同善堂連日收到捐欵，計有大東行大洋一千元，悠遠堂大洋伍百元，蘇玉英大洋壹百元，馬浩昌，朱耀森，每捐大洋伍拾元，馬蟾氏、馬鑑堂、馬鑑全、馬殿增、馬殿寬，每捐大洋貳拾元，楊叔通西紙伍拾元云。

1942年3月3日《华侨报》

同善堂辦理

青洲粥場

市容日潔 經費日竭 請多捐欵 免令中輟

同善堂自接辦青洲粥場，辦理施粥工作，蓋對一月之久，市面一般流丐，多自動投身入內求食，因其每天施粥四大鑊之多，一約互動，實足抵餓，而在市面行乞，亦非輕容易得此食料也，以故近來市面絕迹搶食之助，追窮乞丐討錢者亦見減少，市容日漸整潔，人民亦得安居樂業，查施粥場內，賴以就食者，日漸衆多，經費日增，照目前形勢，恐久支持，苟大衆不鼎力扶助，該堂財源力盡，停辦可慮，倘一旦停辦，數千餘饑者，又復走市面流散，於秩序又發生影響也，深望各界多解囊捐，俾其施粥延續不輟，社會賴以安寧，該堂連日收到捐款，有黎紫園九紙七百九十元，鄧三港紙一百元，江鴻飛大洋一百元，蘇黃氏港紙五元，張淑田，陳淑川，每堂毫二元云。

1942年7月27日《华侨报》

本埠新聞

青洲難民營經費不敷

督察長呼籲籌集善款

一中國人救中國人 望各界多多出力

（本報專訪）當局爲收容流離難民，設難民營於青洲，每日遣員四出市面，搜捕難民，送往該處，予以食宿，妥爲安置，最近該營難民，全數共千六百九十餘人，而市面則鵠衣鵠形者，日見遞減，小偷小竊事件，亦日漸少生，查該營，常所供給之伙食，除米由當局撥給外，餘如油鹽燃料等物，均係由同善堂辦理，最近該宗善款，同善堂前已用罄，並由該堂主席崔瑞枝，偕見總長布英沙氏，詳告一切，當由當局允代籌策，并請該堂繼續辦理，而布氏之意，深欲外界人士，予以協助也，昨（廿五）日督察長官也，會見記者，云及澳米青洲難民營之現況及其經費支絀，官也因請本澳報界，進行宏大慈善籌款，以拯注青洲難民營，並謂報界已深明難民營經費之支絀，而中國人救中國人，想報界方面，當不見却，及報界於進行任何一種慈善籌款時，渠本人實予以多方協助，並將以本人名義，向外界籌集善款，但甚盼本澳報界努力進行云。

1942年9月26日《华侨报》第三版

1942年7月11日，澳门怡兴堂赈粥会与镜湖医院同人合照

1943年，同善堂在镜湖长亭施粥

1943年1月27日，全澳歌姬为贫民筹募寒衣游艺会结束合照

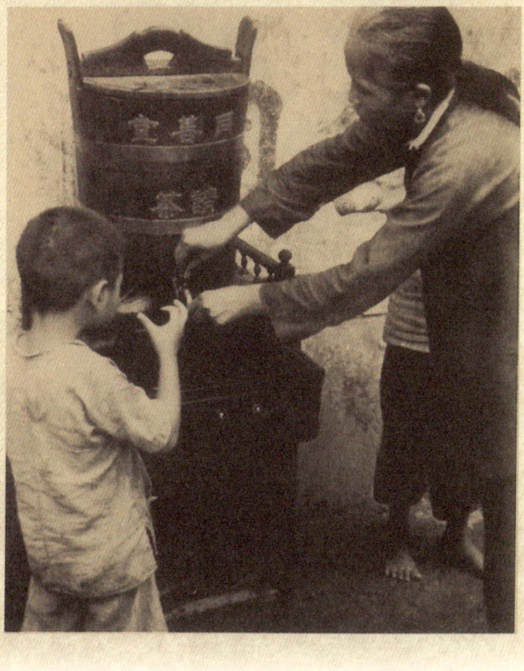

同善堂茶亭设茶桶施茶，方便途人解渴，茶桶内有椰壳碗盛茶

同善堂施茶桶

3. 各行各业募捐救助难民经费

（1）劝捐与义卖

1937年8月29日，澳门各界救灾会沿门劝捐出发时合影纪念（岑伟伦先生藏品）

1940年10月27日，阖澳理发筹备募捐委员会同人合照

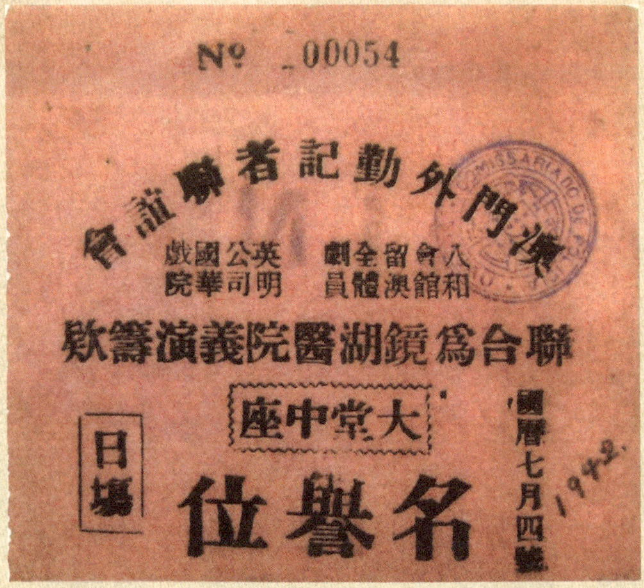

1942年7月4日，澳门外勤记者联谊会、八和会馆留澳全体剧员、英明公司、国华戏院联合为镜湖医院义演筹款门票（麦林先生藏品）

1942年7月6日，镜湖医院值理、澳门外勤记者联谊会、八和粤剧协进会、英明公司同人合照

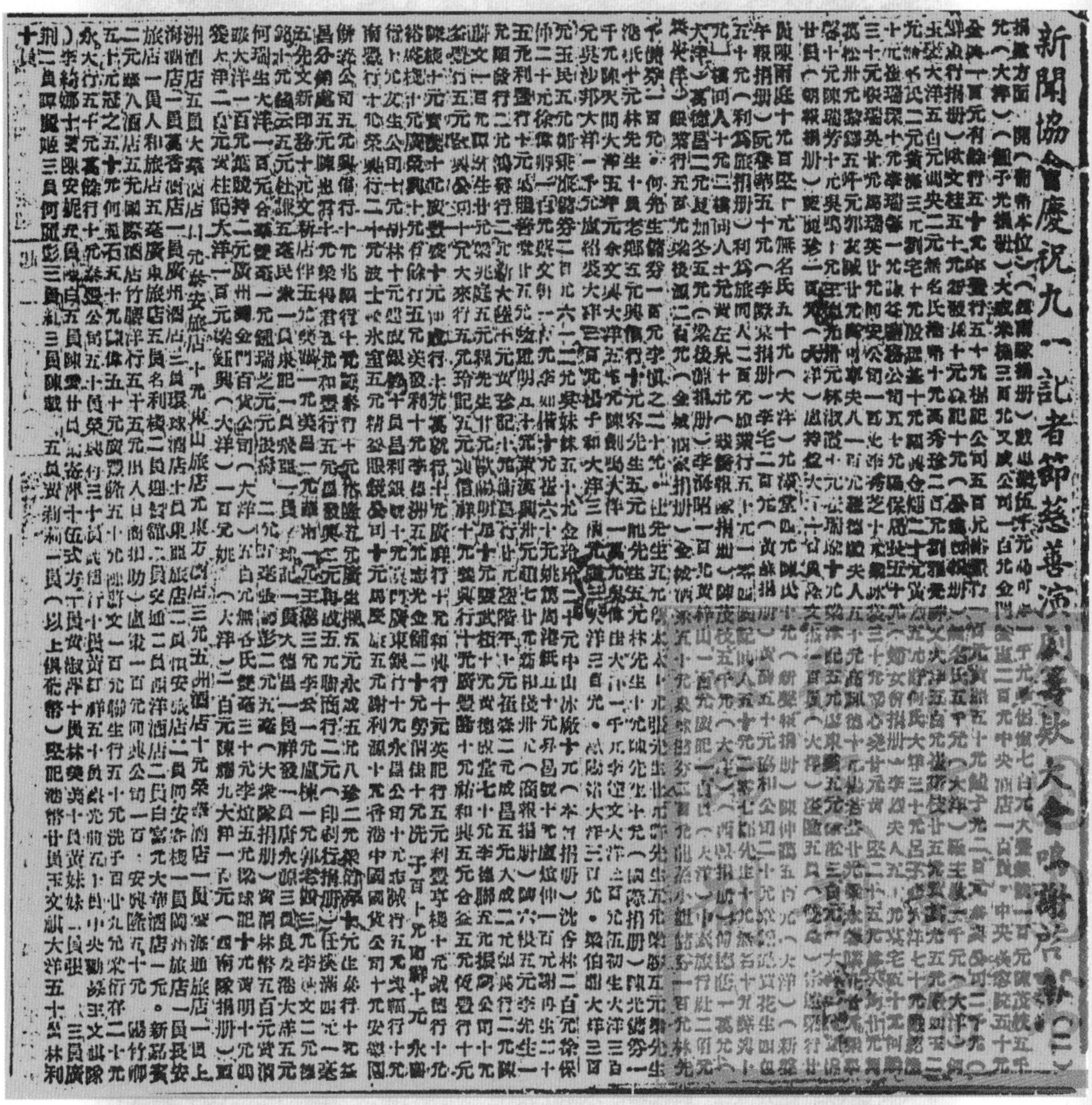

新聞協會慶祝九一記者節慈善演劇籌款大會鳴謝啟事（三）

1943年9月6日《大众报》，澳门新闻协会庆祝“九一”记者节慈善演剧筹款大会鸣谢启事

1943年11月22日，阖澳居民为镜湖医院筹款大会全体常务委员合照

大中華民國三十三年八月

闔澳居民為鏡湖醫院籌款大會徵信錄

1944年8月，阖澳居民为镜湖医院筹款大会征信录

1945年10月3日，镜湖医院慈善会感谢银业行为本会筹募经费典礼合照

六年來各界爲本院籌款數目表

（附表三）

按上表所列統計，各年募捐款，各類貨幣總數如右：

其中國幣共一百五十二萬六千零三十六元三角。

雙毫共六萬四千四百八十八元一角七分。

葡幣共三十三萬五千九百七十二元四角九分。

港幣共伍佰元。

	國幣	雙毫	葡幣	港幣
民卅年	6,033.22	3,365.97		
民卅一年	176,785.00	4,742.12		
民卅二年		56,380.08	95,406.95	
民卅三年	614,703.10		75,425.95	
民卅四年	728,515.00		128,862.50	
民卅五年			36,277.09	500.00
合計	1,526,036.30	64,488.17	335,972.49	500.00

1941年至1946年阖澳各界为镜湖医院捐款总数统计表

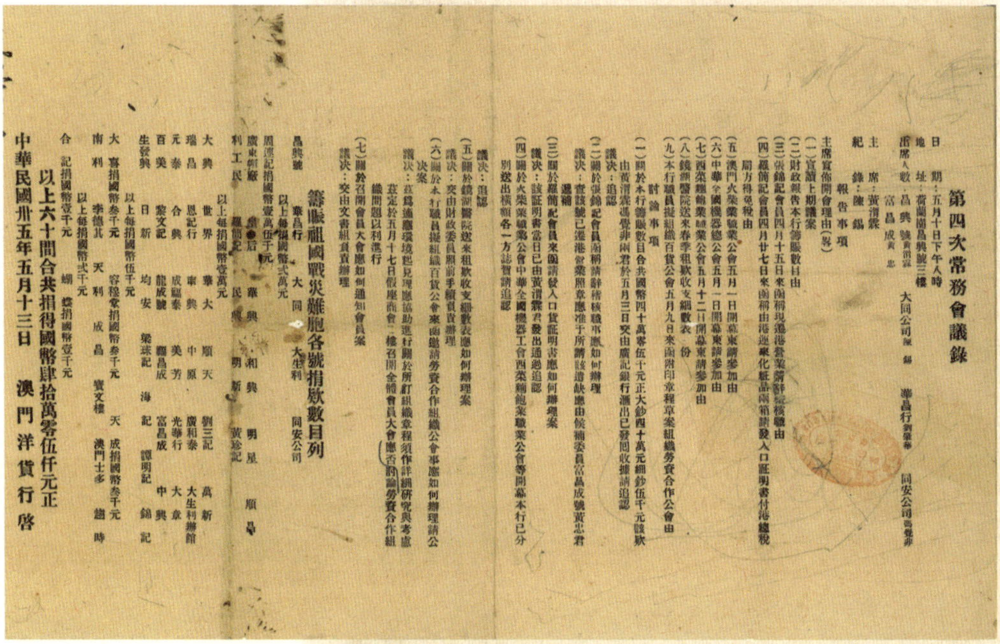

第四次常務會議錄

日　期：五月十日下午八時
地　址：荷蘭園昌興號三樓
出席人數：昌興號黃消霖　大同公司陳錫　華昌行劉肇奉　同安公司馮覺非
富昌成黃忠
主　席：黃消霖
紀　錄：陳錫

報告事項

主席宣佈開會理由（畧）
（一）宣讀上期議案
（二）財政報告本行籌賑數目由
（三）張錦記會員四月十五日來函稱現遷港營業請辭徵核職由
（四）羅簡記會員四月廿七日來函稱由港運來化粧品兩箱請發入口証明書付港總稅局方得免稅由
（五）澳門火柴業職業公會五月一日開幕柬請參加由
（六）中華全國機器總公會五月一日開幕柬請參加由
（七）西菓麵飽業職業公會五月十二日開幕柬請參加由
（八）鏡湖醫院送來春季租欵收支細數表　份
（九）本行職員擬組織百貨公會五月九日來函附印章程草案組織勞資合作公會由

討論事項

（一）關於本行籌賑數目合共國幣四十萬零伍千元正大鈔四十萬元細鈔伍千元該欵由黃消霖馮覺非兩君於五月三日交由廣記銀行滙出已發回收據請追認
議決：追認
（二）關於張錦記會員函稱請辭稽核職事應如何辦理
議決：查該號已遷港營業照章應准于所請該遺缺應由候補委員富昌成號黃忠君遞補
（三）關於羅簡記會員來函請發入口貨証明書應如何辦理案
議決：該証明書當日已由黃消霖君發出通過追認
（四）關於火柴業職業公會中華全國機器工會西菓麵飽業職業公會等開幕本行已分別送出橫額各一方誌賀請追認
議決：追認
（五）關於鏡湖醫院送來租欵收支細數表應如何辦理案
議決：交由財政委員照前手續負責辦理
（六）關於本行職員擬組織百貨公會來函邀請勞資合作組織公會事應如何辦理請公決案
議決：茲爲適應環境起見理應協助進行關於所訂組織章程須作詳細研究與考慮茲定於五月十七日假座商會二樓召開全體會員大會應否討論勞資合作組織問題以利進行
（七）關於召開會員大會應如何通知會員案
議決：交由文書組負責辦理

籌賑祖國戰災難胞各號捐欵數目列

昌興號　華昌行　大同　大生利　同安公司
以上每捐國幣弍萬元
周濂記捐國幣壹萬伍千元
廣東銀廠　[illegible]　華興　和興　明星　順昌
利工民　羅簡記　民興　明新　黃珍記
以上每捐國幣壹萬元
大興　世界　華大　順天　劉三記　萬新
瑞昌　恩記行　東興　中原　廣和泰　大生利辦館
元泰　合興　成福泰　美芳　光華行　大章
百美　黎文記　龍成號　[illegible]昌成　富昌成　中興
生發興　日新　均安　梁球記　海記　譚明記　錦記
以上每捐國幣伍千元
大寶捐國幣叁千元　容積棠捐國幣叁千元　天成捐國幣叁千元
南利　李德其　天利　成昌　寶文樓　澳門士多　趙時
以上每捐國幣弍千元
合記捐國幣壹千元　[illegible]蝶捐國幣壹千元
以上六十間合共捐得國幣肆拾萬零伍仟元正
中華民國卅五年五月十三日　澳門洋貨行啓

澳门洋货行总结1945年工作情况，其中详列各号捐赠难民款项数目（麦林先生藏品）

（2）义唱、义舞与义演

粤剧红伶马师曾独唱《为善最乐》

粤剧红伶任剑辉（居中）、上海妹（左一）合唱《贫病者福音》

粤剧红伶白雪仙、黄千岁合唱《镜湖方便救苍生》

1941年10月4日，中央舞场全体职员为镜湖医院募捐经费举行义舞合照

1942年4月6日，镜湖医院同人与为镜湖医院筹款义演的义擎天剧团、英明公司同人合照

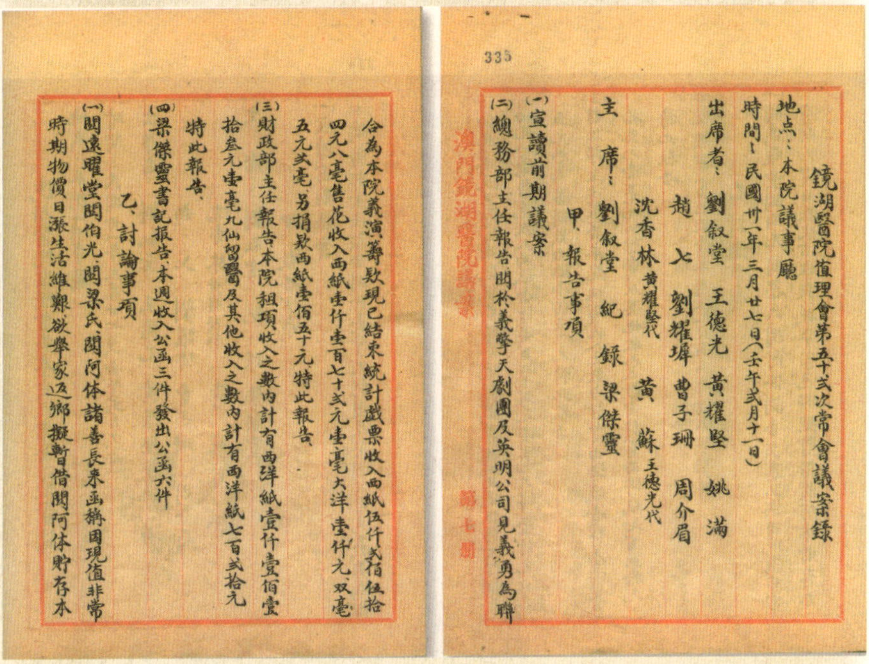
335

澳門鏡湖醫院議案 第七冊

鏡湖醫院值理會第五十弍次常會議案錄

地点：本院議事廳

時間：民國卅一年三月廿七日（壬午弍月十一日）

出席者：劉叙堂 王德光 黃耀堅 姚滿
趙七 劉耀墀 曹子珊 周介眉
沈香林 黃耀堅代 黃蘇 王德光代

主席：劉叙堂 紀錄 梁傑靈

甲、報告事項

（一）宣讀前期議案

（二）總務部主任報告關於義擎天劇團及英明公司見義勇為聯合為本院義演籌款現已結束統計戲票收入西紙伍仟弍佰伍拾四元八毫售花收入西紙壹仟壹百七十弍元壹毫大洋壹仟元、双毫五元弍毫 另捐款西紙壹佰五十元特此報告

（三）財政部主任報告本院租項收入之數內計有西洋紙壹仟壹佰壹拾叁元壹毫九仙留醫及其他收入之數內計有西洋紙七百弍拾元

（四）梁傑靈書記報告本週收入公函三件發出公函六件

特此報告

乙、討論事項

（一）關遠耀堂閱伯光閱梁氏閱阿体諸善長來函稱因現值非常時期物價日漲生活維艱欲舉家返鄉擬暫借閱阿体貯存本

1942年，义擎天剧团及英明公司联合义演筹款数目记录

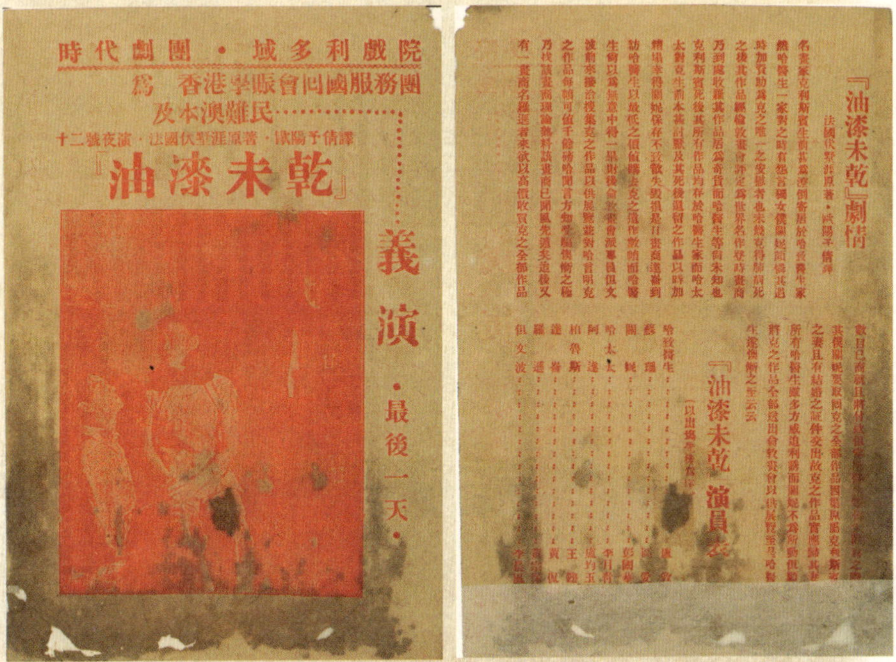

时代剧团在域多利戏院为香港筹赈会回国服务团及澳门难民义演《油漆未干》（尹德卫先生藏品）

4. 救助难童

矜恤孤兒

怡興堂辦理難童粥

七百份限額施濟期間定六個月

（本報專訪）世界戰爭期內，本澳雖未受直接影響，惟中下市民，受物價高漲之影響，乃感痛苦異常，因此，孤苦兒童，遂日見增多，啼飢叫苦於巷尾街頭，其情形之淒慘，誠使見者傷心，聞者流涕也。

本澳官民合作，辦理慈善事宜，無時或已，對於「矜恤孤兒」一事推動，尤爲加緊進行，天主教救濟會，先後辦理托兒所，難童餐，與香港兒童教養院開設分院於本澳台山一隅，育嬰堂收養棄嬰等工作，皆爲此輩可憐之孤兒服務者。

最近又有「怡興堂」，定期於舊曆六月初一日，開始施派難童粥，查該堂爲本澳熱心巨商之私人集團，在鏡湖醫院施粥濟貧以來，歷數月於茲，所有費用，均由「一期內」撥出，未接受外間絲毫捐款，近感於孤兒生活之痛苦，遂決定辦理施粥，至舊曆五月底後，重新辦理難童粥，規定係兒童方得到場領粥，連日已開始登記，聞定額七百份，施濟時期六個月云。

1942年7月5日《华侨报》

難童餐

增至四百份

（本報專訪）天主教救濟會舉辦之難童餐，開始會時各難童多屬水腫病及五瘡疹，考其原因多因飢餓過度，或缺乏營養所致，但迄至現在各難童多已健康復原，惟尚有少數未能十足痊愈，現該會由昨日起在難童餐內增加麥米，俾營養較爲充足云，又查難童餐原日又增額五十份，計前後增額二次，總數四百份，登記日期在本月廿日截止，地點仍在第一托兒所，日前報載失領飯劵者亦同時補發，惟以一次爲限。

1942年7月15日《华侨报》

澳門兒童福利工作展開

貧童衣食住解決

兒童療病院辦理現已日趨完善

難童餐舉辦後獲食者六百餘人

（本報專訪）托兒所轄下之兒童療病院，位於柯高馬路培正舊址，由美籍女修道士施理。山度氏醫生夫人以慈善為懷，每日上午九時至十二時，下午三時至六時親履該院為病兒服務，辦理以來，一般病童，得獲良醫治理，異常欣慰。澳督戴思樂以該院辦理成績優異，特慨捐西洋紙三萬六千元，以充該院經費。該院仍由喫嗎慈任總院長，安普羅神父任監督。山度氏任衛生部長，外傳山度氏任該院院長之說，並非事實。該院亦擬月底開幕，大約舉行日期，與托兒所相同，屆時并邀請社會熱心人士參加云。又查難童餐自舉辦以還，經有多月，每日下午五時半開始施派，一般流浪難民，不致成為餓殍。此種福利兒童工作，異常重大，查該難童餐刻仍繼續派送，除第一期登記之四百餘人外，最近亦有增派，約共得食者六百人，而獲食之難童更有特殊標記，一般警務人員，但不拘押彼輩云。

1942年9月18日《华侨报》

叶子如

黄渭霖

陈茂枝

（1943年4月11日，同善堂开始派难童餐，值理叶子如、黄渭霖、陈茂枝等亲临派餐）

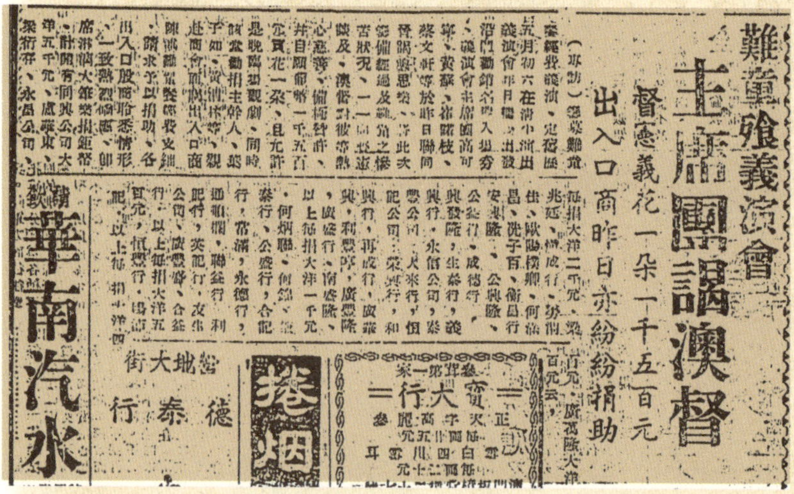

難童殖義演會

主席團謁澳督

督憲義花一朵一千五百元

出入口商昨日亦紛紛捐助

華南汽水

捲烟

德泰行

寶大行

1943年6月6日《大众报》

1943年10月1日，同善堂施派难童餐，同善堂值理与难童合照于大三巴牌坊

1944年2月16日，小龙剧社、平安戏院联合同善堂为难童餐演剧筹款合影纪念

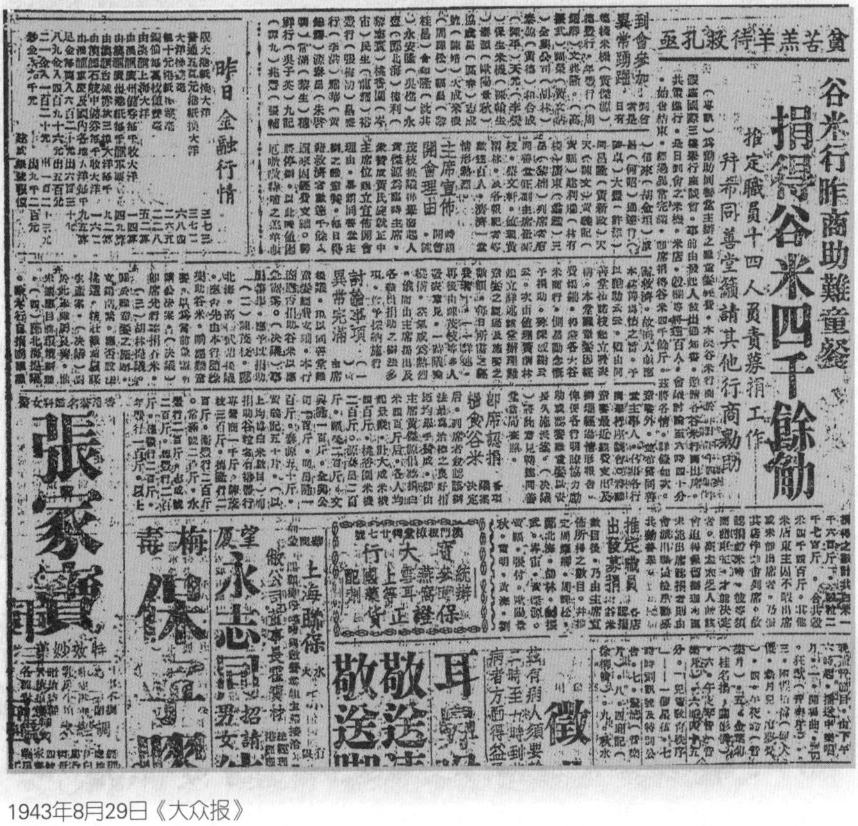

貧苦羔羊待救孔亟

谷米行昨商助難童餐

捐得谷米四千餘斤

推定職員十四人負責募捐工作

并希同善堂籲請其他行商勸助

到會參加異常踴躍

昨日金融行情

張家寶

梅

永志昌

上海聯保

耳

敬送

1943年8月29日《大众报》

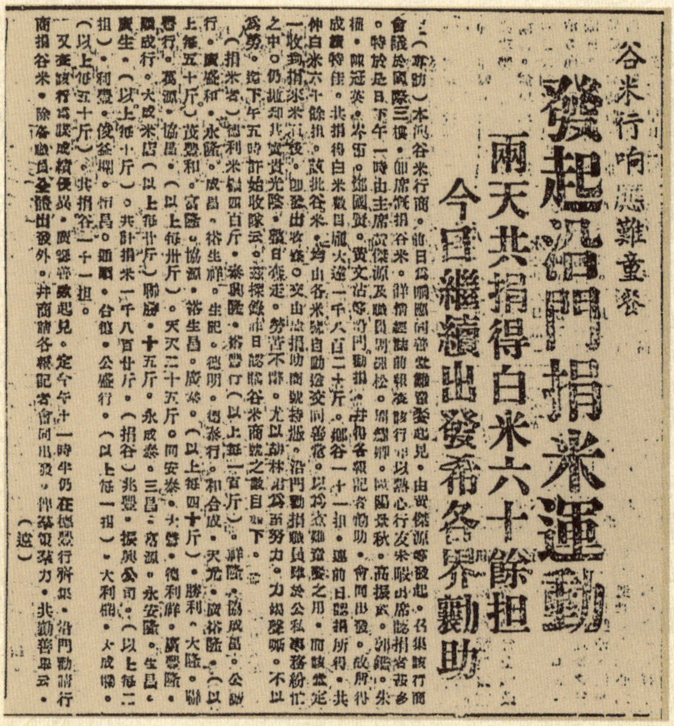

谷米行响应难童登

發起沿門捐米運動

兩天共捐得白米六十餘担

今日繼續出發希各界勸助

（新訊）本澳谷米行商，前日爲響應同善堂難童發起見，由黃傑源等發起，召集該行商會議於國際三樓，即席議捐谷米。詳情經誌前報。茲該行中以熱心行友未暇出席，臨捐者甚多。特於是日下午一時由主席黃傑源及職員劉炳松、馮灼卿、歐陽景秋、高振武、郭鑑、朱柵、陳冠英、岑宙、鄧國賢、黃文沾等分門勸捐，並由各報記者協助，會同出發。故所得成績特佳。共捐得白米數目，截至前日止，一千八百二十斤。鄉谷一十一担。連前日認捐所得，共仲白米六十餘担。該批谷米，均由各米號自動送交同善堂，以爲救濟難童之用。而該堂定一收到捐米，即發出收條。又由沿門勸捐職員，雖於公私事務紛忙之中，仍撥出寶貴光陰，終日奔走，勞苦不辭，尤以胡林柏爲最努力，力竭聲嘶，不以爲勞。至下午五時許始收隊云。茲探錄前日認捐谷米商號之數目如下：（捐米者）德利米號四百斤，泰興隆、裕豐行（以上每一百斤）。祥隆、協成昌、公勝行、廣盛和、永隆、成昌、裕生祥、生記、德明、德泰行、和合成、天元、廣裕隆（以上每五十斤）、茂豐和、富隆、協源、裕生昌、廣泰（以上每四十斤）、勝利、大隆、聯發行、萬源、協昌（以上每卅斤）、天天二十五斤、同安泰、大豐、德利祥、廣豐隆、聯成行、大成米店（以上每廿斤）聯勝十五斤、永成泰、三昌、齊源、永安隆、生昌、廣生（以上每十斤）。共計捐米一千八百廿斤。（捐谷）兆豐、振興公司（以上每二担）、利豐、俊益隆、恒昌、通順、合德、公盛行（以上每一担）、大利棧、大成隆（以上每五十斤），共捐谷一十一担。又查該行各號成績優異，實繫發起見。定今午十一時半仍在德豐行辦集，沿門勸請行商捐谷米，除各職員全體出發外，并商請各報記者會同出發，俾群策群力，共勸善舉云。（巡）

1943年8月30日《大众报》

高剑父

1944年3月12日，筹募同善堂难童餐经费书画展开幕留影

（六）难民回乡

1942年3月3日，澳侨赈饥会宣布成立“澳侨协助难民回乡委员会”，由赈济会主席刘柏盈任会长

移民就食計劃

亟宜早日實施

三大僑團應召集會議共策進行
以免貧民苟延殘喘而終陷絕境

（本報專訪）怡與堂周柏甫氏、於去月廿六日發表「移民就食」論文、對本澳救濟事業．雖形蓬勃．然此僅能救其標．未待清其本．盼望慈善機關主幹．設法移民疏散、闡述甚詳．語語中肯．頗有可取之必要．記者為此．昨特訪謁澳僑賑飢會主席劉柏盈氏、探詢意見．據劉氏稱．．周氏此種熱腸古道．殊切欽嘉．本人甚表贊同．惟是以本會組織．尚屬初試．根本範圍細少、力量有限．恐難照周氏之計劃實行．但本人之意．以為茲事意義甚大．非由團體機關出力．無濟於事．即本人希望者．最好由商會、鏡湖醫院．同善堂等三大團體．聯合開會討論．然後將總意見．向當局呈報請求．并派出能幹人員．向某方交涉、予難民以出境之利便．始能收效．如三大團體機關．一日不會商設法．則難民惟有暫時苟延殘喘．並無謀生之路．終陷絕境而已耳．關於以上各點．為本人之鄙見．希望三大僑團、及各界善長仁翁．對此加以注意云

1942年3月8日《华侨报》

1942年9月4日《华侨报》第三版

1942年9月6日《华侨报》第三版

1942年9月8日《华侨报》第三版

昭信社會涓滴歸公

回鄉會公佈數目

收入八十四萬三千餘元

支出七十九萬六千餘元

比對尚存四萬六千餘元

（本報專訪）回鄉會成立以來，已有數月，遣送難民共有卅二批，先後受該會協助，或資送返里者，達萬餘人，會內工作，循序改善，成一辦理縝密之慈善團體，該會最近為昭信社會，特將由四月一日至八月廿一日，即第一批至第卅批一之收支數目，列明公佈，昨再經常會審核，交各報發表，查該會所有支出，均經常會通過，再由各組主任簽名，主席簽名，財政員支付後，再經稽核組審查，認爲合法後，方得入賬，且該會之財政七係殷商鼎侶倹，司數職員亦爲會計專門人材，所有數目，均分類詳列清楚，茲因篇幅關係，明日再將詳細刊出，（甲）收入八十四萬三千一百六十二元零四，（乙）支出七十九萬六千八百三十八元八毫三先，（丙）一五比對存四萬六千三百二十三元七毫一先，概以普通大洋為本位。

1942年9月10日《华侨报》第三版

本埠新聞

黃惠芬女士捐港幣千元

助送貧僑三十人

冬寒將屆失業僑胞多渴望返鄉

捐國幣百元可送一人歸鄉深望各界繼起响應

（本報專訪）冬寒將屆，留澳難民之生活，殊為艱苦，彼等多渴望返回故鄉，以解決生活，查回鄉會每期登記時，到場排隊執籌者，達五百餘人，而青洲難民所內，爭先登記者，亦有數百之衆，惟限於經費，名額只得八十，扶老携幼，哀聲懇求，可見彼等渴望返鄉之迫切矣，根據調查所得，該會存款有限，倘無繼續捐款，則送歸工作，將於一兩批後而停止，屆時留澳貧民，彷徨失措，其影响於社會者，誠非淺鮮，故盼望各界熱心人士，慨解善囊，以惠貧僑，功德無限，查回鄉會定於今午召開常務會議，商討送僑要案，該會各委員，一本初衷，努力籌措經費，以為貧僑服務云，又，昨有黃惠芬女士，鑒於歸僑工作意義重大，認為當前救濟之要務，特以個人名義，捐出十元額港紙一千元，托本報記者會同奇玉交回鄉會，助送卅個僑胞返回鄉井，黃女士關切貧僑，熱心慈善，殊足敬佩，尚望社會人士，繼起响應，捐助國幣一百元，則可使一個貧僑，返回故鄉，而免淪為餓莩矣。

1942年10月3日《华侨报》

迫切待歸鄉者言

『送我回鄉愈於檢我屍首』

在登記所中他們說出來一字一淚
晏居飽暖者聞此能不動惻隱之心

（本報專訪）炎夏已過、一雨成秋・金風颯颯・若體生寒・富肉之來・又準備過其秋之新生活炎、中下之家・固感感於會之解決問題・而一般貧民・則婁苦更甚・蓋自滋戰發生以來・彼等生活頓受影響・所有傢具皆已砍而為柴・最近又將國衣破衲出御・以易寨服之物・所明一面對危機一情景・在彼學而言・殆甚切實也・

昨日上午八時半・同鄉會在鏡湖義學登記第卅三批歸僑・到場排隊者・盤七百人以上・多係因失業無途謀生・而率妻兒返鄉者・在生活程度日高之今日・薪俸階級・所入已不敷支出、何況更失其漂新・是以在飢寒交迫・生死糊面之際・不得不思及其可愛之故鄉・惟以盤憐無莅・則惟有盡同鄉會加以援手而已・

回鄉會最近因經費不敷・每週只送一批・人數又減在四百以下・是故每期抽籤・皆有「僧多粥少」之款・昨日照原例只登記二百五十人・惟以失望者多・彼輩有俯係食宿無著・的執驛途還從・不禁痛哭失聲・向監場之委員哭訴・苦、哀求・有謂「送我回鄉・好過在街頭執我尸首」等語・餓令閱諸隱心・啟場委員只傳擲其殴為

迫切者・破例再登記十餘人・其餘只得下期資送而已・

查同鄉會成立以來・所送歸僑、已達萬人・社會人士・捐款數目・亦達八十餘萬・惟在戰爭時期・中下層民・生活購時均受威脅・亟待資送返鄉者甚衆・希盡熱心人士・踴躍捐助・則不獨歸僑本身沾惠・而社會秩序・市容・衛生等問題・亦有所裨益也・

1942年9月15日《华侨报》

回鄉會加緊送僑

定期登記卅八批

擬辦展覽賣物會籌集善款
歸僑證每張改收善費二元

（本報專訪）回鄉會昨開常會・出席委員十餘人・列席者・有丁如法師等多人・由劉柏楹主席・甲・報告事項・㊀第卅六批歸僑三百餘人・已於昨（七）日啓程・有名氏善士所捐送之齊洲難民・已會向諸位善士之代表・到齊州登記三百五十人，編為第卅七批・定於屆期五檢便・居期六出發・乙・討論事項、㊀高劍父提議・關於擬建萬人緣籌款・辦法雖屬良好・惟考慮各種情形・在此非常時期恐未易辦到

・故暫緩進行・惟有變更辦法・徵集今古字畫・舊書・古玩・各商店號貨物等・舉辦一展覽賣物會・以期多集善款・此事已在著手籌備中・㊁梁卓梧提議・刷於領取歸僑證・擬每張收慕善費每毫二元・以裕發歐・是否可行・請公決案・決議通酌・本會為雖胞僑想・不得己宿收歸胞請善費・希領證僑第・加以原諒・關於塗卅批入歸僑、是否送總辦理案・決議・・僑工作・急不客緩・決於下尾期一登記・人數照曾・經本方面・請

高可亭・傅偉生兩善士・撥交加捐十分一善款・約八千元・如仍不敷・則由劉柏楹・蔡文軒兩位墊足云

1942年10月8日《华侨报》

同鄉會經費不敷

竭力再送一批

難民思鄉迫切般商巨賈感覺如何？

（本報專訪）同鄉會昨日召開常會，討論要務，出席委員十餘人，由劉柏盈·梁諧枝主席·相繼總務組及財務組報告·該會截至現在止·收入捐款·已超過一百萬元·而所送之難民·名額亦在萬餘·在此非常時期·僑胞生活·仍未有圓滿解決·因此渴望歸鄉者·比諸與會生後之初期·尤爲迫切·惟現在捐款已竭·對於繼續辦理與否、實爲嚴重之問題·經討論後·一致認爲應該勉力籌款·繼續資遣·

怡興堂再捐大洋五千

當由梁卓梧委員代表怡興堂再捐大洋五千元·據同收集僑商兩位之捐款一萬元·及最近收得之各界捐款可合二萬餘元·將卅九批·決於明日上午八時在鏡湖義學登記二百五十人·另有捐款人保送二十名·青洲難民八十人·是期監督工作·推定趙斑斕·劉絅娛兩要員負責·

派員謁澳督請示辦法

又議決推舉劉柏盈·梁諧枝·高可寧·蔡文軒·劉叙堂·梁后梧六委員·於星期四日上午十一時·晉謁名譽會長澳督戴思樂·報告成立以來之工作情況·及請示以後進行辦法云·

1942年10月18日《华侨报》

失業僑胞

急待返鄉

盼各界捐款助送

（本報專訪）失業僑胞之渴望回鄉者·爲數甚衆·同鄉會第四十批歸僑·已於昨日登記完竣·連同青洲難民·各善長保送，及抽籤登記，共四百四十餘人·名數之多·打破歷批紀錄·該批歸僑·定於今晨候便·明日啓程返鄉·其餘期待返鄉者·迫切萬分·深望各界善長仁翁·捐款助送·以免貧無淪爲餓殍云·

私運貨物出口

昨又發生一宗

（本報專訪）未領出口紙私帶物品出口者·昨又被警士截

1942年11月3日《华侨报》

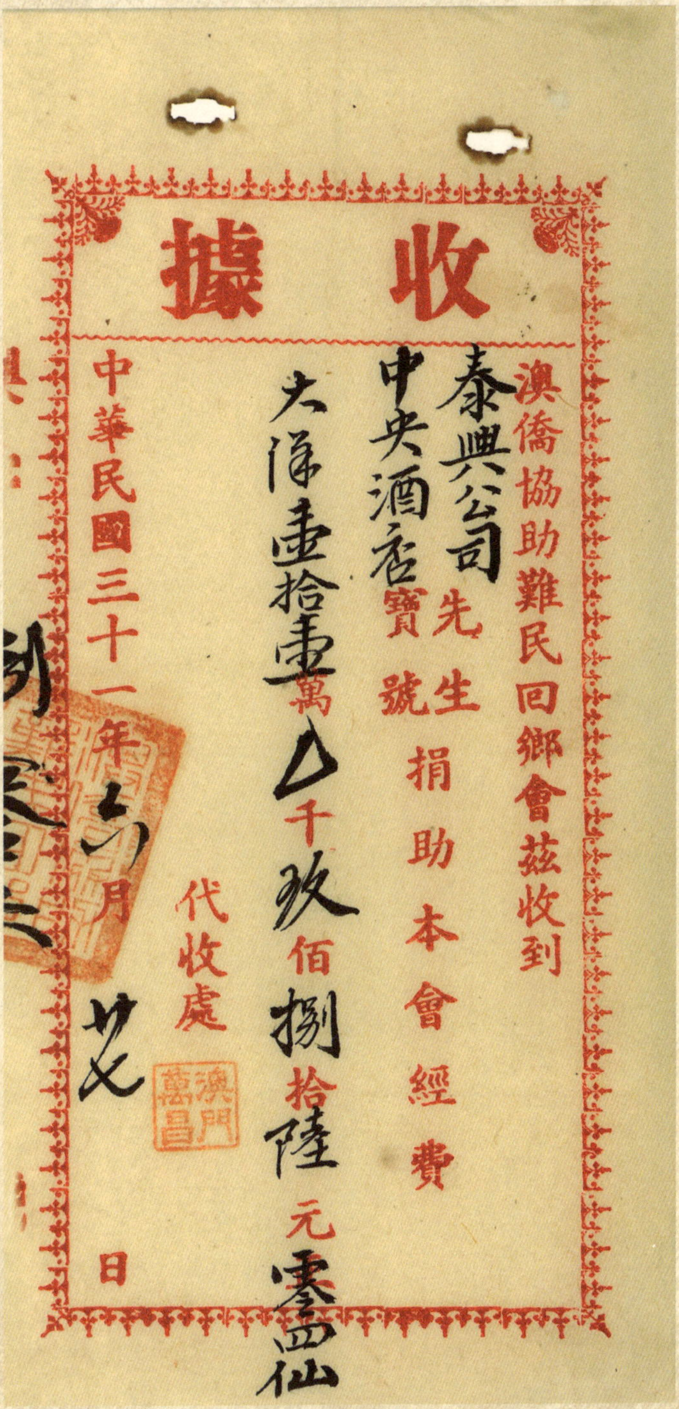
收據
澳僑協助難民回鄉會茲收到
泰興公司先生
中央酒店寶號捐助本會經費
大洋壹拾壹萬△千玖佰捌拾陸元
中華民國三十一年六月廿七日
代收處
澳門萬昌

1942年6月27日，泰兴公司中央酒店捐助澳侨协助难民回乡会收据（罗景新先生藏品）

五

抗战文物

中国抗日战争胜利已经70个春秋，因为距离现在不是十分遥远，所以有不少当年的抗战老兵在世，还有很多历史活动与事件的参与者、亲历者和见证者还健在，也有众多那个时代遗存的各种记忆和实物，更有载体多样的各种文献、音像资料，以及内容丰富的集体回忆和鲜活的口述历史被保留下来。这些弥足珍贵的文献、影像、口述和实物资料，为当代和后来者重新回顾总结这段历史，还原当时的历史场景，再现真实历史，深刻反省这段痛苦而记忆犹新的历史过程，研究这段特殊而至今仍影响当代经济社会发展的历史与现实问题，提供了更为形象、直观而权威的科学根据。

特别值得庆幸的是，随着澳门本土历史研究的深入普及、民间社会力量的关注与介入，经过一些文史爱好者的多方努力，尤其是澳门怀旧收藏学会众多富有历史责任和使命感的会员的不懈探索，通过他们征集和收藏的诸多澳门抗战史料、文物，如各种实物文献、影像资料及不同时期、各个方面的诸多实物，有关抗战时期模糊不清或充满神秘色彩的澳门历史的轮廓已经越来越清晰，一些长期令人困惑不解的谜团，逐渐被破解，历史的真相开始浮出水面，一部完整的澳门抗战真实历史图景渐渐被呈现出来。

收入本图志的文献或图照时限为1937年至1945年，为了追根溯源，更好地阐述澳门抗战救亡历史发展的系统性和完整性，展示澳门抗战历史的来龙去脉，曲折发展的过程，个别实物上限上溯到1931年“九一八”事变。从收录的实物文献看，这些精选的实物或文物，虽然角度各有不同，分量有多寡厚薄之别，但内容丰富多彩，且具有弥足珍贵的文献参考价值与文物特征，每一件文献、每一幅图照、每一枚徽章、每一张单据、每一则广告、每一封家书、每一件器物背后都有感人至深的故事，都为具体历史过程的再现和叙说提供了丰富的信息源，由此娓娓道来的是过往鲜为人知的历史内容，是鲜活的历史场景，不是想象和臆说，而是真实的历史再现。它不仅拓宽了人们对抗战时期澳门经济社会发展、各行各业状况的视野范畴，而且揭示了真实历史的发展轨迹，呈现了小故事背后的大背景，让实物和文物说话，诉说澳门历史的沧桑巨变，讲述澳门的抗战故事，使平淡无奇的历史充满传奇色彩，极大地丰满了澳门抗战救亡历史的形象，它们犹如一个个璀璨珠玑，熠熠生辉，光彩照人。

我们展示这些文物不是为观赏，也不是炫耀其收藏和文物价值，而是为求其实用，解读其无与伦比的文化价值，呈现澳门深厚的文化底蕴与无穷魅力。其目的有四：一是为澳门抗战历史研究提供科学根据，强化有关历史内容的记述深度和力度，为解决澳门抗战历史的谜团，提供更多细微而翔实的过程文献，彰显澳门历史文化的丰富内涵和地域特色。二是抛砖引玉，希望通过我们的工作能够引起更多海内外，尤其是澳门本土人士能将珍藏的各种有关澳门历史的文献或实物资料奉献出来，以供社会和专业研究者分享。为复原抗战时期的澳门历史，提供更多具有说服力的实物文献，拼接历史全景，从而为集思广益解决澳门与抗战时期的历史问题，凝聚智慧和力量，营造一个良好的社会氛围。三是激发澳门全社会的物质和非物质文化的保护意识，树立正确的历史发展观，善待我们身边的历史和历史文物，为美化澳门的文化家园、丰富人们的精神文化生活服务。这样既可为澳门文创产业的发展提供素材或背景资料，同时也为历史文化遗产更好地反馈和服务社会创新思路和理念。四是为开展和普及澳门本土历史文化教育提供服务。创造历史的主体是社会大众，而被社会大众所认可的历史才是真实的历史。要想揭开澳门抗战历史的神秘面纱，把真实的历史过程呈现出来，没有社会大众的积极参与和支持，离开科学文献和实物支撑，就难以系统和全面客观。

（一）文献

1．公告

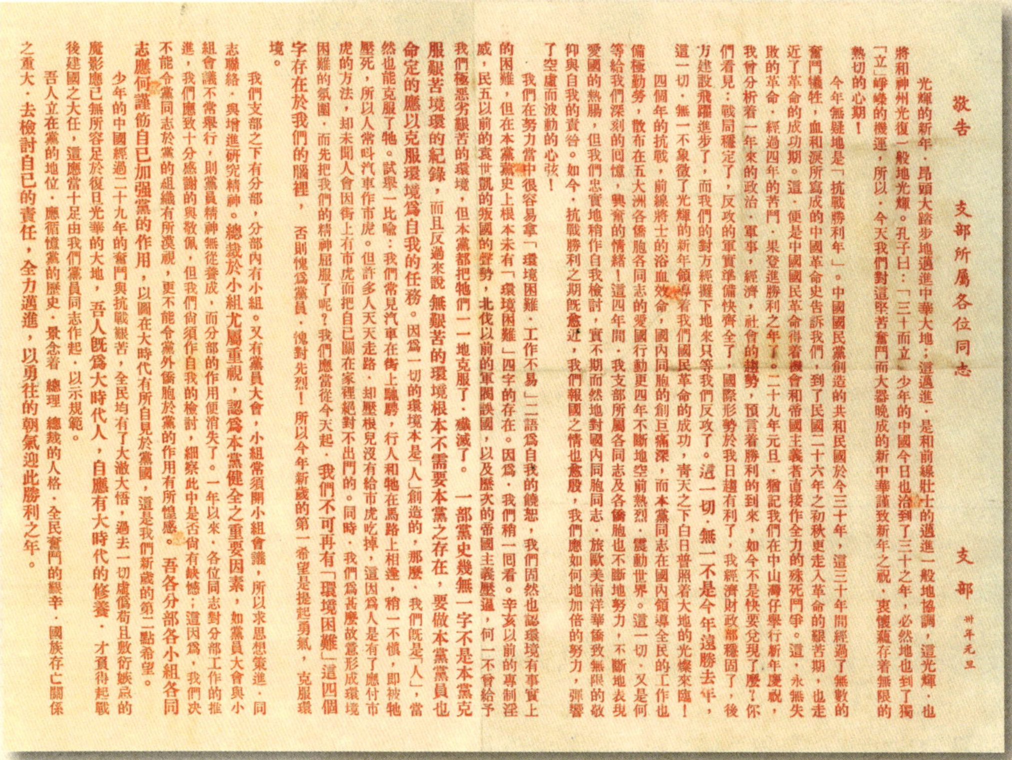

敬告 支部所屬各位同志

支部 卅年元旦

光輝的新年，昂頭大踏步地邁進中華大地；這邁進，是和前線壯士的邁進一般地協調，這光輝，也將和神州光復一般地光輝。孔子曰：「三十而立」。少年的中國今日也治到了三十之年，必然地也到了獨「立」崢嶸的機運，所以，今天我們對這堅苦奮鬥而大器晚成的新中華謹致新年之祝，衷懷蘊存着無限的熱切的心期！

今年無疑地是「抗戰勝利年」。中國國民黨創造的共和民國於今三十年，這三十年間經過了無數的奮鬥犧牲，血和淚所寫成的中國革命史告訴我們，到了民國二十六年之初秋更走入革命的艱苦期，也走近了革命的成功期。這，便是中國國民革命得着機會和帝國主義者直接作全力的殊死鬥爭。這，永無失敗的革命，經過四年的苦鬥，果登進勝利之年了。二十九年元旦，猶記我們在中山灣仔舉行新年慶祝，我曾分析着一年來的政治，軍事，經濟，社會的趨勢，預言着勝利的到來，如今不是快要兌現了麼？你們看見：戰局穩定了，反攻的軍實準備快齊全了，國際形勢於我日趨有利了，我經濟財政都穩固了，後方建設飛躍進步了，而我們的對方經擬下地來只等我們反攻了。這一切，無一不象徵了光輝的新年領導着我們國民革命的成功，青天之下白日普照着大地的光燦來臨！這一切，無一不是今年遠勝去年，

四個年的抗戰，前線將士的浴血效命，國內同胞的創巨痛深，而本黨同志在國內領導全民的工作也備極勤勞，散布在五大洲各僑胞各同志的愛國行動更四年不斷地空前熱烈，震動世界。這一切，又是何等給我們深刻的回憶，興奮的情緒！這四年間，我支部所屬各同志及各僑胞也不斷地努力，不斷地表現愛國的熱腸，但我們忠實地稍作自我檢討，實不期而然地對國內同胞同志，旅歐美南洋華僑致無限的敬仰與自我的責咎。如今，抗戰勝利之期既愈近，我們報國之情也愈殷，我們應如何地加倍的努力，弭響了空虛而波動的心弦！

我們在努力當中很容易拿「環境困難，工作不易」二語爲自我的饒恕，我們固然也認環境有事實上的困難，但在本黨黨史上根本未有「環境困難」四字的存在。因爲，我們稍一回看。辛亥以前的專制淫威，民五以前的袁世凱的叛國的聲勢，北伐以前的軍閥誤國，以及歷次的帝國主義壓逼，何一不曾給予我們極惡劣艱苦的環境，但本黨都把牠們一一地克服了，殲滅了。一部黨史幾無一字不是本黨克服艱苦境環的紀錄，而且反過來說無艱苦的環境根本不需要本黨之存在，要做本黨黨員也命定的應以克服環境爲自我的任務。因爲一切的環境本是「人」創造的，那麼，我們既是「人」，當然也能克服了牠。試舉一比喻：我們常見汽車在街上馳騁，行人和牠在馬路上相逢，稍一不慎，即被牠壓死，所以人常叫汽車作市虎。但許多人天天走路，却壓根兒沒有給市虎吃掉，這因爲人是有了應付市虎的方法，却未聞人會因街上有市虎而把自已關在家裡絕對不出門的。同時，我們爲甚麼故意形成環境困難的氛圍，而先把我們的精神屈服了呢？我們應當從今天起，我們不可再有「環境困難」這四個字存在於我們的腦裡， 否則愧爲黨員，愧對先烈！所以今年新歲的第一希望是提起勇氣，克服環境。

我們支部之下有分部，分部內有小組。又有黨員大會，小組常須開小組會議，所以求思想策進，同志聯絡，與增進研究精神。總裁於小組尤屬重視，認爲本黨健全之重要因素，如黨員大會與小組會議不常舉行，則黨員精神無從養成，而分部的作用便消失了。一年以來，各位同志對分部工作的推進，我們應致十分感謝的與敬佩，但我們尙須作自我的檢討，細察此中是否尙有缺憾；這因爲，我們決不能令黨同志於黨的組織有所漠視，更不能令黨外僑胞於黨的作用有所惶惑。吾各分部各小組各同志應何謹飭自已加强黨的作用，以圖在大時代有所自見於黨國，這是我們新歲的第二點希望。

少年的中國經過二十九年的奮鬥與抗戰艱苦，全民均有了大澈大悟，過去一切虛僞苟且敷衍嫉忌的魔影應已無所容足於復旦光華的大地，吾人既爲大時代人，自應有大時代的修養，才負得起戰後建國之大任，這應當十足由我們黨員同志作起，以示規範。

吾人立在黨的地位，應循憶黨的歷史，景念着 總理 總裁的人格，全民奮鬥的艱辛，國族存亡關係之重大，去檢討自已的責任，全力邁進，以勇往的朝氣迎此勝利之年。

1941年国民党港澳支部元旦公告（罗景新先生藏品）

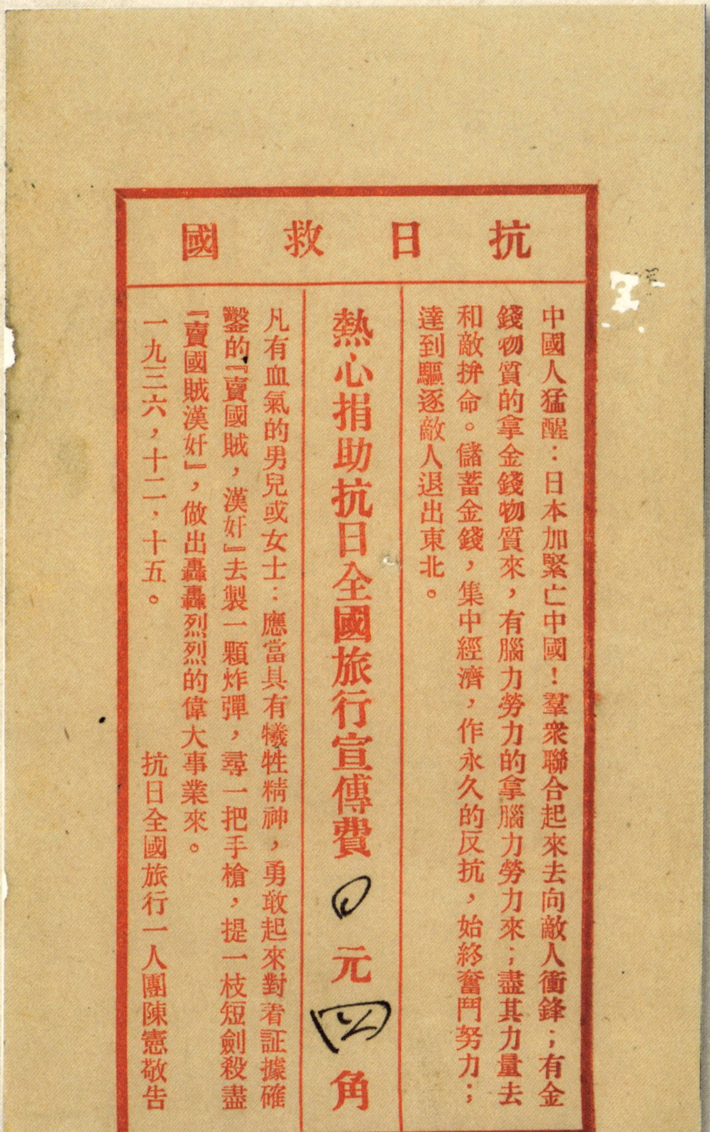
抗日救國

中國人猛醒：日本加緊亡中國！羣衆聯合起來去向敵人衝鋒；有金錢物質的拿金錢物質來，有腦力勞力的拿腦力勞力來；盡其力量去和敵拚命。儲蓄金錢，集中經濟，作永久的反抗，始終奮鬥努力；達到驅逐敵人退出東北。

熱心捐助抗日全國旅行宣傳費 0 元 四 角

凡有血氣的男兒或女士：應當具有犧牲精神，勇敢起來對着証據確鑿的『賣國賊，漢奸』去製一顆炸彈，尋一把手槍，提一枝短劍殺盡『賣國賊漢奸』，做出轟轟烈烈的偉大事業來。

抗日全國旅行一人團陳憲敬告

一九三六，十二，十五。

热心捐助抗日全国旅行宣传费（尹德卫先生藏品）

2. 公函公文

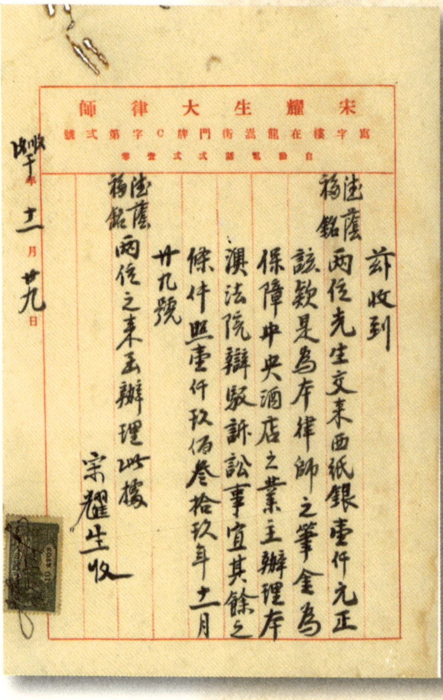

宋耀生大律師
寫字樓在龍嵩街門牌C字第弍號
自動電話弍弍叁

許收到
德蔭 銘福 两位先生交來西紙銀壹仟元正
該款是為本律師之筆金為
保障中央酒店之業主辦理本
澳法院辯駁訴訟事宜其餘之
條件照壹仟玖佰叁拾玖年十一月
廿九號
德蔭 銘福 两位之來函辦理此據
宋耀生收

收據 廿八年十一月廿九日

宋耀生致傅德荫公函

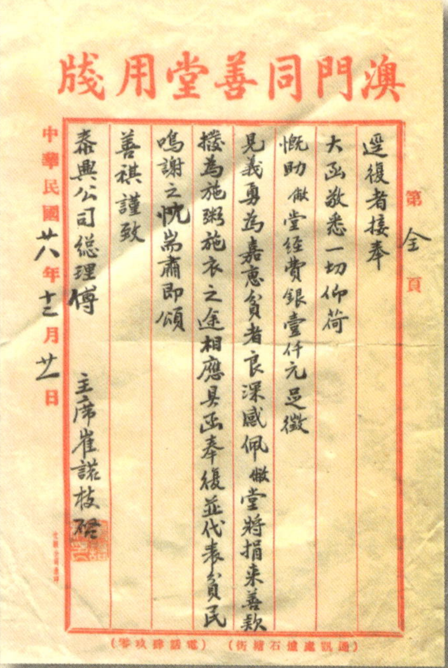

澳門同善堂用箋

第 全 頁

逕覆者接奉
大函敬悉一切仰荷
慨助敝堂經費銀壹仟元足徵
見義勇為嘉惠貧者良深感佩敝堂將捐來善款
撥為施粥施衣之途相應具函奉復並代表貧民
鳴謝之忱尚希即頒
善祺謹致
泰興公司總理傅
主席崔諾枝
中華民國廿八年十二月廿日

同善堂致泰兴公司信函

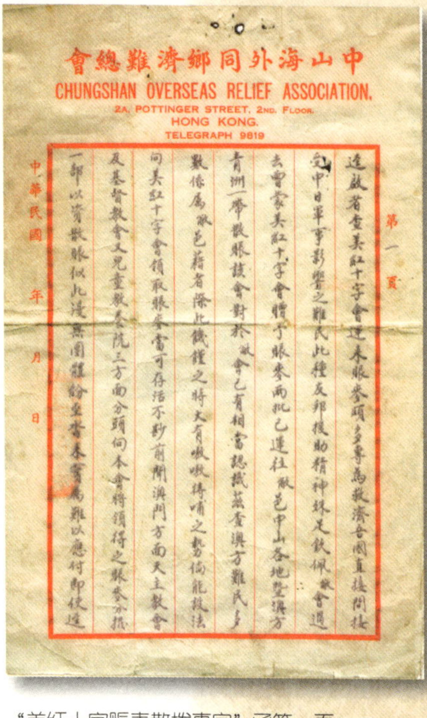

中山海外同鄉濟難總會
CHUNGSHAN OVERSEAS RELIEF ASSOCIATION.
2A, POTTINGER STREET, 2ND. FLOOR.
HONG KONG.
TELEGRAPH 9819

第一頁

逕啟者查美紅十字會運來賑麥頃多專為救濟各國直接間接
受中日軍事影響之難民此種友邦援助精神殊足欽佩敝會適
去電蒙美紅十字會贈予賑麥兩批已運往敝邑中山各地暨澳方
青洲一帶散賑該會對於敝會已有相當認識茲查澳方難民多
數係屬敝邑籍者際此饑饉之時尤有嗷嗷待哺之勢倘能設法
向美紅十字會領取賑麥當可存活不少前聞澳門方面天主教會
及基督教會又兒童教養院三方面分頭向本會將領得之賑麥分撥
一部以資散賑似此送無團體給並當本會為難以應付即從速

中華民國 年 月 日

“美红十字赈麦散拨事宜”函第一页

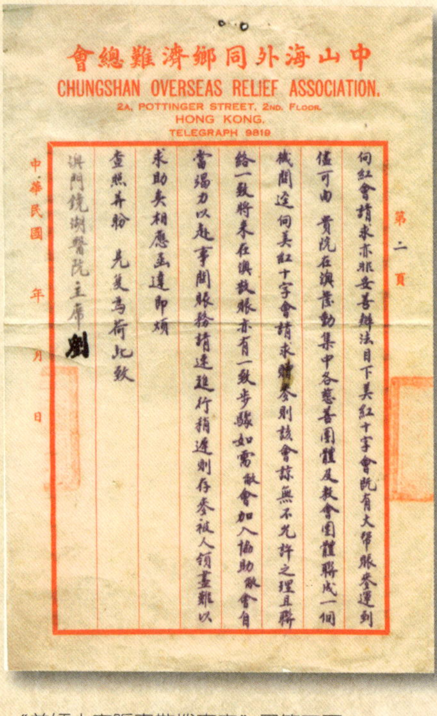

中山海外同鄉濟難總會
CHUNGSHAN OVERSEAS RELIEF ASSOCIATION.
2A, POTTINGER STREET, 2ND. FLOOR.
HONG KONG.
TELEGRAPH 9819

第二頁

向紅會請求亦非妥善辦法目下美紅十字會既有大帮賑麥運到
僅可由貴院在澳發動集中各慈善團體及教會團體聯成一個
機關逕向美紅十字會請求賑麥則該會諒無不允許之理且聯
絡一致將來在澳散賑亦有一致步驟如需敝會加入協助敝會自
當竭力以赴事關賑務請速進行捐遞則存麥被人領盡難以
求助矣相應函達即頌
查照并盼 先复為荷此致
澳門鏡湖醫院主席 劉

中華民國 年 月 日

“美红十字赈麦散拨事宜”函第二页

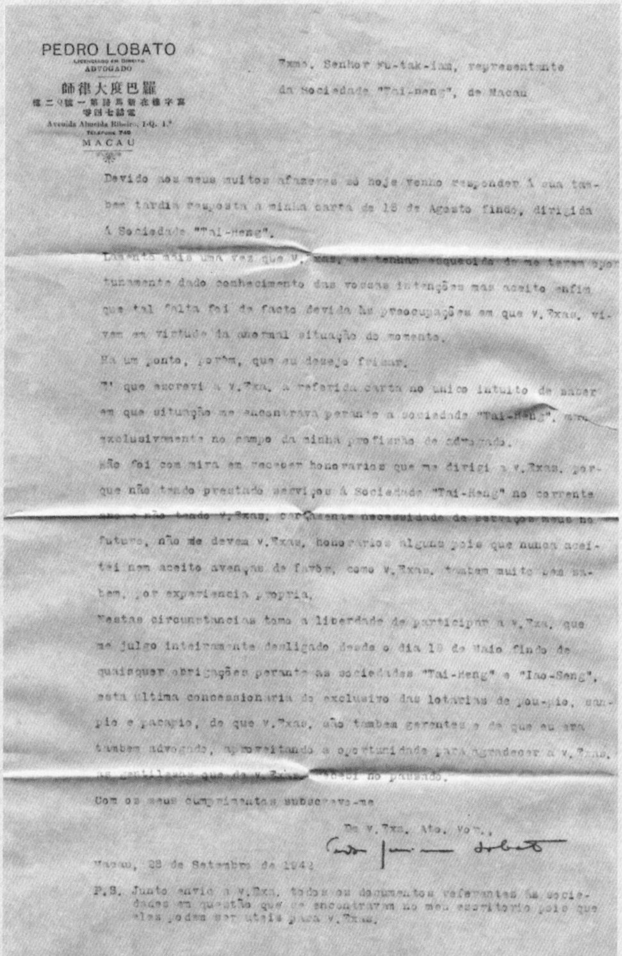

PEDRO LOBATO
LICENCIADO EM DIREITO
ADVOGADO
羅巴度大律師
寫字樓在新馬路第一號Q二樓
電話七四零
Avenida Almeida Ribeiro, 1-Q. 1.º
TELEFONE 740
MACAU

Exmo. Senhor Fu-tak-iam, representante
da Sociedade "Tai-heng", de Macau

Devido aos meus muitos afazeres só hoje venho responder à sua tambem tardia resposta a minha carta de 18 de Agosto findo, dirigida à Sociedade "Tai-heng".
Lamento mais uma vez que V. Exas. se tenham esquecido de me terem oportunamente dado conhecimento das vossas intenções mas aceito enfim que tal falta foi de facto devida às preocupações em que V. Exas. vivem em virtude da anormal situação do momento.
Ha um ponto, porém, que eu desejo frisar.
E' que escrevi a V. Exa. a referida carta no unico intuito de saber em que situação me encontrava perante a Sociedade "Tai-Heng", mas exclusivamente no campo da minha profissão de advogado.
Não foi com mira em receber honorarios que me dirigi a V. Exas. porque não tendo prestado serviços à Sociedade "Tai-Heng" no corrente ano e não tendo V. Exas. certamente necessidade de serviços meus no futuro, não me devem V. Exas. honorarios alguns pois que nunca aceitei nem aceito avenças de favôr, como V. Exas. tambem muito bem sabem, por experiencia propria.
Nestas circunstancias tomo a liberdade de participar a V. Exa. que me julgo inteiramente desligado desde o dia 18 de Maio findo de quaisquer obrigações perante as sociedades "Tai-Heng" e "Iao-Seng", esta ultima concessionaria do exclusivo das lotarias de pou-pio, sun-pio e pacapio, de que V. Exas. são tambem gerentes e de que eu era tambem advogado, aproveitando a oportunidade para agradecer a V. Exas. as gentilezas que de V. Exas. recebi no passado.
Com os meus cumprimentos subscrevo-me

De V. Exa. Ato. Vor.,
Pedro [signature] Lobato

Macau, 28 de Setembro de 1942

P.S. Junto envio a V. Exa. todos os documentos referentes às sociedades em questão que se encontravam no meu escritorio pois que elas podem ser uteis para V. Exas.

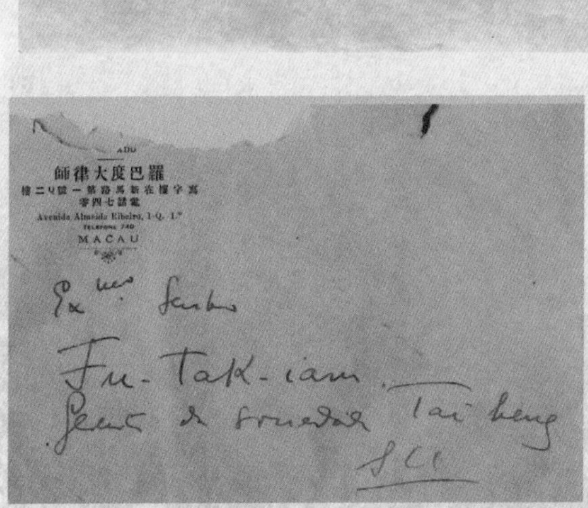

ADV
羅巴度大律師
寫字樓在新馬路第一號Q二樓
電話七四零
Avenida Almeida Ribeiro, 1-Q. 1.º
TELEFONE 740
MACAU

Exmo. Senhor
Fu-Tak-iam.
Gerente da Sociedade Tai-heng
S.C.

1942年，罗巴度大律师发给泰兴公司傅德荫之信函

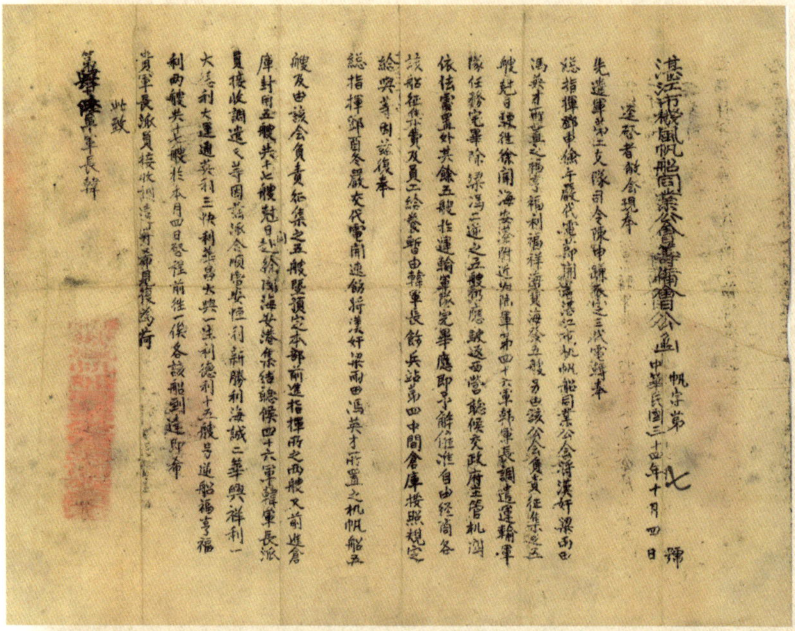

湛江市機風帆船同業公會籌備會公函　帆字第七號

中華民國三十四年十月四日

逕啓者敝會現奉

先遣軍第二支隊司令陳申謙奉之三代電譯本

總指揮部申徐午嚴代電節開准湛江市机帆船同業公會將漢奸梁雨田

馮英才所置之福亨福利福祥海貫海發五艘另由該公會負責征集之五

艘赴赤坎徐聞海安港附近由陸軍第四十六軍韓軍長調遣運輸軍

隊任務完畢除梁馮二逆之五艘制應歸還西營總候交政府主管机關

依法處置外其餘五艘指運輸軍隊完畢應即予解僱准自由經商各

該船往來費及員工給養暫由韓軍長飭兵站第四中間倉庫按照規定

給與等因茲復奉

總指揮部酉冬嚴交代電開速飭將漢奸梁雨田馮英才所置之机帆船五

艘及由該会負責征集之五艘暨頂定本部前進指揮所之兩艘又前進倉

庫封用五艘共十七艘魁日起除海安港集結總候四十六軍韓軍長派

員接收調遣等因茲派会順安恒利新勝利海誠二華興祥利一

大德利大運通英利三快利義昌大興一生利德利十五艘另逆船福亨福

利兩艘共十七艘於本月四日啓程前往俟各該船到達即希

貴軍長派員接收調遣希見復為荷

此致

第四十六軍軍長韓

1945年10月4日，湛江市机风帆船同业公会公函（尹德卫先生藏品）

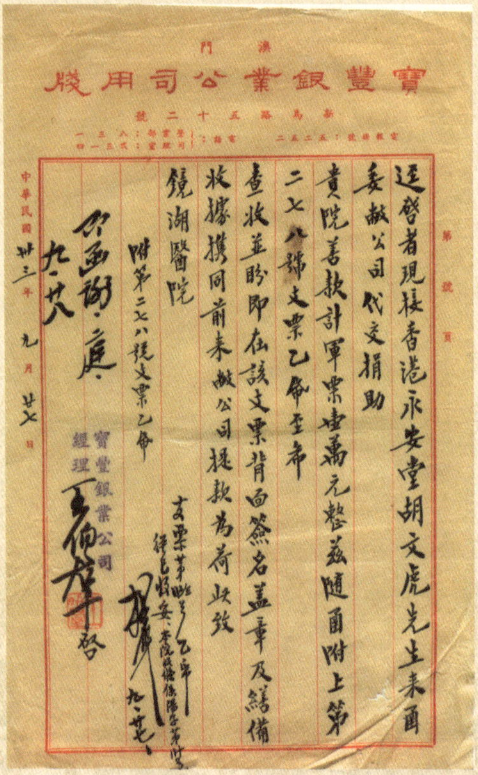

澳門

寶豐銀業公司用牋

新馬路五十二號

逕啓者現接香港永安堂胡文虎先生來函

委敝公司代交捐助

貴院善款計軍票壹萬元整茲隨函附上第

二七八號文票乙紙至希

查收並盼即在該文票背面簽名蓋章及繕備

收據攜同前來敝公司提款為荷此致

鏡湖醫院

附第二七八號文票乙紙

寶豐銀業公司經理王□□啓

中華民國卅三年九月廿七日

何西謝庭 九、廿八

支票第二七八號乙紙經已收妥 九、廿七

1944年9月27日，澳门宝丰银业公司代香港永安堂胡文虎先生转捐镜湖医院军票一万元整

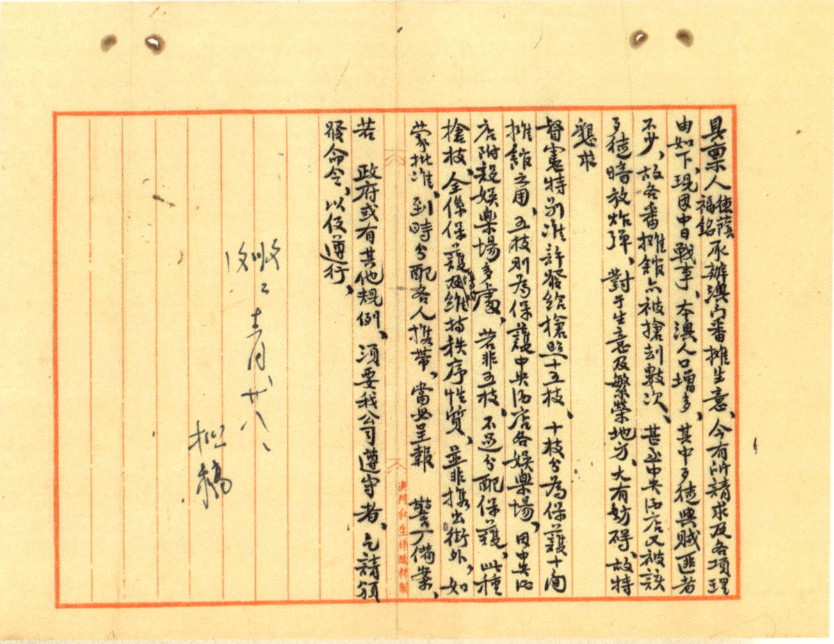
具禀人傅德荫、福铭承办澳门番摊生意，今有所请求及各项理
由如下：现因中日战事，本澳人口增多，其中多徒与贼匪若
干，故各番摊馆亦被掳劫数次，甚至中央酒店又被该
多徒暗放炸弹，对于生意及繁荣地方，大有妨碍，故特
恳求
督宪特别准许发给枪照十五枝，十枝分为保护十间
番摊馆之用，五枝则为保护中央酒店各娱乐场，因中央酒
店附设娱乐场多处，若非五枝不足分配保护，此种
枪枝全系保护及维持秩序性质，并非携出街外，如
蒙批准，到时分配各人携带，当必呈报警厅备案。
若政府或有其他规例，须要我公司遵守者，亦请颁
发命令，以便遵行。
拟稿

傅德荫等承办澳门番摊生意拟稿（陈国贤先生藏品）

3．征信录

（1）同善堂

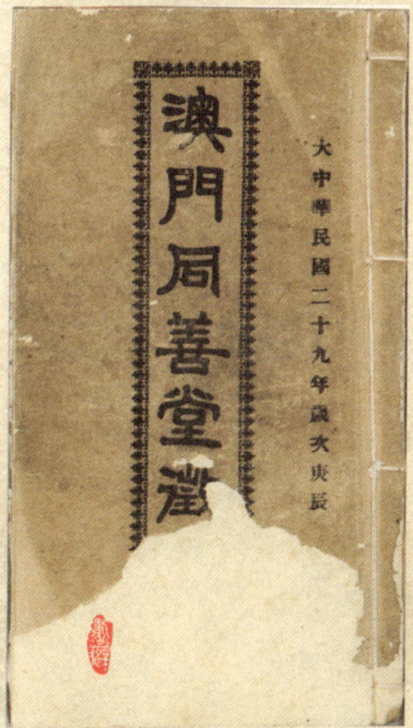

1940年，澳门同善堂征信录
（罗景新先生藏品）

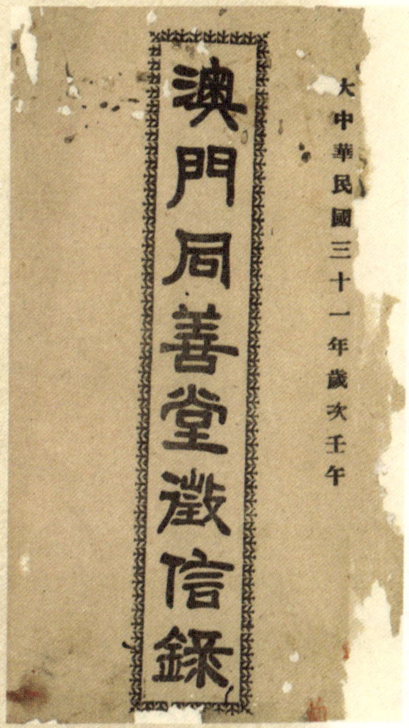

1942年，澳门同善堂征信录
（罗景新先生藏品）

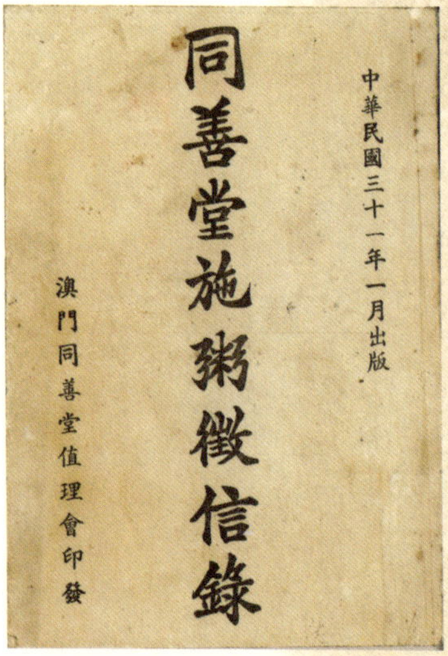

1942年，澳门同善堂施粥征信录
（尹德卫先生藏品）

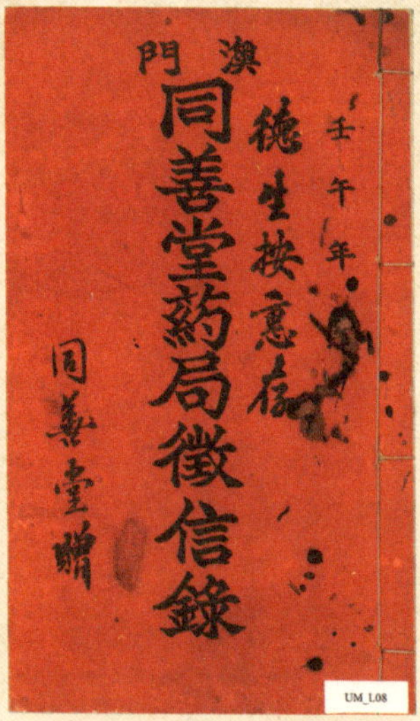

1942年，澳门同善堂药局征信录
（罗景新先生藏品）

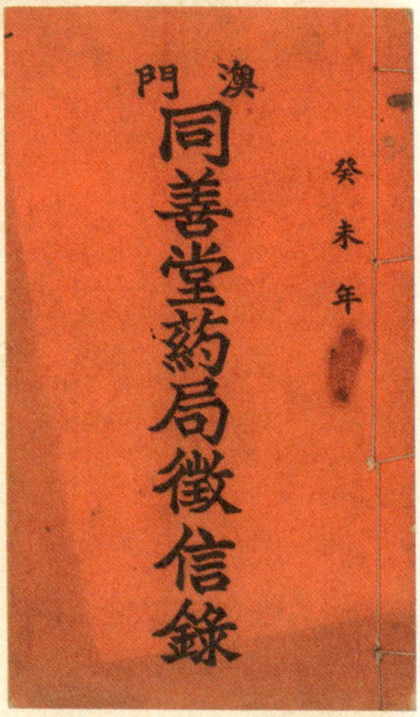

1943年，澳门同善堂药局征信录
（罗景新先生藏品）

（2）镜湖医院

镜湖医院征信录（罗景新先生藏品）

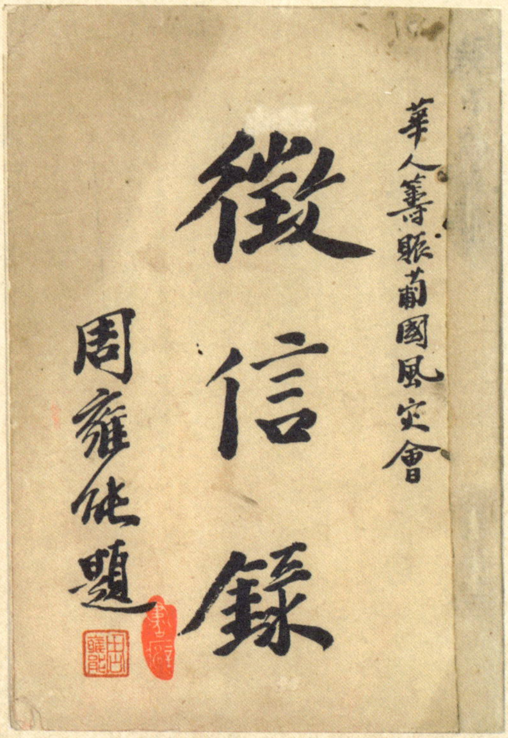

1941年5月出版的华人筹赈葡国风灾会征信录（罗景新先生藏品）

4．账簿册

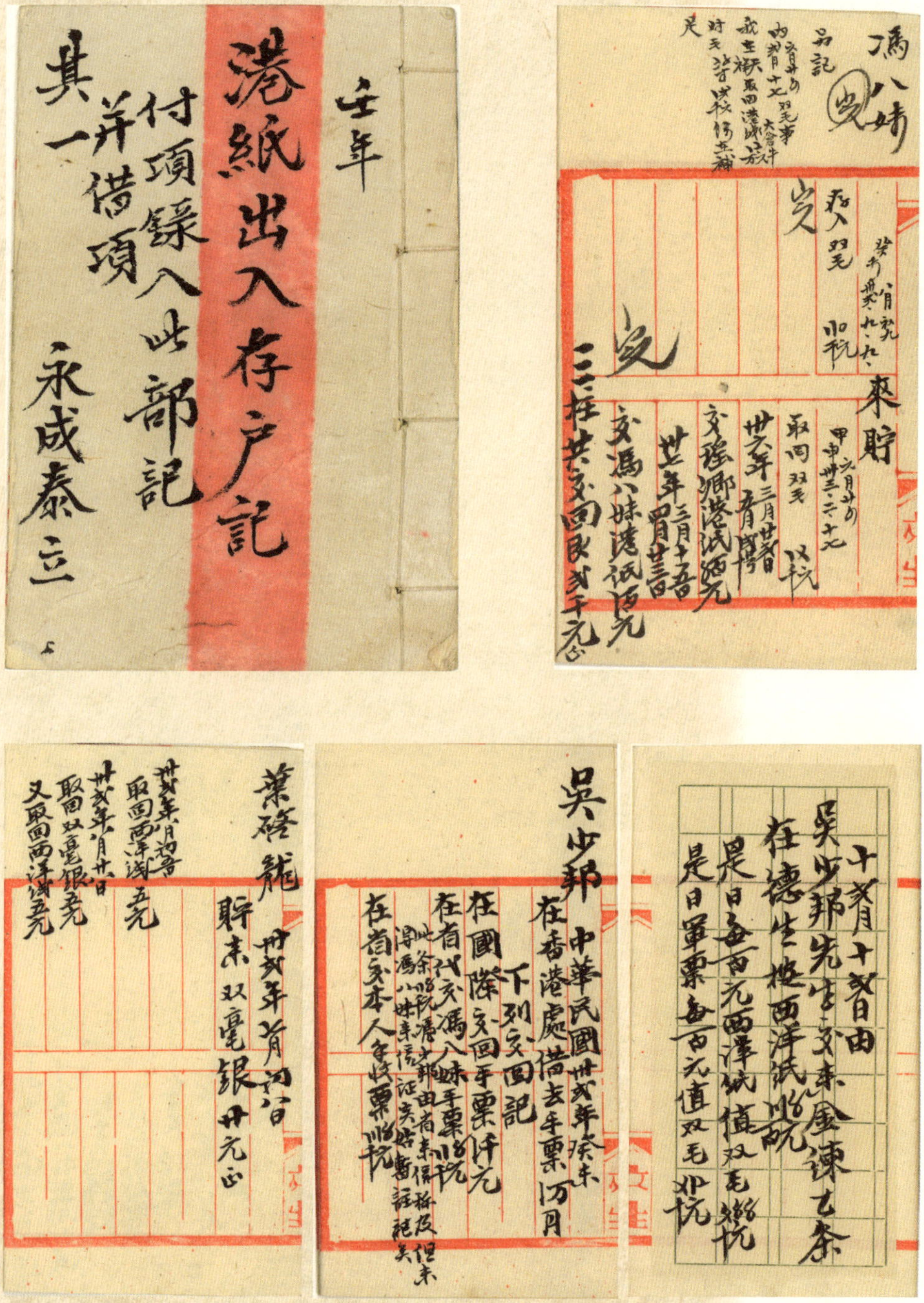

永成泰立港纸出入存户记（岑伟伦先生藏品）

5. 租约契约合同

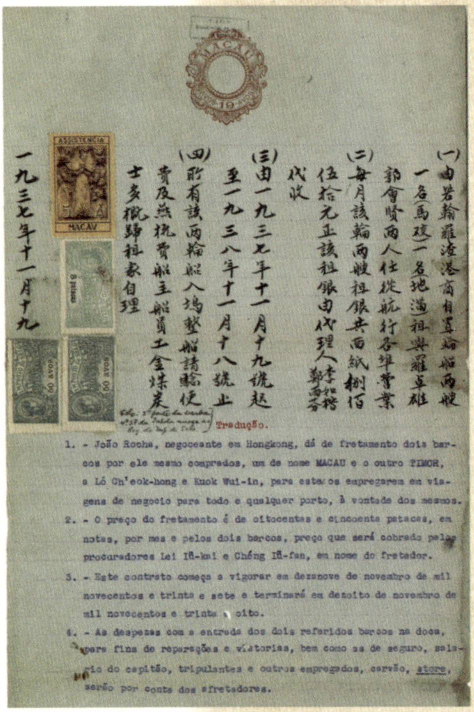
(一)由岩翰羅渣港商自置輪船兩艘一名(馬孩)一名(地滿)租與羅卓雄郭會賢兩人任從航行各埠營業
(二)每月該輪兩艘租銀共西紙捌佰伍拾元正該租銀由代理人(李如楷 鄭西芬)代收
(三)由一九三七年十一月十九號起至一九三八年十一月十八號止
(四)所有該兩輪船入塢整船請驗使費及燕梳費船主船員工金煤炭士多概歸租家自理
一九三七年十一月十九

Tradução.

1. - João Rocha, negoceante em Hongkong, dá de fretamento dois barcos por ele mesmo comprados, um de nome MACAU e o outro TIMOR, a Ló Ch'eok-hong e Kuok Wui-in, para estes os empregarem em viagens de negocio para todo e qualquer porto, à vontade dos mesmos.
2. - O preço do fretamento é de oitocentas e cincoenta patacas, em notas, por mes e pelos dois barcos, preço que será cobrado pelos procuradores Lei Iû-kai e Chéng Iû-fan, em nome do fretador.
3. - Este contrato começa a vigorar em dezanove de novembro de mil novecentos e trinta e sete e terminará em dezoito de novembro de mil novecentos e trinta e oito.
4. - As despezas com a entrada dos dois referidos barcos na doca, para fins de reparações e vistorias, bem como as de seguro, salario do capitão, tripulantes e outros empregados, carvão, store, serão por conta dos afretadores.

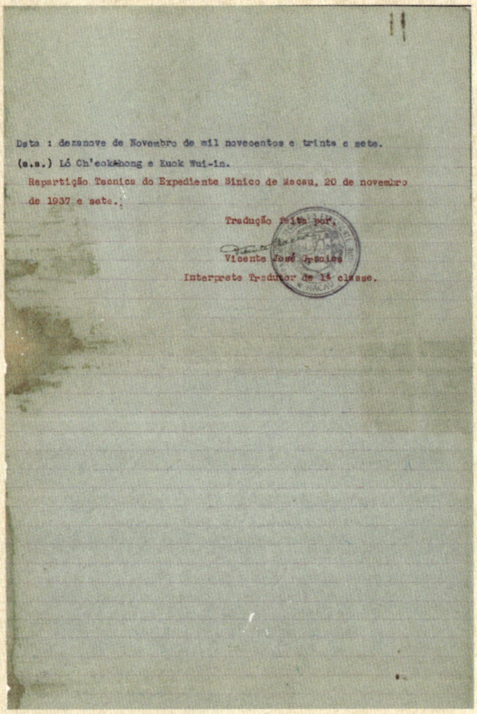
Data : dezanove de Novembro de mil novecentos e trinta e sete.
(a.a.) Ló Ch'eok-hong e Kuok Wui-in.
Repartição Tecnica do Expediente Sinico de Macau, 20 de novembro de 1937 e sete.
Tradução feita por,
Vicente José [illegible]
Interprete Tradutor de 1ª classe.

1937年11月19日，租船合约正背面（罗景新先生藏品）

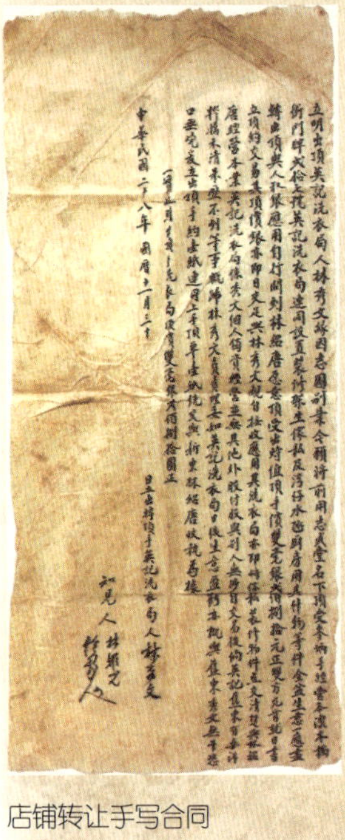

店铺转让手写合同

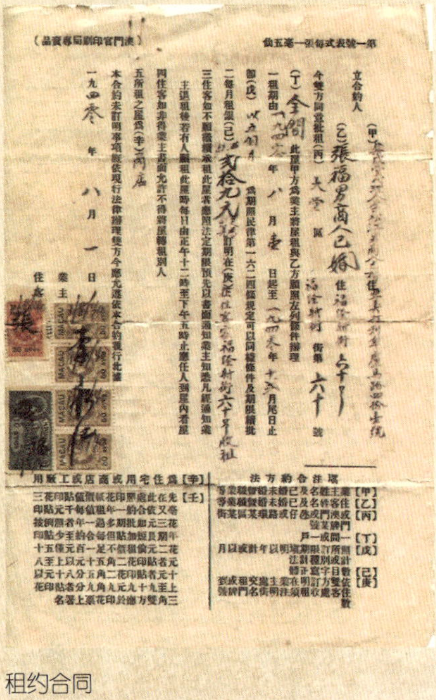
第一號表式每張一毫五仙
（澳門官印刷局專賣品）
立合約人 (甲)[illegible] (乙)張福男商(已婚) 住福隆新街 [illegible] 號
今雙方同意批租(丙)大堂 區 福隆新街 街第 六十 號
(丁)全間 此屋甲方為業主將屋租與乙方願照左列條件辦理
一租期由一九四叁年八月壹日起至一九四叁年十二月尾日止 為期照民律第一六二四條規定可以同樣條件及期限續批
二每月租銀(己)[illegible] 訂明在(庚)[illegible]收租
三住客如不願續承租此屋者應照法定期限預先以書面通知業主知悉凡經通知業主欲招租者有人睇租此屋時每日由正午十二時至下午五時止應任人到屋內看屋
四住客如非得業主書面允許不得將屋轉租別人
五所租之屋為(辛)[illegible]
本合約未訂明事項應依現行法律辦理雙方今願允遵依本合約履行批訖
一九四叁年八月一日
業主 住客
填寫合約方法
【辛】為住宅用或商店或工廠用

租约合同

风光摄影电业行租单

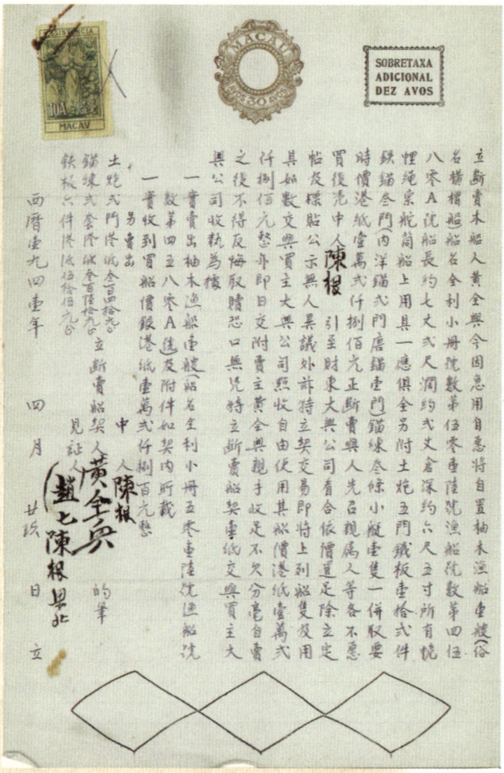

轮船买卖合约（一）

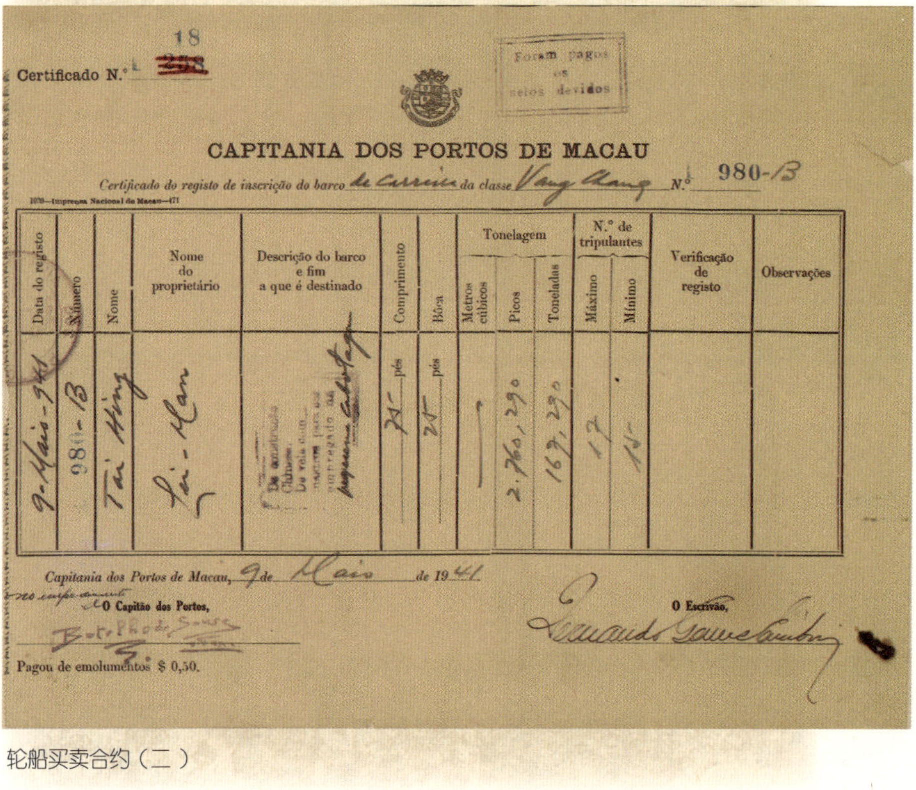

Certificado N.º 18

Foram pagos os selos devidos

CAPITANIA DOS PORTOS DE MACAU

Certificado do registo de inscrição do barco de Carreira *da classe* Vang Hang *N.º* 980-B

1070—Imprensa Nacional de Macau—471

Data do registo	Número	Nome	Nome do proprietário	Descrição do barco e fim a que é destinado	Comprimento	Bôca	Tonelagem: Metros cúbicos	Tonelagem: Picos	Tonelagem: Toneladas	N.º de tripulantes: Máximo	N.º de tripulantes: Mínimo	Verificação de registo	Observações
9-Maio-941	980-B	Tai Hing	Lai-Man	pequena cabotagem	75 pés	25 pés	—	2.760,290	169,290	12	10		

Capitania dos Portos de Macau, 9 *de* Maio *de 19*41

O Capitão dos Portos,

O Escrivão,

Pagou de emolumentos $ 0,50.

轮船买卖合约（二）

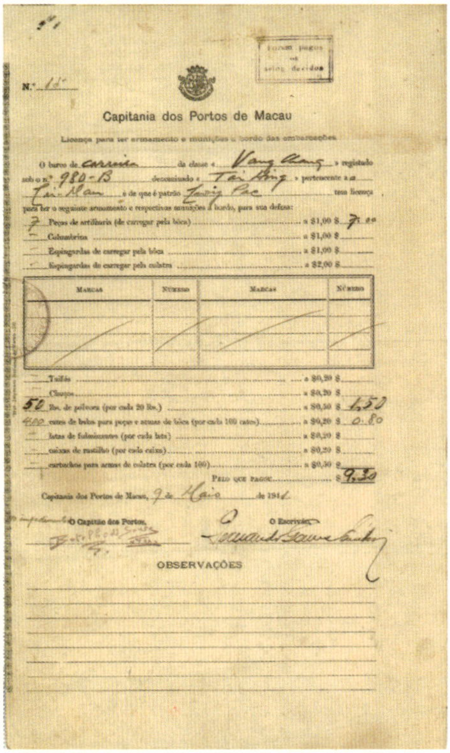

Foram pagos os selos devidos

N.º 15

Capitania dos Portos de Macau

Licença para ter armamento e munições a bordo das embarcações

O barco de carreira da classe « Vang Hang » registado sob o n.º 980-B denominado « Tai Hing » pertencente a Lei Man e de que é patrão Leong Pac tem licença para ter o seguinte armamento e respectivas munições a bordo, para sua defesa:

7 Peças de artilharia (de carregar pela bôca) a $1,00 $ 7,00
— Colubrina a $1,00 $
— Espingardas de carregar pela bôca a $1,00 $
— Espingardas de carregar pela culatra a $2,00 $

Marcas	Número	Marcas	Número

Taifão a $0,20 $
Chuços a $0,20 $
50 lbs. de pólvora (por cada 20 lbs.) a $0,50 $ 1,50
400 cates de balas para peças e armas de bôca (por cada 100 cates) a $0,20 $ 0,80
latas de fulminantes (por cada lata) a $0,20 $
caixas de rastilho (por cada caixa) a $0,20 $
cartuchos para armas de culatra (por cada 100) a $0,50 $

Pelo que pagou $ 9,30

Capitania dos Portos de Macau, 9 de Maio de 1941.

O Capitão dos Portos, O Escrivão,

OBSERVAÇÕES

轮船买卖合约（三）

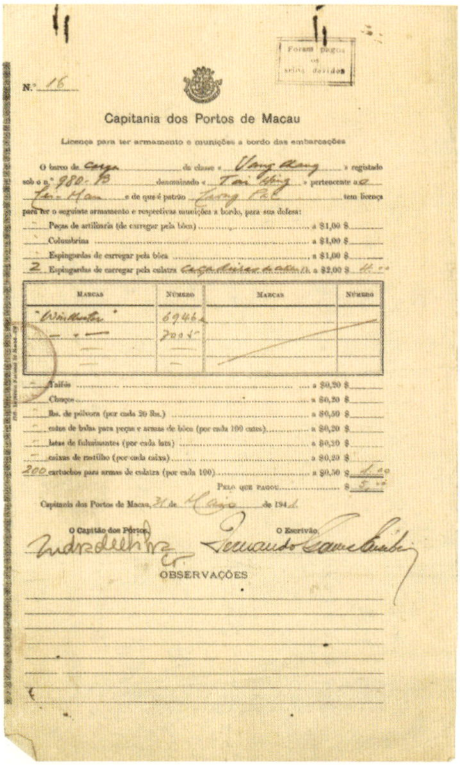

Foram pagos os selos devidos

N.º 16

Capitania dos Portos de Macau

Licença para ter armamento e munições a bordo das embarcações

O barco de carga da classe « Vang Hang » registado sob o n.º 980-B denominado « Tai Hing » pertencente a Lei Man e de que é patrão Leong Pac tem licença para ter o seguinte armamento e respectivas munições a bordo, para sua defesa:

— Peças de artilharia (de carregar pela bôca) a $1,00 $
— Colubrina a $1,00 $
— Espingardas de carregar pela bôca a $1,00 $
2 Espingardas de carregar pela culatra a $2,00 $ 4,00

Marcas	Número	Marcas	Número
"Winchester"	69462		
— " —	70050		

Taifão a $0,20 $
Chuços a $0,20 $
lbs. de pólvora (por cada 20 lbs.) a $0,50 $
cates de balas para peças e armas de bôca (por cada 100 cates) a $0,20 $
latas de fulminantes (por cada lata) a $0,20 $
caixas de rastilho (por cada caixa) a $0,20 $
200 cartuchos para armas de culatra (por cada 100) a $0,50 $ 1,00

Pelo que pagou $ 5,00

Capitania dos Portos de Macau, 31 de Maio de 1941.

O Capitão dos Portos, O Escrivão,

OBSERVAÇÕES

轮船买卖合约（四）

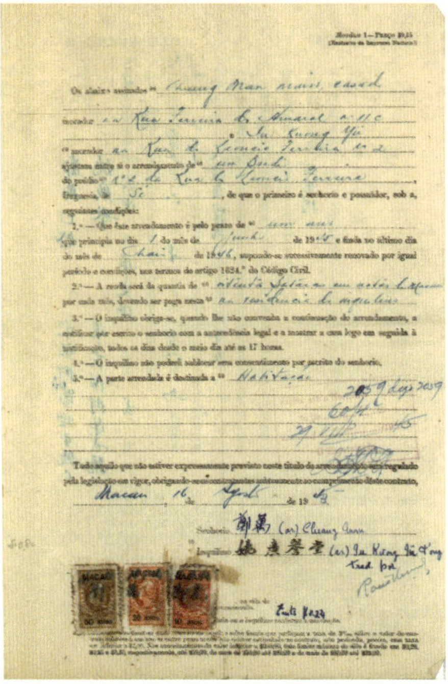

Modelo 1 — Preço $0,15

Os abaixo assinados Cheung Man maior, casado morador na Rua Ferreira do Amaral n.º 11 C e Iu Kuong Yu morador na Rua do Leoncio Ferreira ... ajustam entre si o arrendamento do ... do prédio n.º ... da Rua do Leoncio Ferreira, freguesia de Sé, de que o primeiro é senhorio e possuidor, sob as seguintes condições:

1.º — Que êste arrendamento é pelo prazo de um ano que principia no dia 1 do mês de Junho de 1946 e finda no último dia do mês de ... de 1946, supondo-se sucessivamente renovado por igual período e condições, nos termos do artigo 1624.º do Código Civil.

2.º — A renda será da quantia de ... por cada mês, devendo ser paga nesta ... na residência do inquilino.

3.º — O inquilino obriga-se, quando lhe não convenha a continuação do arrendamento, a notificar por escrito o senhorio com a antecedência legal e a mostrar a casa logo em seguida à notificação, todos os dias desde o meio dia até às 17 horas.

4.º — O inquilino não poderá sublocar sem consentimento por escrito do senhorio.

5.º — A parte arrendada é destinada a Habitação.

Tudo aquilo que não estiver expressamente previsto neste título de arrendamento é regulado pela legislação em vigor, obrigando-se os contratantes ao cumprimento dêste contrato.

Macau, 16 de Junho de 1946

Senhorio 鄭萬 (a) Cheung Man

Inquilino 姚廣譽堂 (a) Iu Kuong Yu Tong

轮船买卖合约（五）

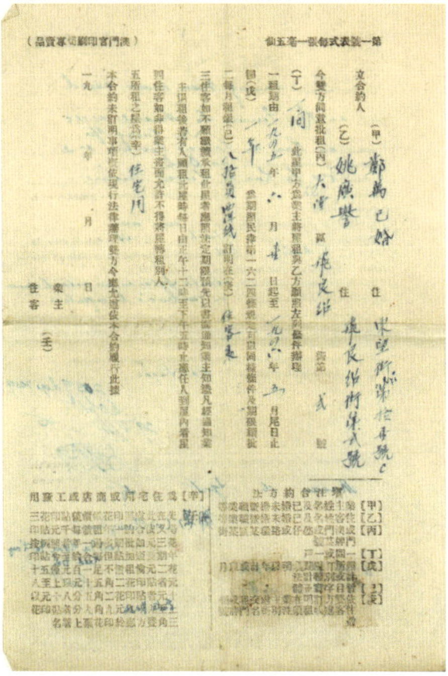

第一號表式每張一毫五仙 （澳門官印刷所專賣品）

立合約人（甲）鄭萬已婚 住 ……

（乙）姚廣譽 住 ……

今雙方同意批租（丙）……

（丁）一間 此屋甲方……

一租期由一九四六年六月廿日起至一九四七年五月尾日止

二每月租銀（己）……

三……

五……

一九　年　月　日

業主

住客

轮船买卖合约（六）（以上均为姚鸿光先生藏品）

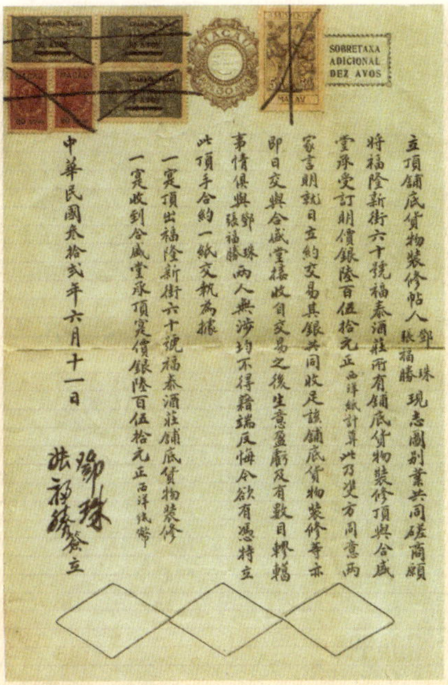

立頂鋪底貨物裝修帖人鄭 珠 張福勝 現志願別業共同磋商願將福隆新街六十號福泰酒莊所有鋪底貨物裝修頂與合盛堂承受訂明價銀陸百伍拾元正西洋紙計算此乃雙方同意兩家言明就日立約交易其銀共同收足該鋪底貨物裝修等亦即日交與合盛堂接收自交易之後生意盈虧及有欵目轇轕事情俱與鄭 珠 張福勝兩人無涉均不得藉端反悔今欲有憑特立此頂手合約一紙交執為據

一實頂出福隆新街六十號福泰酒莊鋪底貨物裝修

一實收到合盛堂承頂實價銀陸百伍拾元正西洋紙幣

中華民國叁拾弍年六月十一日

鄭 珠 張福勝 簽立

1943年，店铺合同

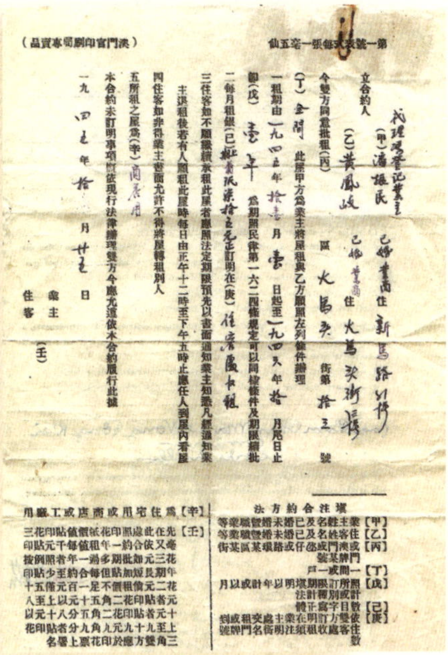

房屋租约

6．单据

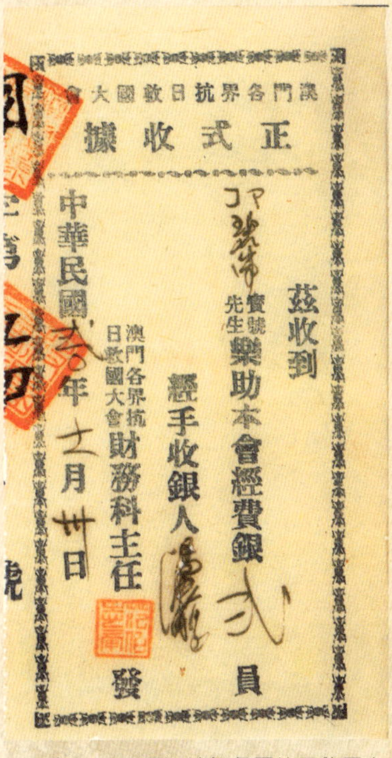

澳門各界抗日救國大會

正式收據

茲收到

實號先生樂助本會經費銀 弍 員

經手收銀人

澳門各界抗日救國大會財務科主任

中華民國廿年十一月卅日

發

1931年11月30日，澳门各界抗日救国大会正式收据（尹德卫先生藏品）

澳門 收條

鏡湖醫院

茲收到

區壽山 實號先生 經理冊捐銀壹拾元正

經手收銀司事人

壬申年弍月十一日

發

HOSPITAL KIANG WU MACAU

1932年2月11日，区寿山先生册捐镜湖医院壹拾元正（岑伟伦先生藏品）

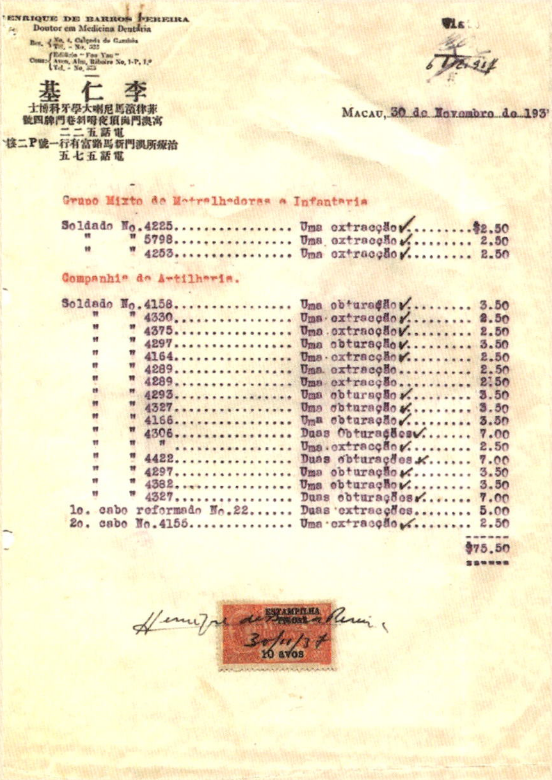

ENRIQUE DE BARROS PEREIRA
Doutor em Medicina Dentária

李仁基
菲律濱馬尼喇大學牙科博士
寓澳門崗頂夜呣斜巷門牌四號
電話五二二
治療所澳門新馬路富有行一號P二樓
電話五七五

MACAU, 30 de Novembro de 193

Grupo Mixto de Metralhadoras e Infantaria

Soldado No.4225................. Uma extracção.........$2.50
" " 5798................. Uma extracção......... 2.50
" " 4253................. Uma extracção......... 2.50

Companhia de Artilharia.

Soldado No.4158................. Uma obturação......... 3.50
" " 4330................. Uma extracção......... 2.50
" " 4375................. Uma extracção......... 2.50
" " 4297................. Uma obturação......... 3.50
" " 4164................. Uma extracção......... 2.50
" " 4289................. Uma extracção......... 2.50
" " 4289................. Uma extracção......... 2.50
" " 4293................. Uma obturação......... 3.50
" " 4327................. Uma obturação......... 3.50
" " 4166................. Uma obturação......... 3.50
" " 4306................. Duas Obturações....... 7.00
" " " .... Uma extracção......... 2.50
" " 4422................. Duas obturações....... 7.00
" " 4297................. Uma obturação......... 3.50
" " 4382................. Uma obturação......... 3.50
" " 4327................. Duas obturações....... 7.00
1o. cabo reformado No.22...... Duas extracções........ 5.00
2o. cabo No.4155................ Uma extracção......... 2.50

$75.50

ESTAMPILHA
10 avos
30/11/37

1937年，李仁基牙医单据

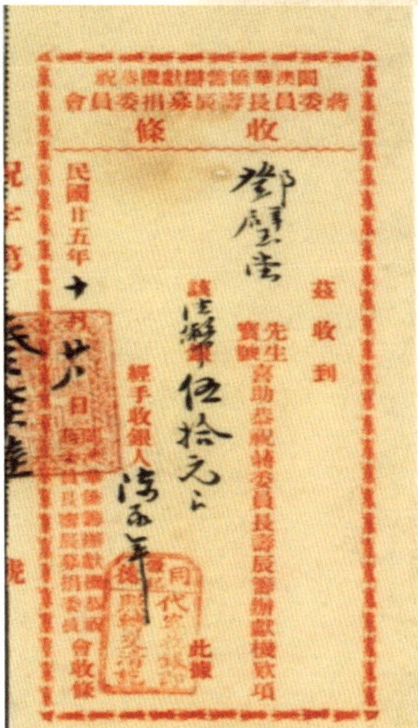

閤澳华侨筹办献机恭祝蒋委员长寿辰募捐收据（尹德卫先生藏品）

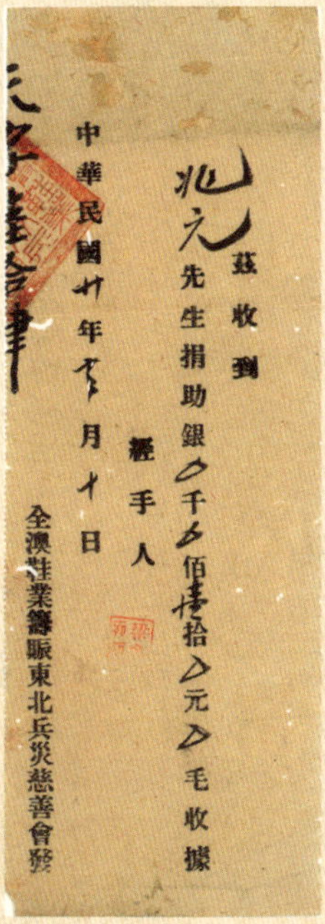

1931年10月10日，全澳鞋业筹赈东北兵灾慈善会收据（兆元捐）（尹德卫先生藏品）

1939年，泰兴公司捐送同善堂壹仟元收据

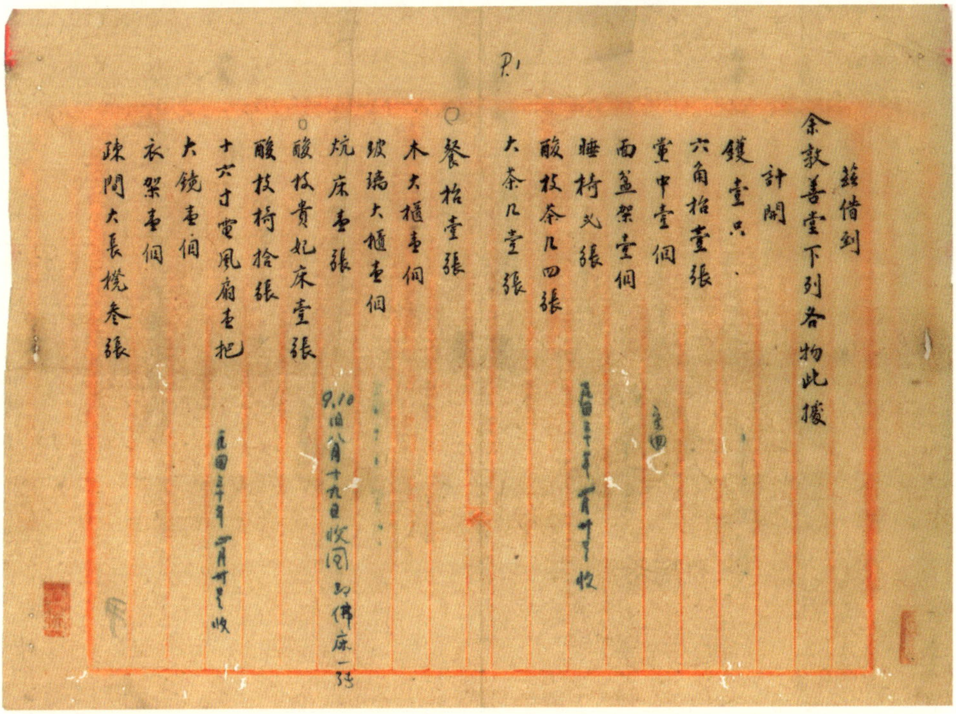
兹借到
余敦善堂下列各物此據
計開
鏤壹只
六角枱壹張
堂中壹個
面盆架壹個
睡椅弍張
酸枝茶几四張
大茶几壹張
餐枱壹張
木大櫃壹個
玻璃大櫃壹個
炕床壹張
酸枝貴妃床壹張
酸枝椅拾張
十六寸電風扇壹把
大鏡壹個
衣架壹個
疎門大長櫈叁張

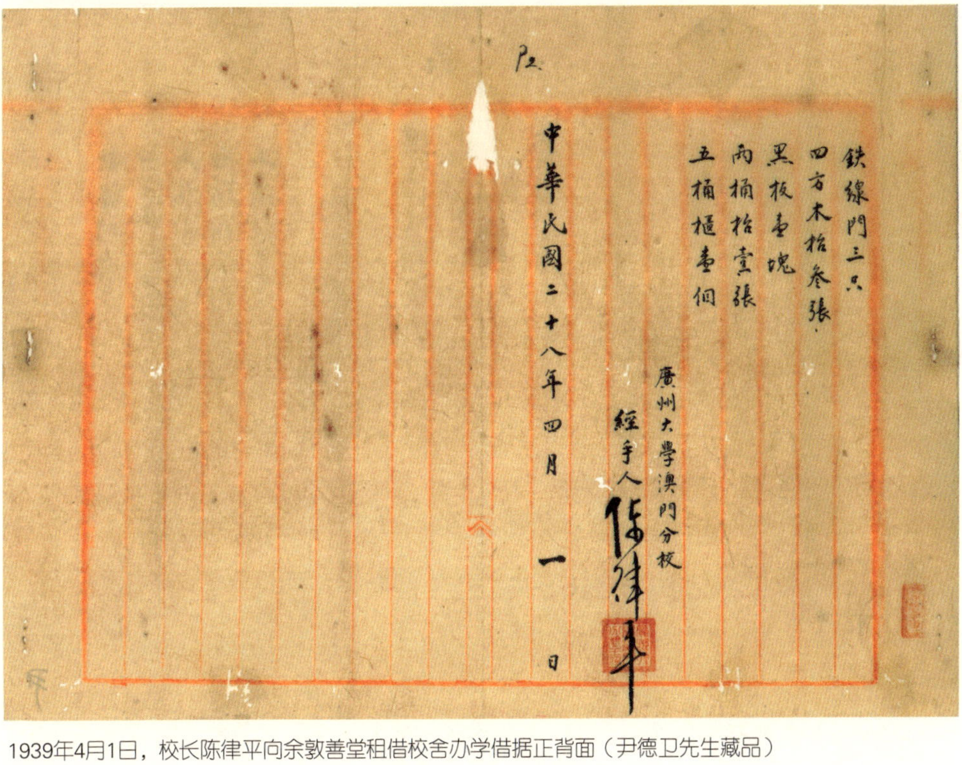
鉄線門三只
四方木枱叁張
黑板壹塊
兩桶枱壹張
五桶櫃壹個
廣州大學澳門分校
經手人 陈律平
中華民國二十八年四月一日

1939年4月1日，校长陈律平向余敦善堂租借校舍办学借据正背面（尹德卫先生藏品）

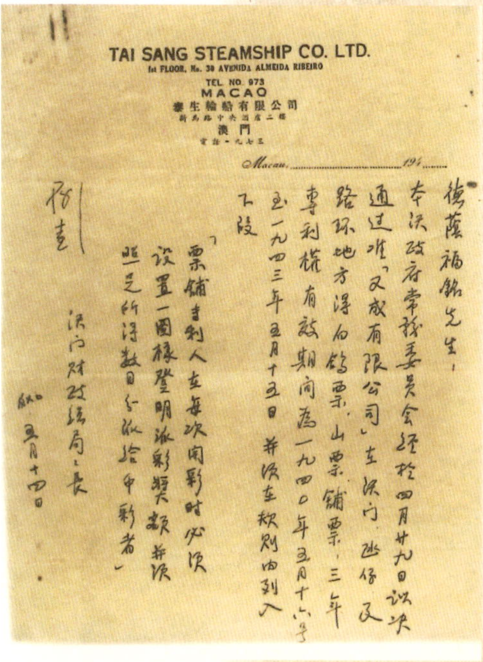

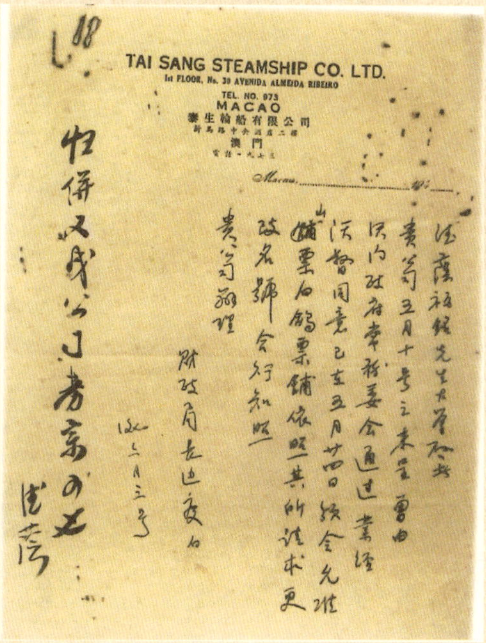

1940年泰生轮船公司单据

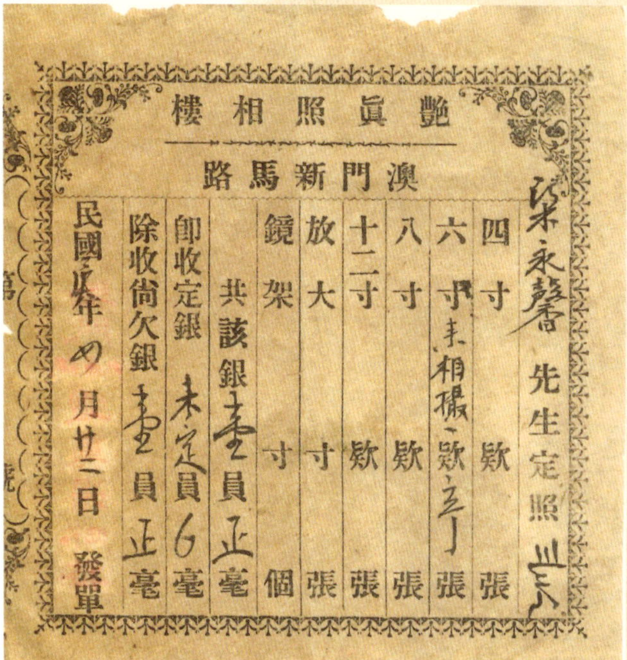

澳门新马路艳真照相楼付梁永馨单据

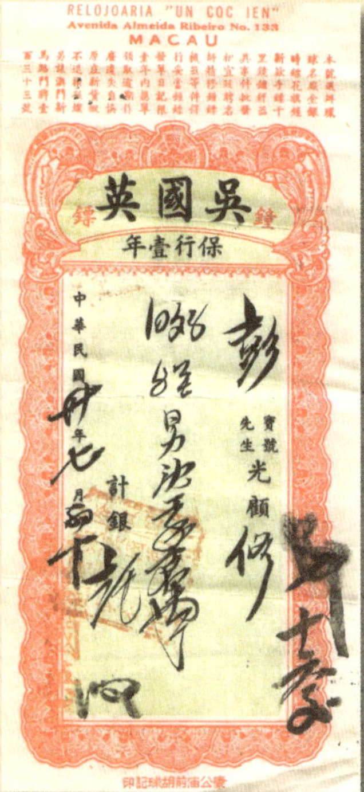

1941年吴国英钟表单据

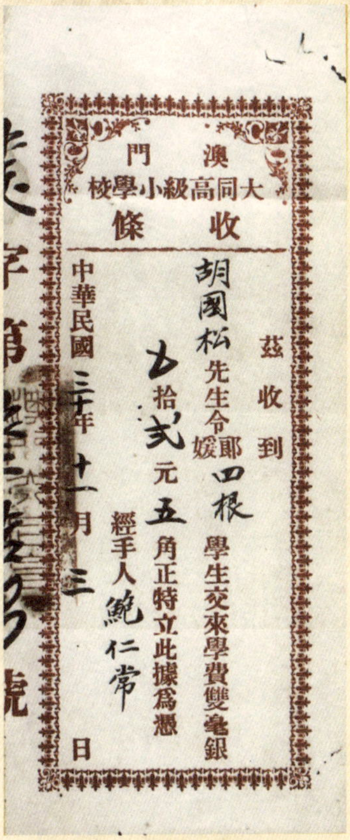
澳門大同高級小學校
收條
茲收到
胡國松先生令郞(媛)四根學生交來學費雙毫銀
六拾弍元五角正特立此據爲憑
經手人 鮑仁常
中華民國三十年十一月三日

1941年11月3日，澳门大同高级小学学费收据

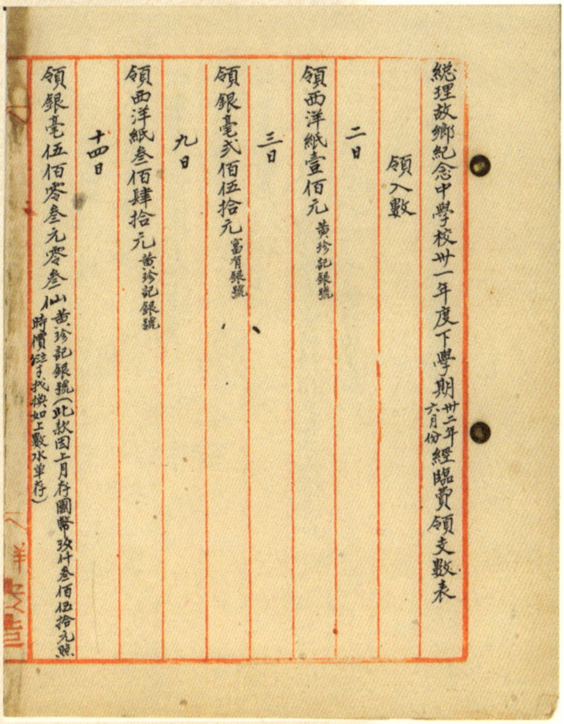
總理故鄉紀念中學校卅一年度下學期卅二年六月份經臨費領支數表
領入數
二日 領西洋紙壹佰元 黃珍記銀號
三日 領銀毫弍佰伍拾元 富有銀號
九日 領西洋紙叁佰肆拾元 黃珍記銀號
十四日 領銀毫伍佰零叁元零叁仙 黃珍記銀號（此款因上月存國幣玖仟叁佰伍拾元照時價[illegible]找換如上數[illegible]）

总理故乡纪念中学1942年度下学期1943年6月经临费领支数表（麦林先生藏品）

7. 广告

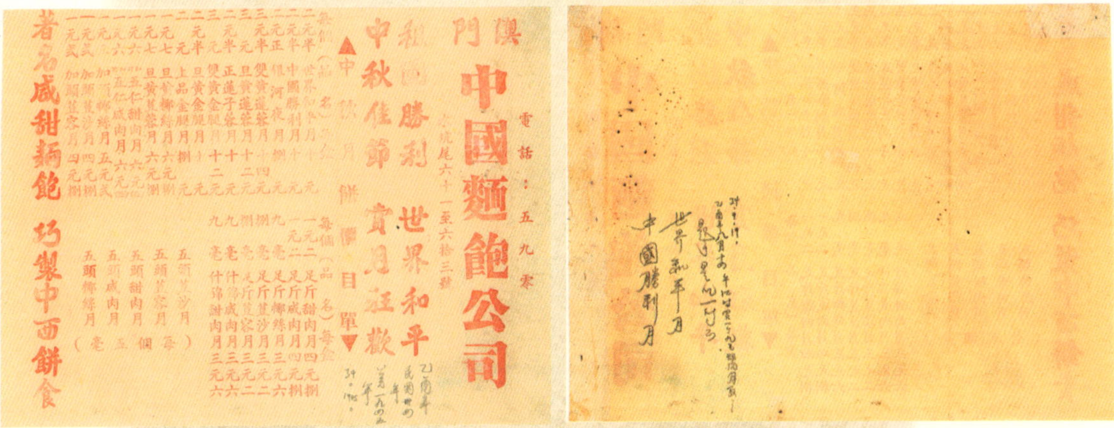

1945年，澳门中国面包公司广告（姚鸿光先生藏品）

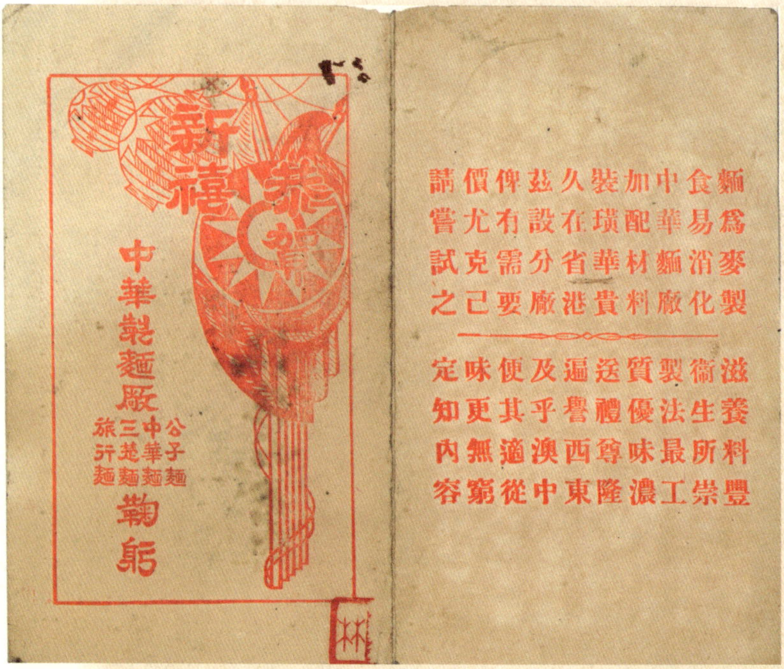

澳门中华制面厂广告（麦林先生藏品）

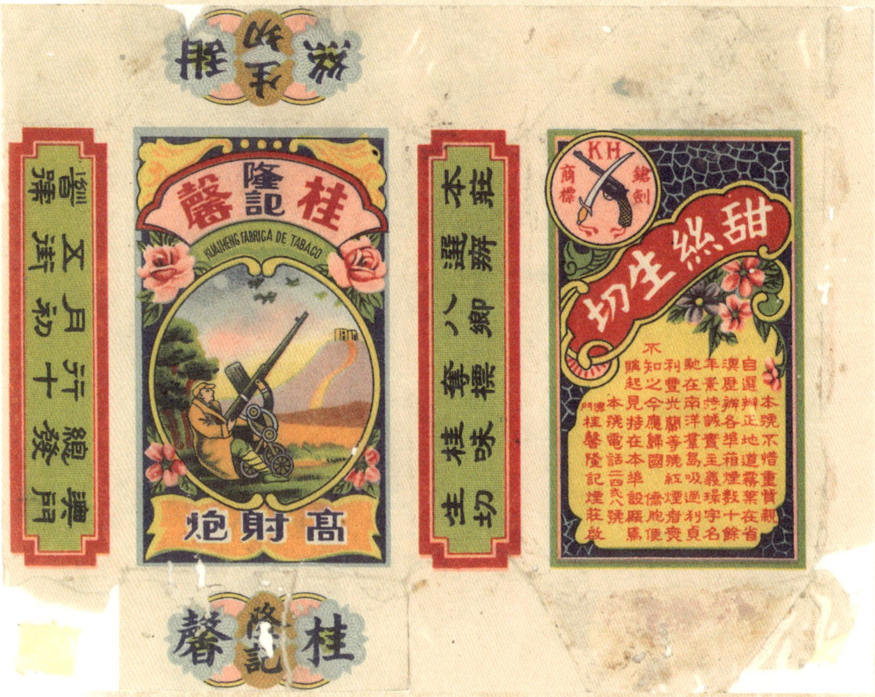

澳门桂馨隆记甜丝生切烟行广告（谭志伟先生藏品）

劃時代的・抗戰史料

三大巨

印緬遠征畫

何鐵華・孫克剛編著

內容

以圖片紀序戰事過程

緬甸蕩寇志

著者：孫克剛

何鐵華攝作

中國抗戰彩色影集

★每個參加抗戰者的讀物・必備的紀念册★

关于中国抗战彩色影集出版的消息

8. 礼券

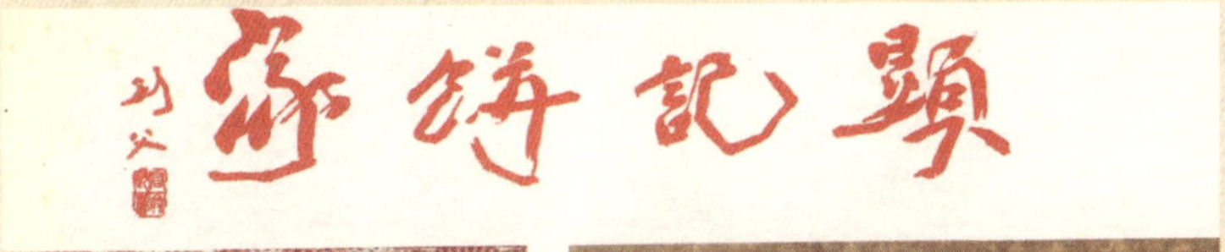

1940年显记饼家礼券，“显记饼家”四字为著名画家高剑父题

9. 请柬

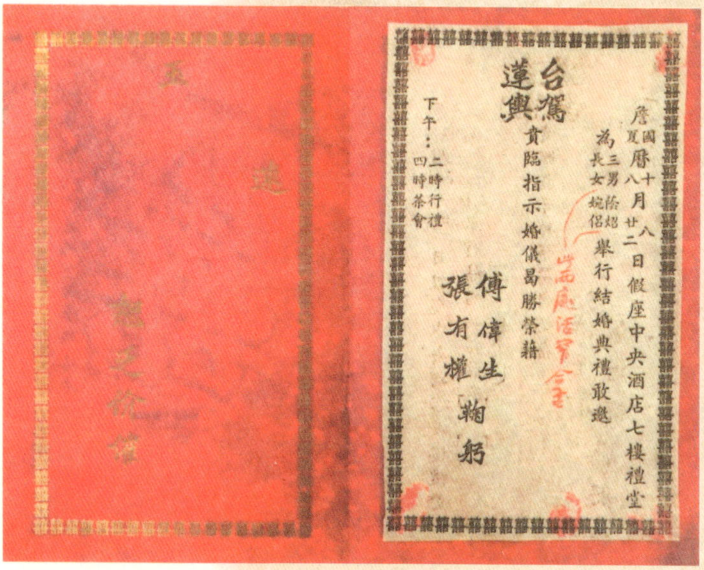

詹國曆十月八日 夏曆八月廿二日假座中央酒店七樓禮堂
為三男蔭炤 長女婉侶舉行結婚典禮敬邀
台駕
蓮輿
賁臨指示婚儀曷勝榮藉
傅偉生
張有權 鞠躬
下午：二時行禮 四時茶會

1944年傅德荫第三子结婚请柬

（二）历史照片

1932年4月3日，阖澳华侨筹赈兵灾会委员职员合影（姚鸿光先生藏品）

1947年8月29日，南海县西樵山抗日阵亡将士暨死难同胞纪念碑揭幕典礼醒狮致祭留影（姚鸿光先生藏品）

1937年9月10日，澳门各界代表欢迎周委员长启刚莅澳视察侨务大会合影（岑伟伦先生藏品）

1935年镜湖医院护士学校毕业同学会成立留影（姚鸿光先生藏品）

1943年7月8日，镜湖小学校第三十四届初小毕业纪念留影（姚鸿光先生藏品）

1943年8月21日，镜湖医院护士学校第十届学生毕业典礼留影（尹德卫先生藏品）

1944年8月，镜湖医院护士学校第十一届学生毕业典礼留影（尹德卫先生藏品）

1945年5月20日，镜湖医院外科手术室开幕典礼留影（尹德卫先生藏品）

1945年9月1日，镜湖医院护士学校毕业同学会成立留影（尹德卫先生藏品）

镜湖护士学校第十三届戴帽典礼留影（姚鸿光先生藏品）

（三）信函家书

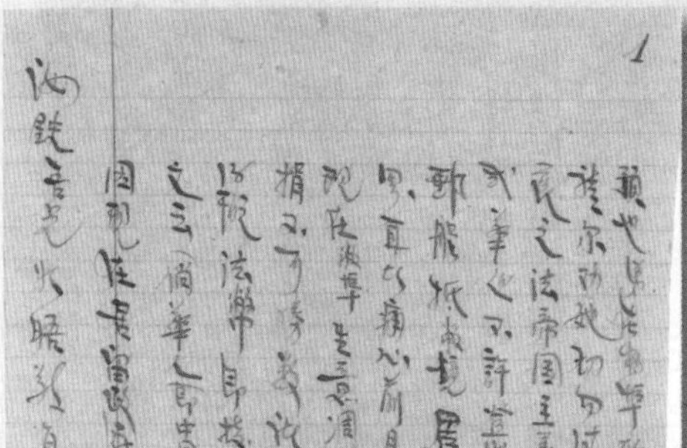

1934年2月21日，家书（一）

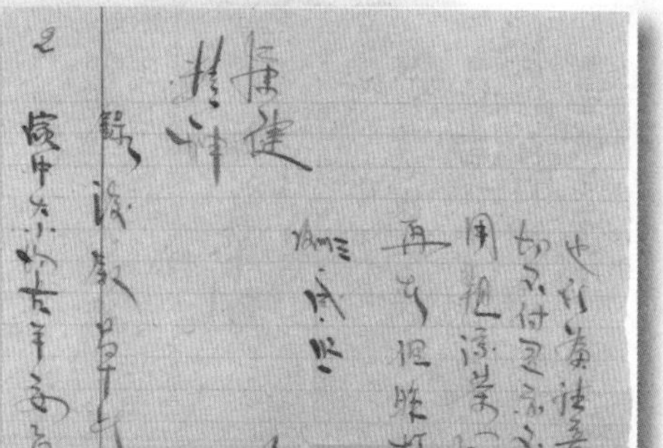

家书（二）

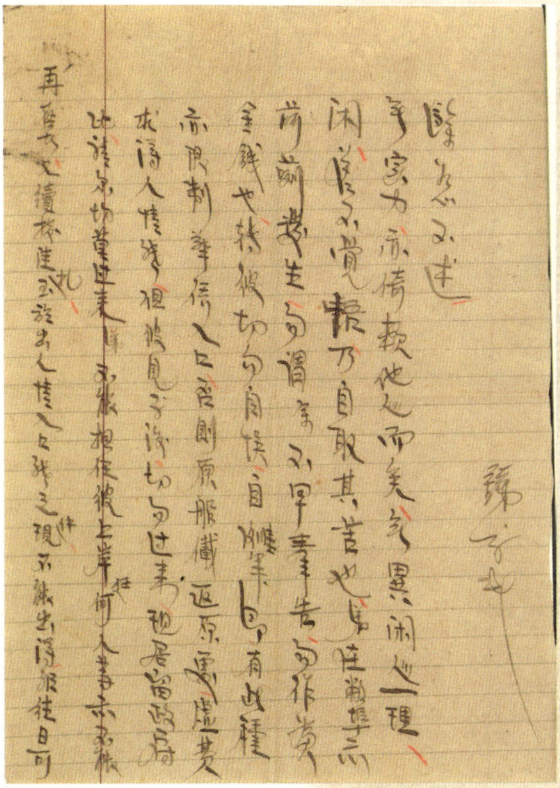

家书（三）

家书信封正面

家书信封背面，盖有“抗日救亡　奋斗到底”之印
（姚鸿光先生藏品）

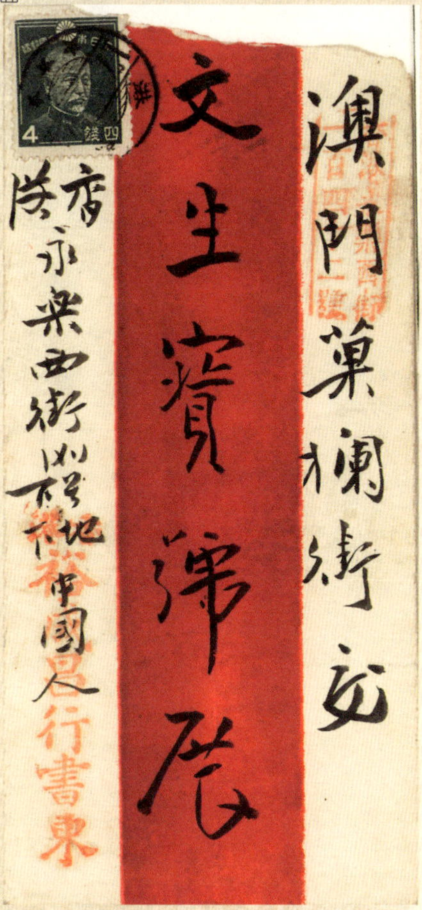

香港沦陷后寄澳门信件贴日本邮票之信封正面

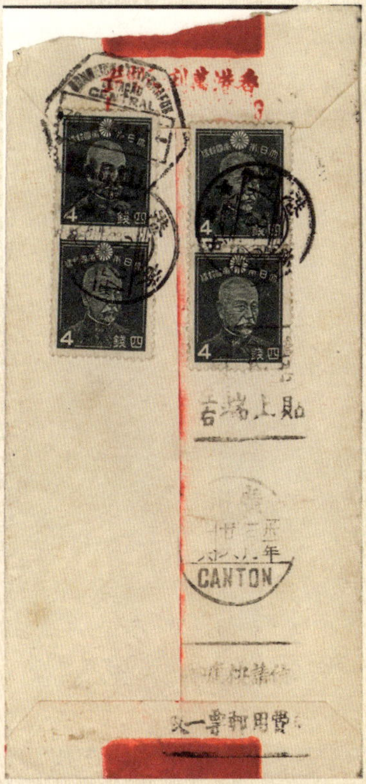

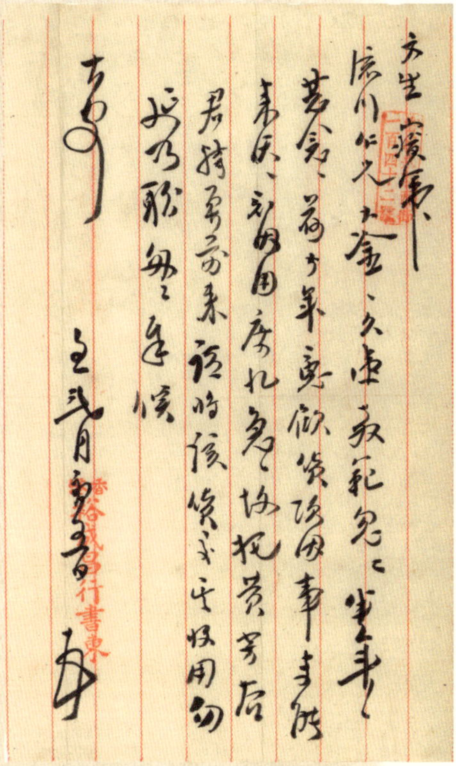

香港沦陷后寄澳门信件贴日本邮票之信封背面　香港沦陷后寄澳门信件（尹德卫先生藏品）

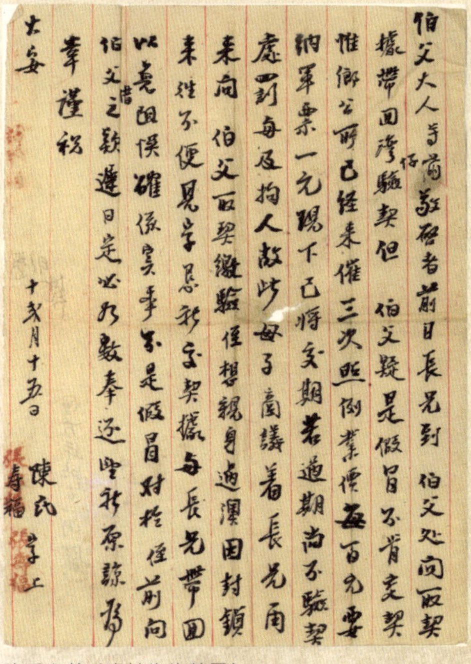

陈氏家书（麦林先生藏品）

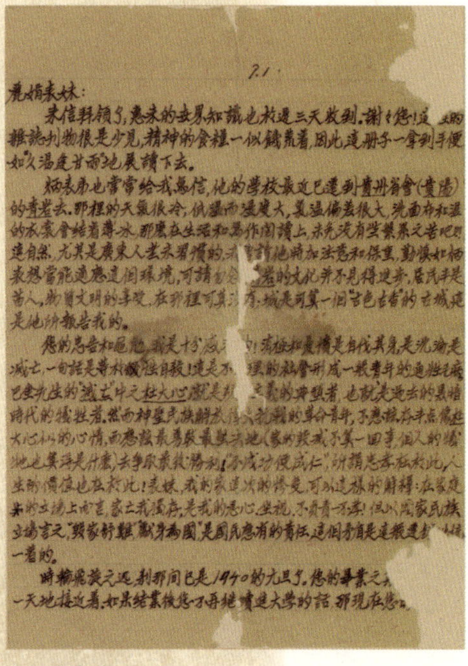

贵州省信件（一）

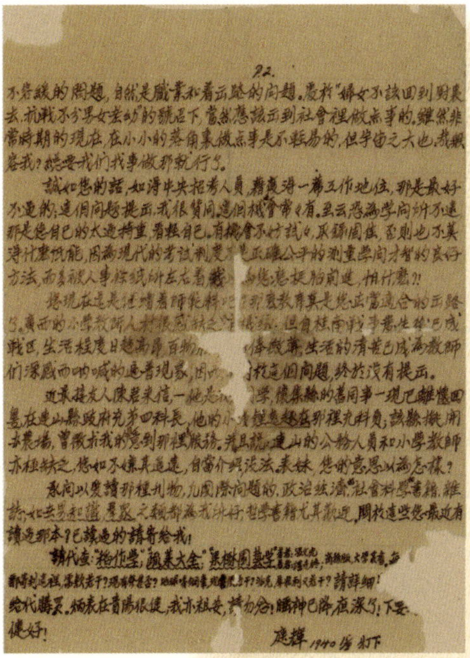

22.

不為錢的問題，自然是職業和着出路的問題。處於"婦女不該回到厨裏去，抗戰不分男女老幼"的號召下，當然應該出到社會裡做点事的。雖然非常時期的現在，在小小的落角裏做点事是不容易的，但宇宙之大也，豈無容我？總要我们找事做那就行了。

誠如您的話，如得中央招考人員，藉亮得一席工作地位，那是最好不過的；這個問題提出，我很贊同。這個機會常々有。至云恐為学問所不逮那是您自己的太過持重，看輕自己。有機會不妨試々，展錄個性，否則也不算得什麽低能，因為現代的考試制度[illegible]正確公平的測量學問才智的良好方法，而是被人事综緩所左右着[illegible]您應提防前進，怕什麽?!

您現在速是往哨着能[illegible]衷教育真是您应當適合的出路[illegible]。廣西的小學教師人[illegible]之[illegible]。但自桂南戰事發生後已成戰区，生活程度日趨高昂，百物[illegible]俸微薄，生活的清苦已成為教師們深感而呐喊的遍普現象，[illegible]對於這個問題，終於沒有提出。

近來接友人陳君来信，一[illegible]學，陳桑榆的舊同事——現已離懷回鄉在連山縣政府充第四科長，他的[illegible]在那裡充科員；該縣撤開墾農場，曾徵求我的意到那裡服務。并且說：連山的公務人員和小學教師亦極缺之，您如不嫌其遥遠，自當介紹設法。表妹，您的意思以為怎樣？

我向以愛讀那種刊物，凡國際問題的，政治經濟，社會科學書籍，雜誌；如安易和鐵、曼殊之類都為我所好；哲學書籍尤其歡迎。關於這些您最近有讀過那本？已讀過的請寄給我！

請代查："稅作學"、"韻集大全"、"果樹園藝學"[illegible]；[illegible]大学叢書。在那[illegible]？請詳细！

代[illegible]。媽表在貴陽很健，我亦粗安，[illegible]！睡神已降，夜深了！下要。

健好！

庭輝 1940 [illegible] 灯下

贵州省信件（二）

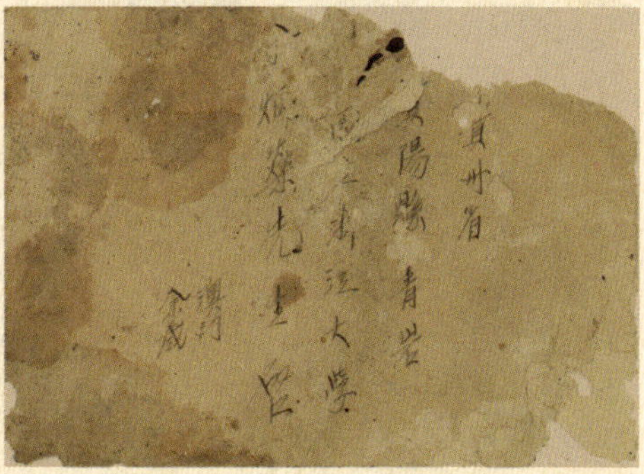

贵州省信件之信封（麦林先生藏品）

（四）各种证件徽章

1. 良民证

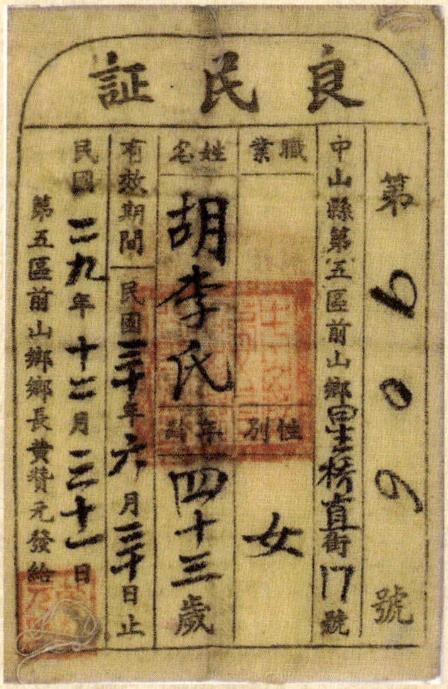

良民証

第 6009 號

中山縣第五區前山鄉星桥直街 17 號

職業	姓名	性別	年齡	有效期間
	胡李氏	女	四十三歲	民國三十年六月三十日止

民國二九年十二月二十一日

第五區前山鄉鄉長黄贊元發給

（罗景新先生藏品）

2．任用书

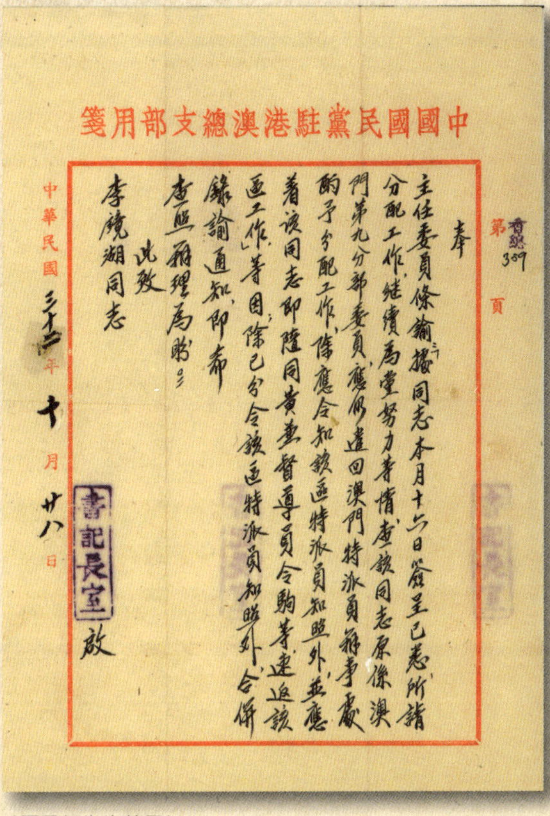

中國國民黨駐港澳總支部用箋

第 青總309 頁

奉
主任委員條諭據同志本月十六日簽呈已悉所請分配工作，繼續為黨努力等情，查該同志原係澳門第九分部委員，應仍遣回澳門特派員辦事處酌予分配工作，除應令知該區特派員知照外，並應着該同志即隨同黃畫督導員令駒等速返該區工作等因，除已分令該區特派員知照外，合併錄諭通知，即希查照辦理為盼。
此致
李鏡湖同志
書記長室 啟

中華民國三十二年十月廿八日

（罗景新先生藏品）

3．证明书

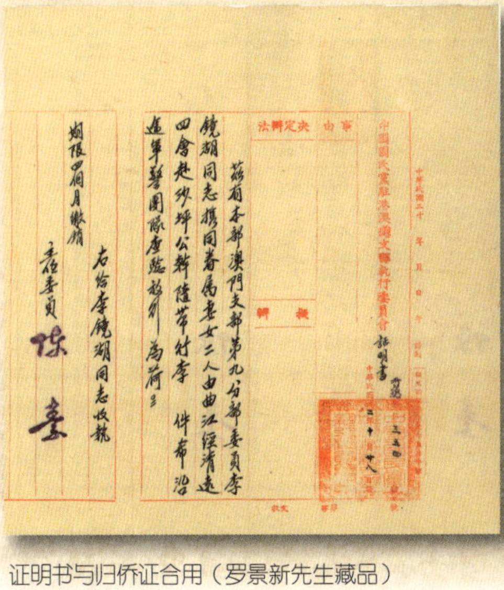

中國國民黨駐港澳總支部執行委員會 證明書

茲有本部澳門支部第九分部委員李鏡湖同志攜同眷屬妻女二人由曲江經清遠四會赴沙坪公幹，隨帶行李 件，希沿途軍警團隊查驗放行為荷。

右給李鏡湖同志收執

期限四個月繳銷

主任委員 陳素

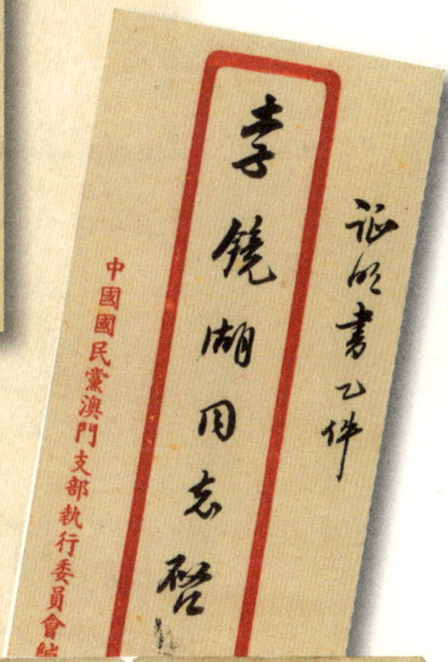

李鏡湖同志啓

證明書乙件

中國國民黨澳門支部執行委員會緘

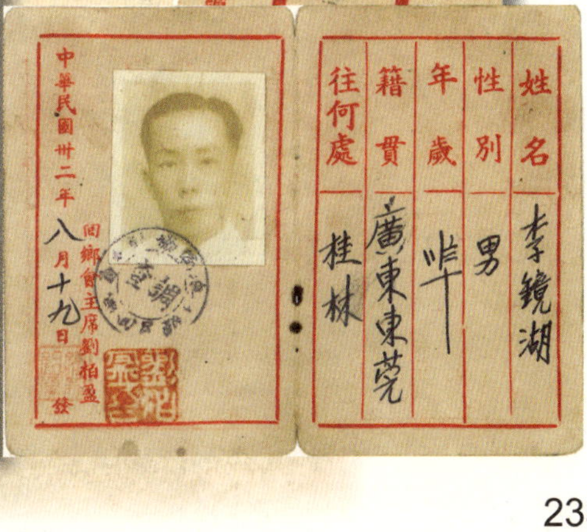

姓名	李鏡湖
性別	男
年歲	卅
籍貫	廣東東莞
往何處	桂林

中華民國卅二年八月十九日 回鄉會主席劉柏盈 發

证明书与归侨证合用（罗景新先生藏品）

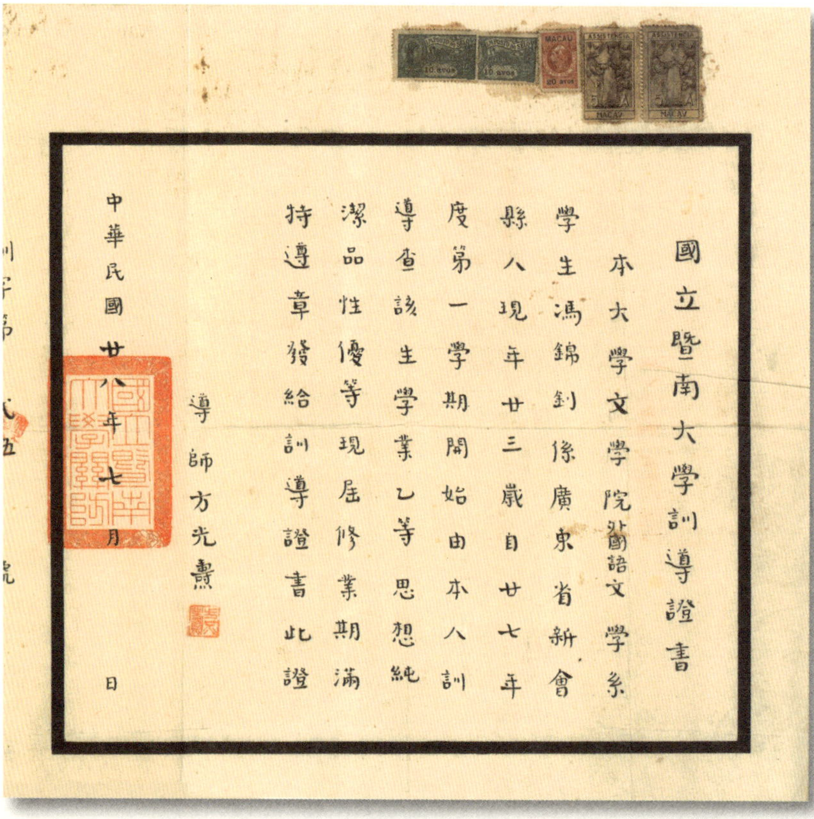

國立暨南大學訓導證書

本大學文學院外國語文學系學生馮錦釗係廣東省新會縣人現年廿三歲自廿七年度第一學期開始由本人訓導查該生學業乙等思想純潔品性優等現屆修業期滿持遵章發給訓導證書此證

導師方先覺

中華民國廿八年七月　日

1939年7月，国立暨南大学训导证书（姚鸿光先生藏品）

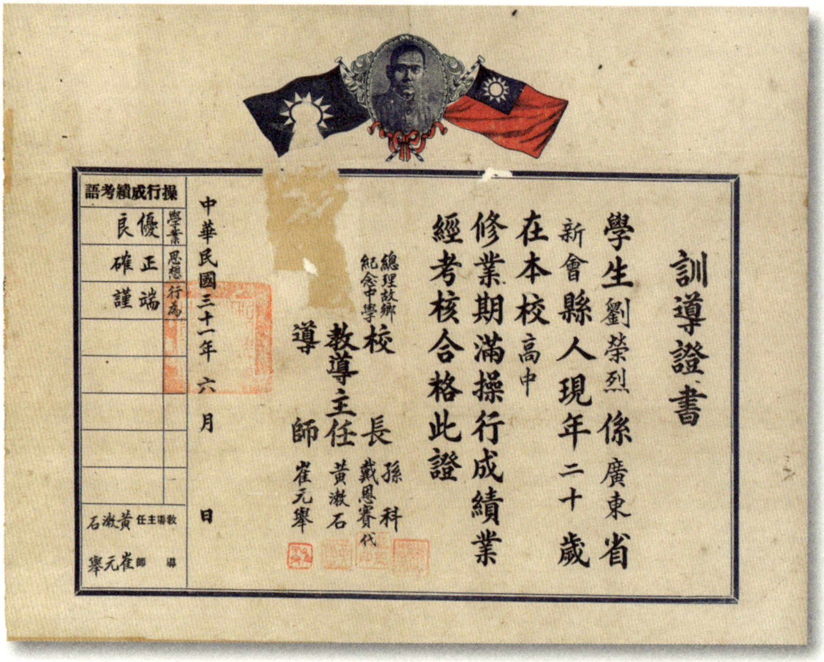

訓導證書

學生劉榮烈係廣東省新會縣人現年二十歲在本校高中修業期滿操行成績業經考核合格此證

總理故鄉紀念中學校長　孫科　戴恩賽代

教導主任　黃漱石

導師　崔元舉

中華民國三十一年六月　日

操行成績考語	
學業	優良
思想	正確
行為	端謹
教導主任	黃漱石
導師	崔元舉

1942年6月，总理故乡纪念中学训导证书（麦林先生藏品）

執信學校畢業證明書
學生龍瑞瑛現年一七歲廣東省順德縣人於
廿七年九月入本校初級中學一年級至本年六月修
業期滿畢業考試及格應准畢業因畢業證書一時未能呈繳
發給[illegible]
證明
校長金曾澄
中華民國三十年六月三十日

1946年6月执信学校毕业证明书

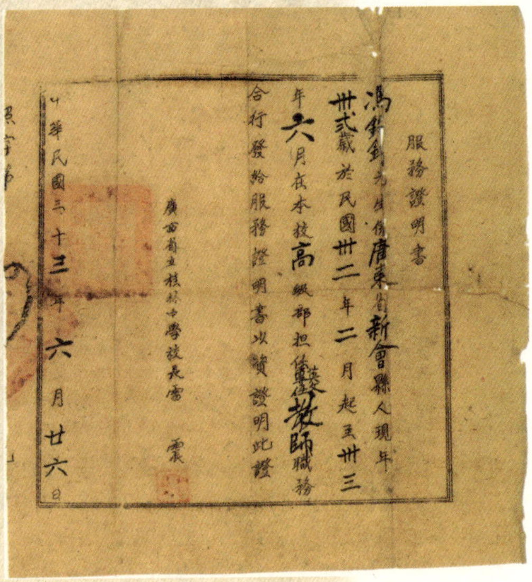
服務證明書
馮錫鈞先生係廣東省新會縣人現年
卅弍歲於民國卅二年二月起至卅三
年六月在本校高級部担任英文教師職務
合行發給服務證明書以資證明此證
廣西省立桂林中學校長雷震
中華民國三十三年六月廿六日

服务证明书（姚鸿光先生藏品）

4. 上课证

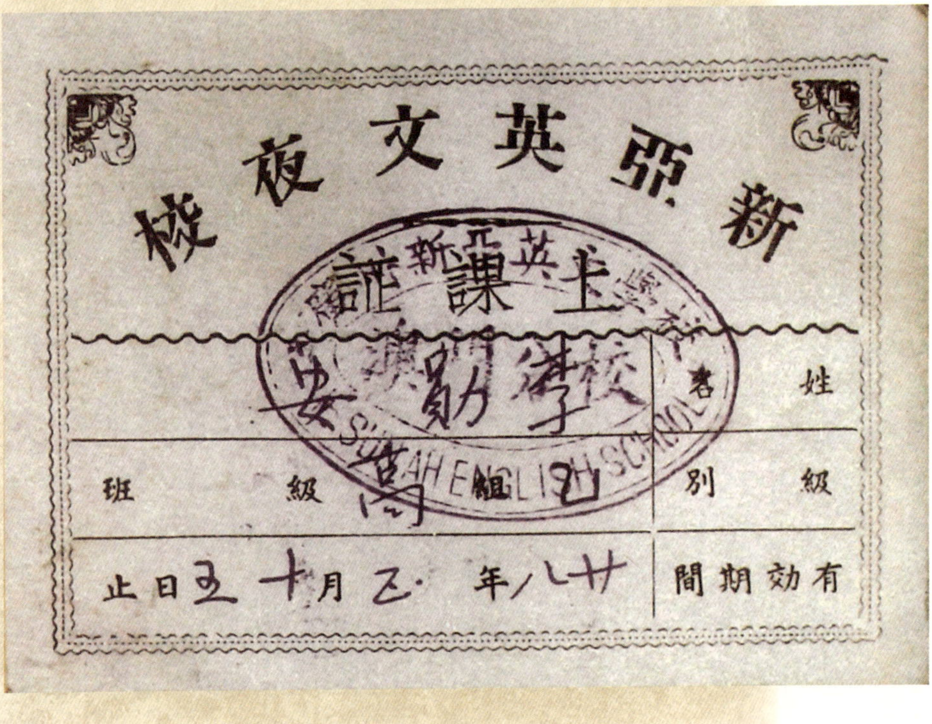
新亞英文夜校
上課證
新亞英文學校
SUN AH ENGLISH SCHOOL

姓名		
級別		班級
有效期間	廿八年 乙 月 十五日止	

5. 聘书

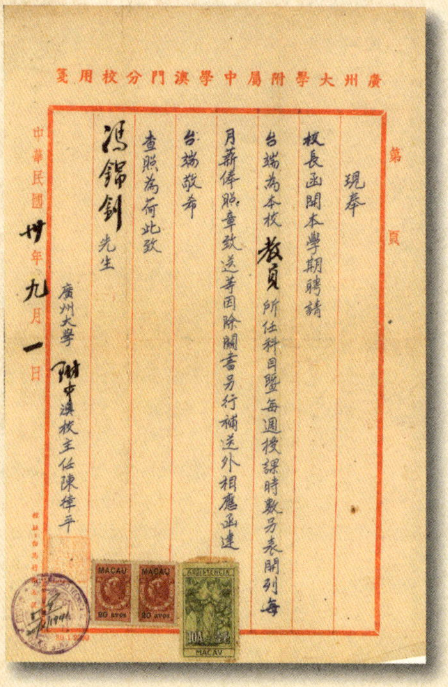

廣州大學附屬中學澳門分校用箋

第　頁

現奉

校長函聞本學期聘請

台端為本校教員所任科目暨每週授課時數另表開列每

月薪俸照章致送等因除關書另行補送外相應函達

台端敬希

查照為荷此致

馮錦釗先生

廣州大學附中澳校主任陳律平

中華民國卅年九月一日

（姚鸿光先生藏品）

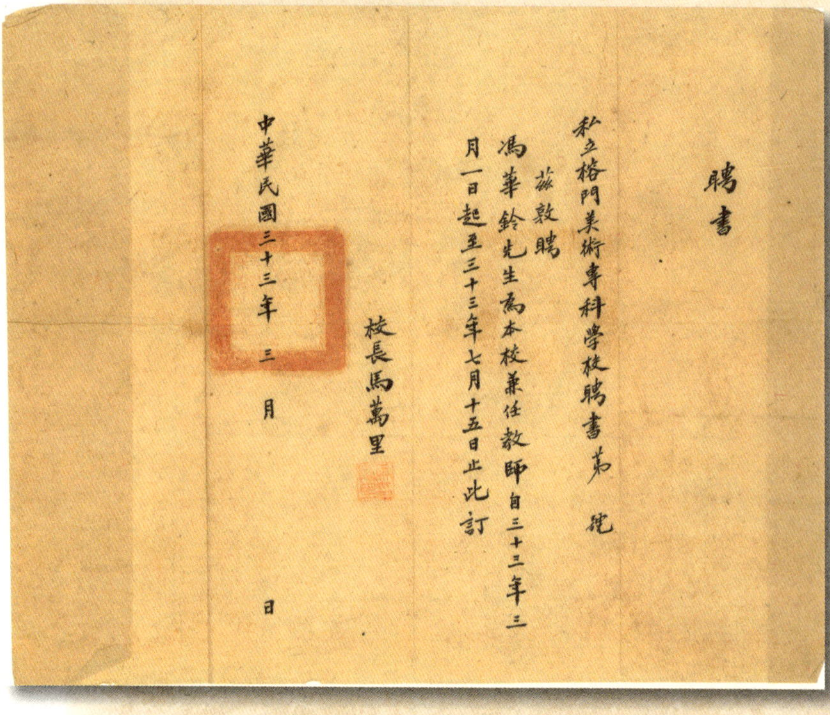

聘書

私立榕門美術專科學校聘書第　號

茲敦聘

馮華鈴先生為本校兼任教師自三十三年三

月一日起至三十三年七月十五日止此訂

校長馬萬里

中華民國三十三年三月　日

（姚鸿光先生藏品）

6. 护照

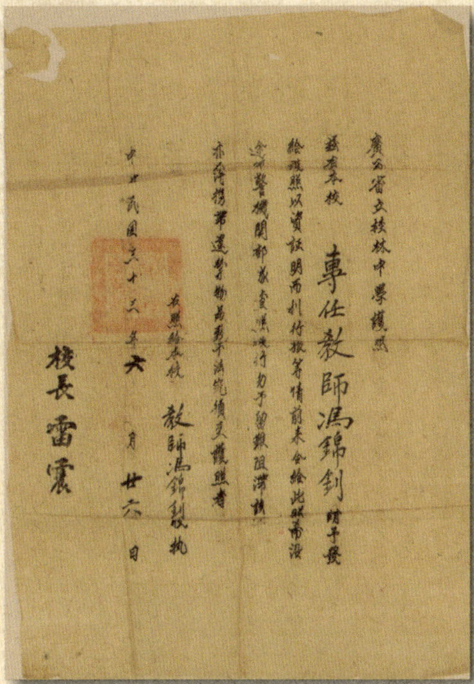
廣西省立桂林中學護照

茲有本校 專任教師馮錦釗 請予發給護照以資證明而利行旅等情前來合給此照希沿途軍警機關部隊查照放行勿予留難阻滯護[illegible]

[illegible]

右照給本校 教師馮錦釗收執

中華民國三十三年 六 月 廿六 日

校長 雷震

（姚鸿光先生藏品）

7. 奖状

獎狀

文學院外國文學系學生馮錦釗於民國廿六年春季修習二年級英文學程成績列入全班第三名合給獎狀以昭激勵此狀

私立復旦大學代理校長 錢永銘

副校長 吳南軒

教務長 章益

文學院院長 余楠秋

外國文學系主任 余楠秋

中華民國二十六年六月 日

（姚鸿光先生藏品）

8. 通行证

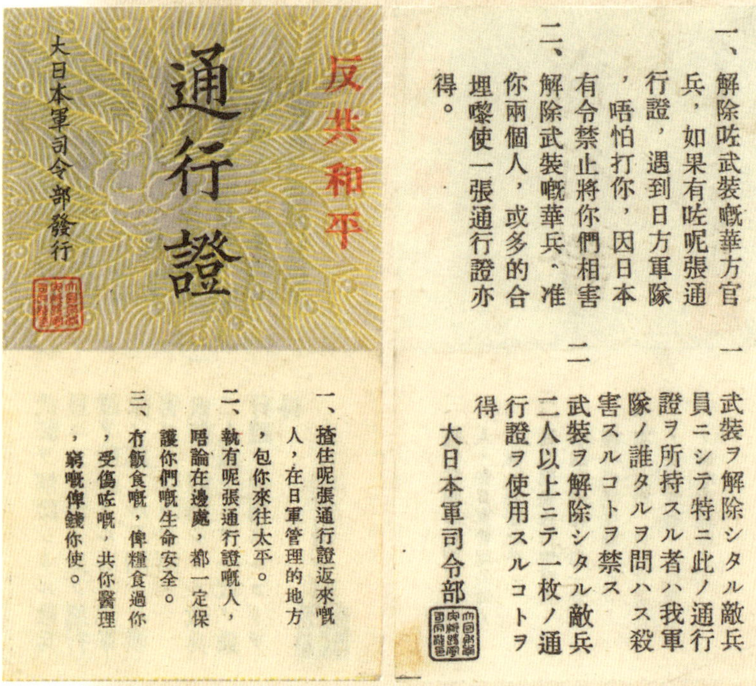
反共和平

通行證

大日本軍司令部發行

一、揸住呢張通行證返來嘅人，在日軍管理的地方，包你來往太平。

二、執有呢張通行證嘅人，唔論在邊處，都一定保護你們嘅生命安全。

三、冇飯食嘅，俾糧食過你，受傷咗嘅，共你醫理，窮嘅俾錢你使。

一、解除咗武裝嘅華方官兵，如果有咗呢張通行證，遇到日方軍隊，唔怕打你，因日本有令禁止將你們相害

二、解除武裝嘅華兵，准你兩個人，或多的合埋嚟使一張通行證亦得。

一 武裝ヲ解除シタル敵兵員ニシテ特ニ此ノ通行證ヲ所持スル者ハ我軍隊ノ誰タルヲ問ハス殺害スルコトヲ禁ス

二 武裝ヲ解除シタル敵兵二人以上ニテ一枚ノ通行證ヲ使用スルコトヲ得

大日本軍司令部

（姚鸿光先生藏品）

9. 学生成绩报告书

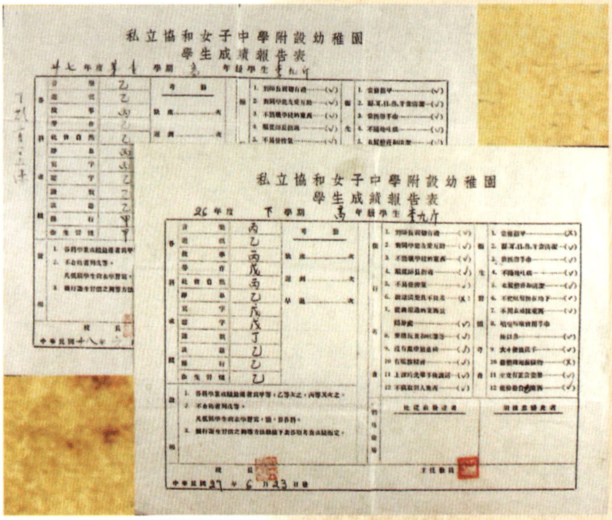
私立協和女子中學附設幼稚園

學生成績報告表

1938年私立协和女子中学附设幼儿园学生成绩报告书

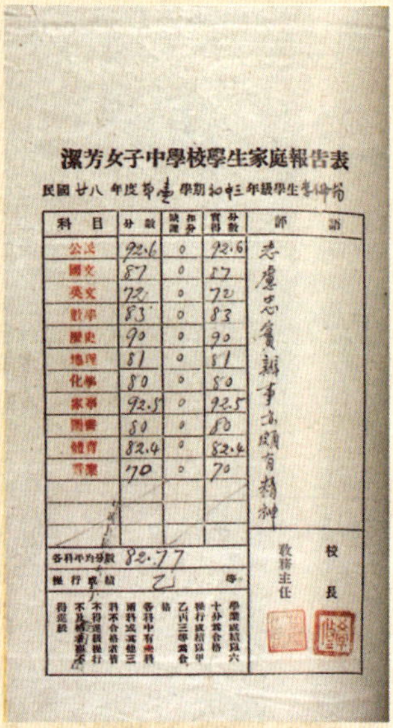
潔芳女子中學校學生家庭報告表

科目	分數	缺課扣分	實得分數
公民	92.6	0	92.6
國文	87	0	87
英文	72	0	72
數學	83	0	83
歷史	90	0	90
地理	81	0	81
化學	80	0	80
家事	92.5	0	92.5
圖畫	80	0	80
體育	82.4	0	82.4
音樂	70	0	70

各科平均分數 82.77

操行成績 乙 等

1939年洁芳女子中学校学生成绩家庭报告书

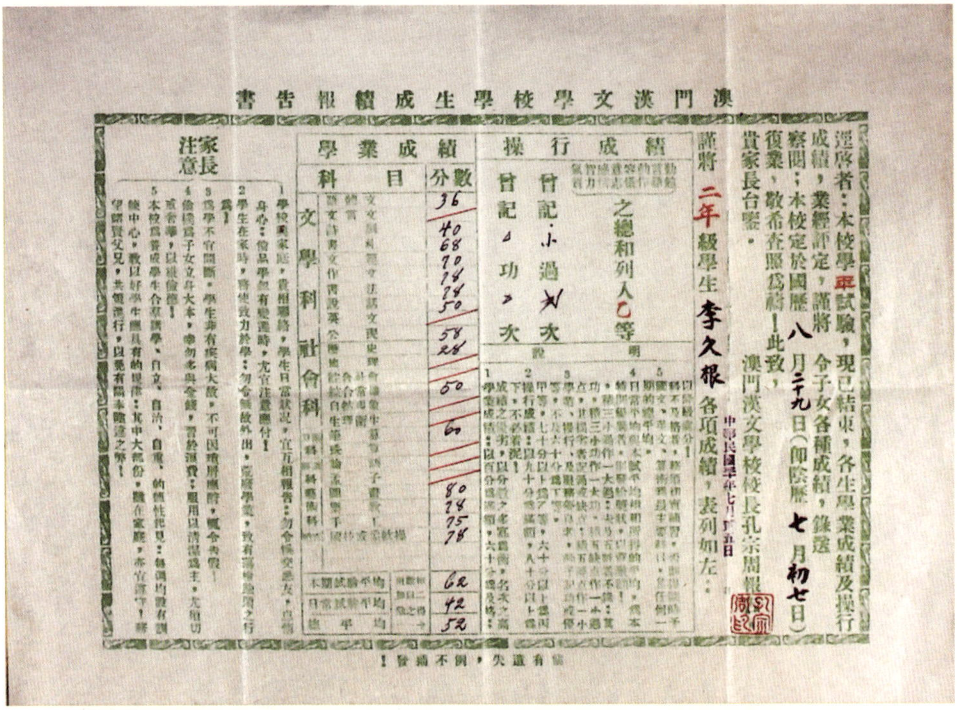
澳門漢文學校學生成績報告書

逕啓者：本校學期試驗，現已結束，各生學業成績及操行成績，業經評定，謹將令子女各種成績，錄送察閱；本校定於國曆八月二十九日（即陰曆七月初七日）復業，敬希查照爲荷！此致，
貴家長台鑒。
澳門漢文學校校長孔宗周報

謹將二年級學生李久根各項成績，表列如左：
中華民國三十年七月十五日

學業成績

科目	分數
文學科	36
	40
	68
	70
	78
	78
	50
社會科	58
	28
	50
	60
	80
	78
	75
	78
本期試驗平均	62
日常試驗平均	42
總平均	52

操行成績

之總和列入乙等
曾記小過 X 次
曾記 功 次

家長注意

倘有遺失，概不補發！

1941年澳门汉文学校学生成绩报告书

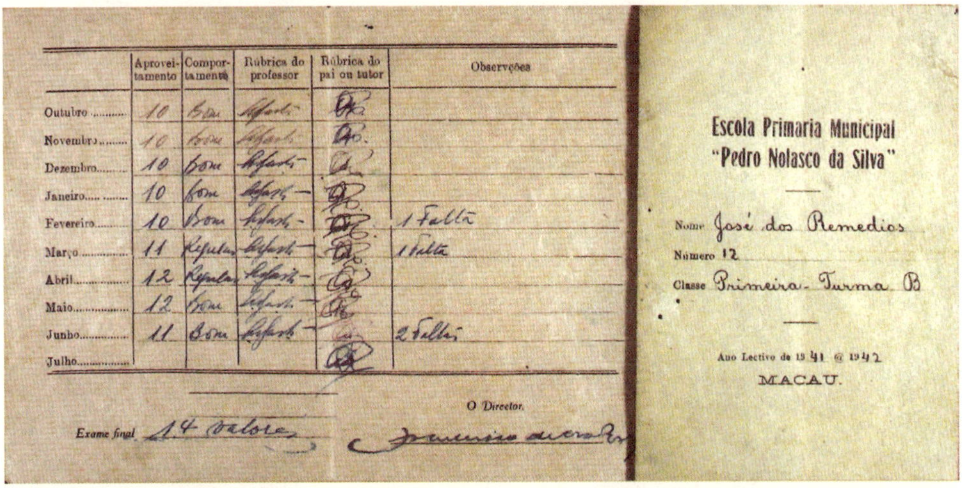

	Aproveitamento	Comportamento	Rúbrica do professor	Rúbrica do pai ou tutor	Observações
Outubro	10	Bom			
Novembro	10	Bom			
Dezembro	10	Bom			
Janeiro	10	Bom			
Fevereiro	10	Bom			1 Falta
Março	11	Regular			1 Falta
Abril	12	Regular			
Maio	12	Bom			
Junho	11	Bom			2 Faltas
Julho					

O Director.

Exame final 14 valores

Escola Primaria Municipal
"Pedro Nolasco da Silva"

Nome José dos Remedios
Número 12
Classe Primeira - Turma B

Ano Lectivo de 1941 a 1942
MACAU.

1941年、1942年葡语学校学生成绩表两份（麦林先生藏品）

10. 徽章

澳门各界抗日救国会委员证章
（罗景新先生藏品）

“总理故乡纪念中学冠军”奖章
（姚鸿光先生藏品）

“澳门濠江中学”校徽
（姚鸿光先生藏品）

“澳门圣若瑟中学”校徽
（姚鸿光先生藏品）

“澳门浸信中学”校徽
（姚鸿光先生藏品）

“澳门岭南中学”校徽
（姚鸿光先生藏品）

“澳门孔教中学”校徽
（姚鸿光先生藏品）

“澳门崇新小学”校徽
（姚鸿光先生藏品）

“澳门陶英小学”校徽
（姚鸿光先生藏品）

“澳门陶英小学”徽章
（姚鸿光先生藏品）

澳门“崇义学校”校徽
（姚鸿光先生藏品）

“澳门中山小学”校徽
（姚鸿光先生藏品）

“澳门励群小学”校徽
（姚鸿光先生藏品）

“澳门励群小学”校徽
（姚鸿光先生藏品）

澳门“岭南大学”校徽
（姚鸿光先生藏品）

澳门“勷勤大学工学院”徽章
（姚鸿光先生藏品）

1945年，“艺华澳门油漆职业工会”徽章
（姚鸿光先生藏品）

“澳门国光有限公司”徽章
（姚鸿光先生藏品）

“1940年澳门小型球赛”徽章
（姚鸿光先生藏品）

上海市总工会赠送澳门的“1932年淞沪抗战纪念章”（姚鸿光先生藏品）

“教忠运动会”徽章
（姚鸿光先生藏品）

（五）有关著述

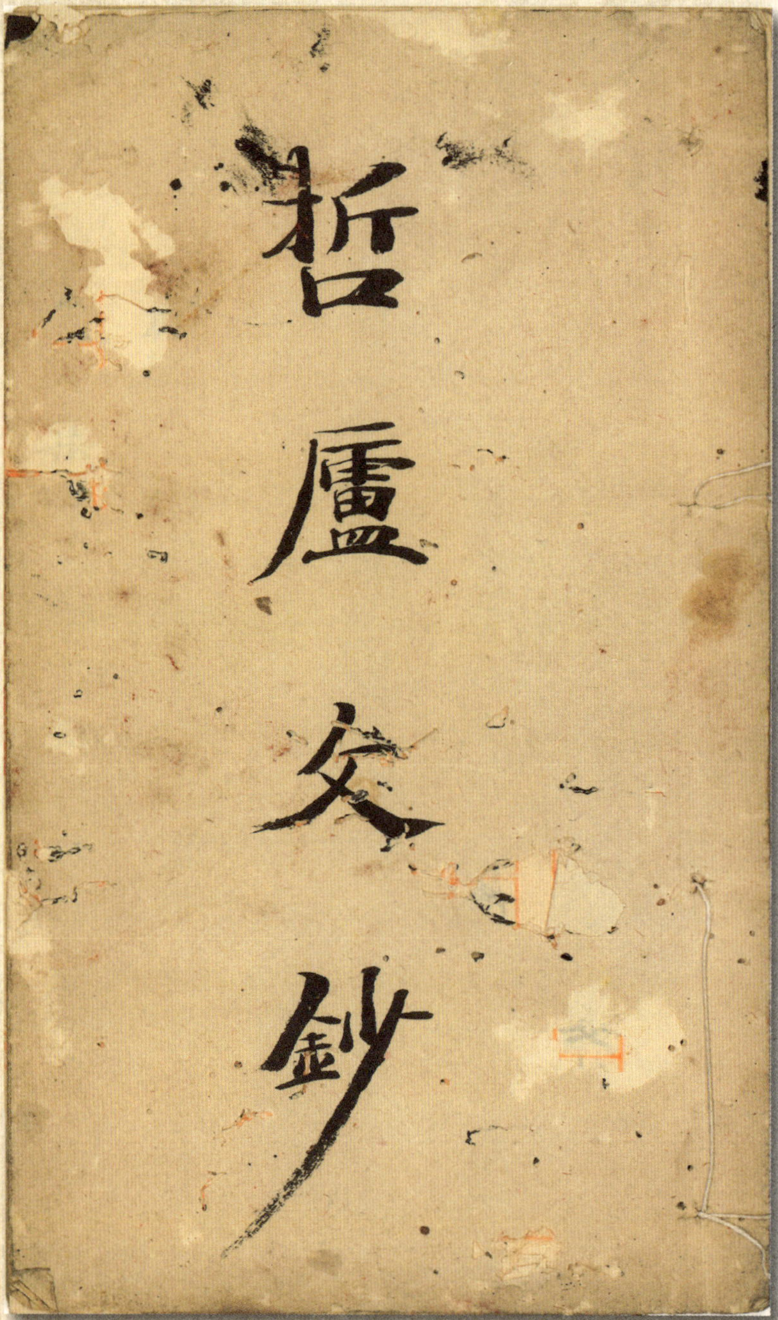

梁彦明著《哲庐文钞》封面（岑伟伦先生藏品）

1945年3月，中国国民党驻港澳总支部编印之《港澳抗战殉国烈士纪念册》封面

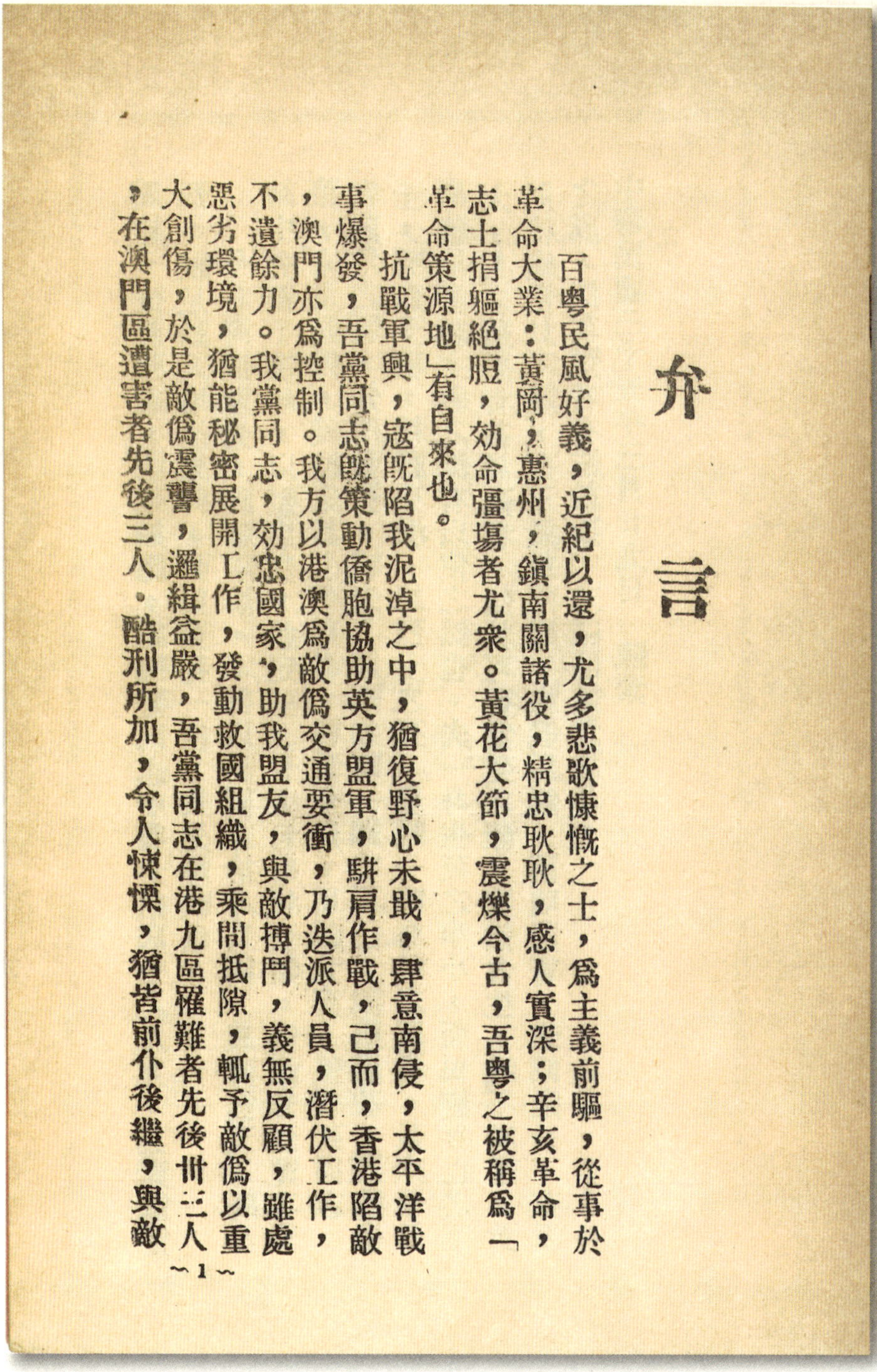

弁言

百粵民風好義，近紀以還，尤多悲歌慷慨之士，爲主義前驅，從事於革命大業：黃岡，惠州，鎮南關諸役，精忠耿耿，感人實深；辛亥革命，志士捐軀絕脰，効命疆埸者尤衆。黃花大節，震爍今古，吾粵之被稱爲「革命策源地」有自來也。

抗戰軍興，寇既陷我泥淖之中，猶復野心未戢，肆意南侵，太平洋戰事爆發，吾黨同志旣策動僑胞協助英方盟軍，駢肩作戰，已而，香港陷敵，澳門亦爲控制。我方以港澳爲敵僞交通要衝，乃迭派人員，潛伏工作，不遺餘力。我黨同志，効忠國家，助我盟友，與敵搏鬥，義無反顧，雖處惡劣環境，猶能秘密展開工作，發動救國組織，乘間抵隙，輒予敵僞以重大創傷，於是敵僞震讋，邏緝益嚴，吾黨同志在港九區罹難者先後卅三人，在澳門區遭害者先後三人。酷刑所加，令人悚慄，猶皆前仆後繼，與敵

～1～

1945年3月29日，陈素为《港澳抗战殉国烈士纪念册》所撰“弁言”之一（岑伟伦先生藏品）

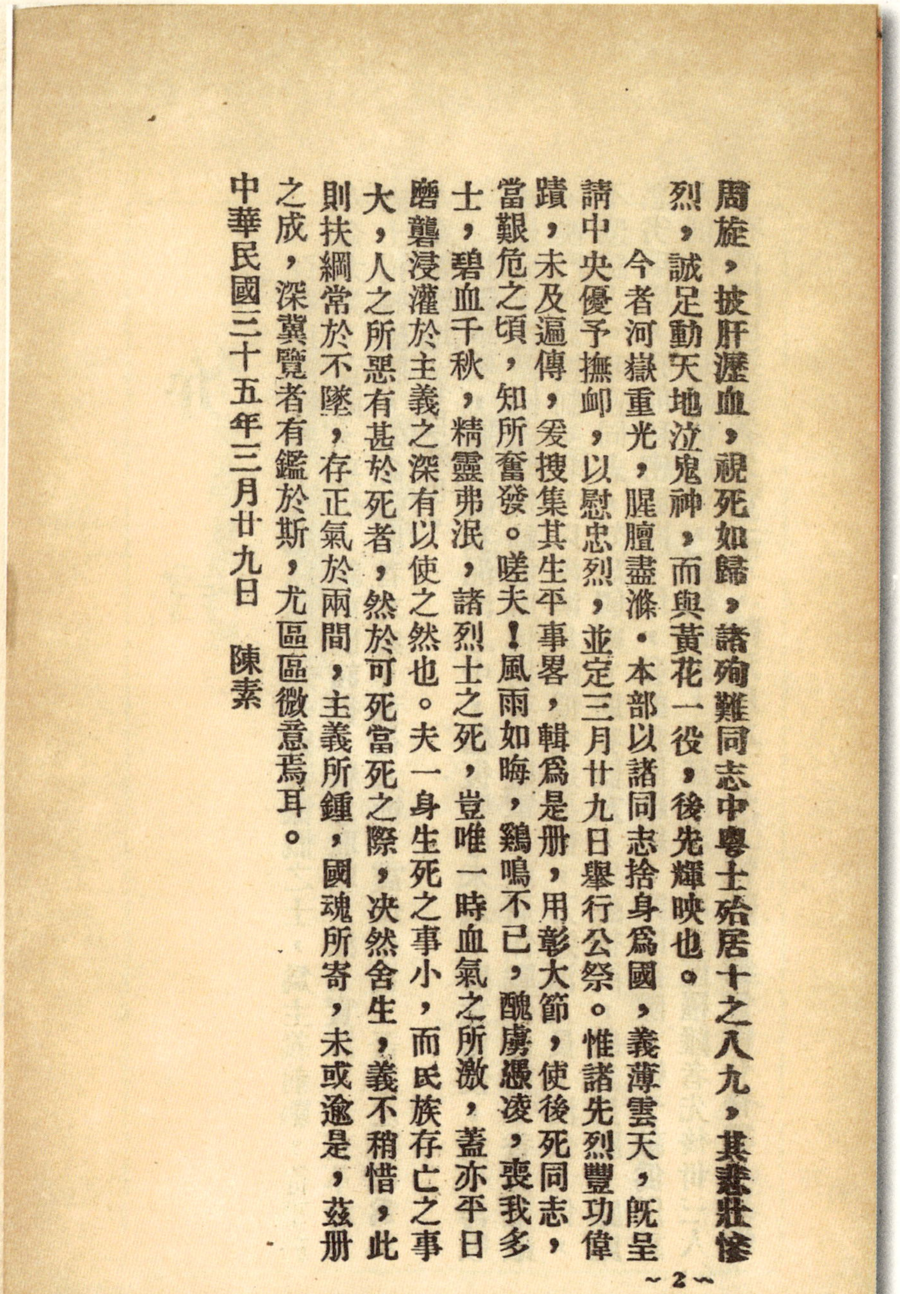
周旋，披肝瀝血，視死如歸，諸殉難同志中粵士殆居十之八九，其悲壯慘烈，誠足動天地泣鬼神，而與黃花一役，後先輝映也。

今者河嶽重光，腥膻盡滌。本部以諸同志捨身爲國，義薄雲天，旣呈請中央優予撫卹，以慰忠烈，並定三月廿九日舉行公祭。惟諸先烈豐功偉蹟，未及遍傳，爰搜集其生平事畧，輯爲是册，用彰大節，使後死同志，當艱危之頃，知所奮發。嗟夫！風雨如晦，鷄鳴不已，醜虜憑凌，喪我多士，碧血千秋，精靈弗泯，諸烈士之死，豈唯一時血氣之所激，蓋亦平日磨礱浸灌於主義之深有以使之然也。夫一身生死之事小，而民族存亡之事大，人之所惡有甚於死者，然於可死當死之際，决然舍生，義不稍惜，此則扶綱常於不墜，存正氣於兩間，主義所鍾，國魂所寄，未或逾是，玆册之成，深冀覽者有鑑於斯，尤區區微意焉耳。

中華民國三十五年三月廿九日　陳素

~2~

1945年3月29日，陈素为《港澳抗战殉国烈士纪念册》所撰“弁言”之二（岑伟伦先生藏品）

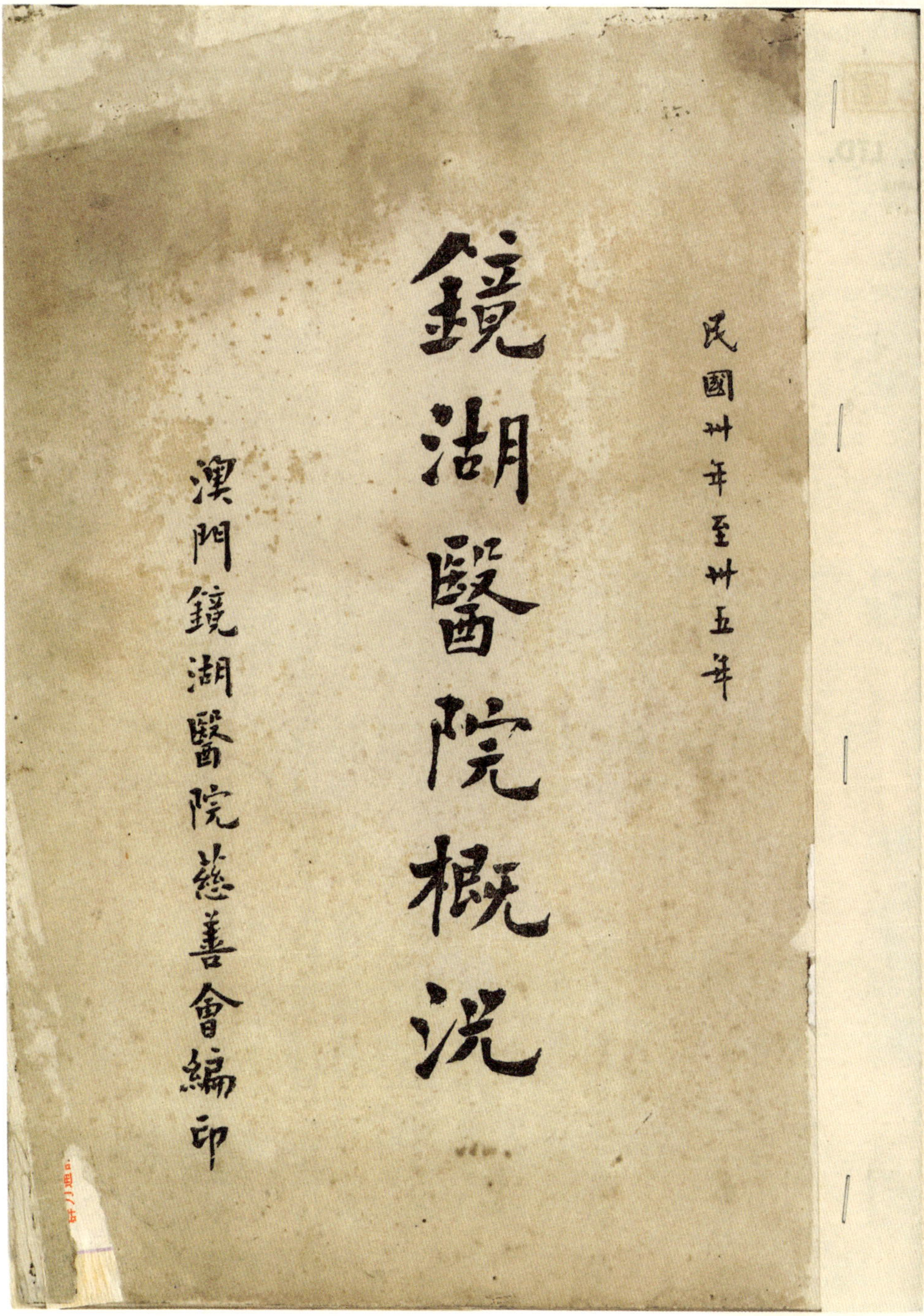

镜湖医院慈善会编印的1941年至1946年《镜湖医院概况》（姚鸿光先生藏品）

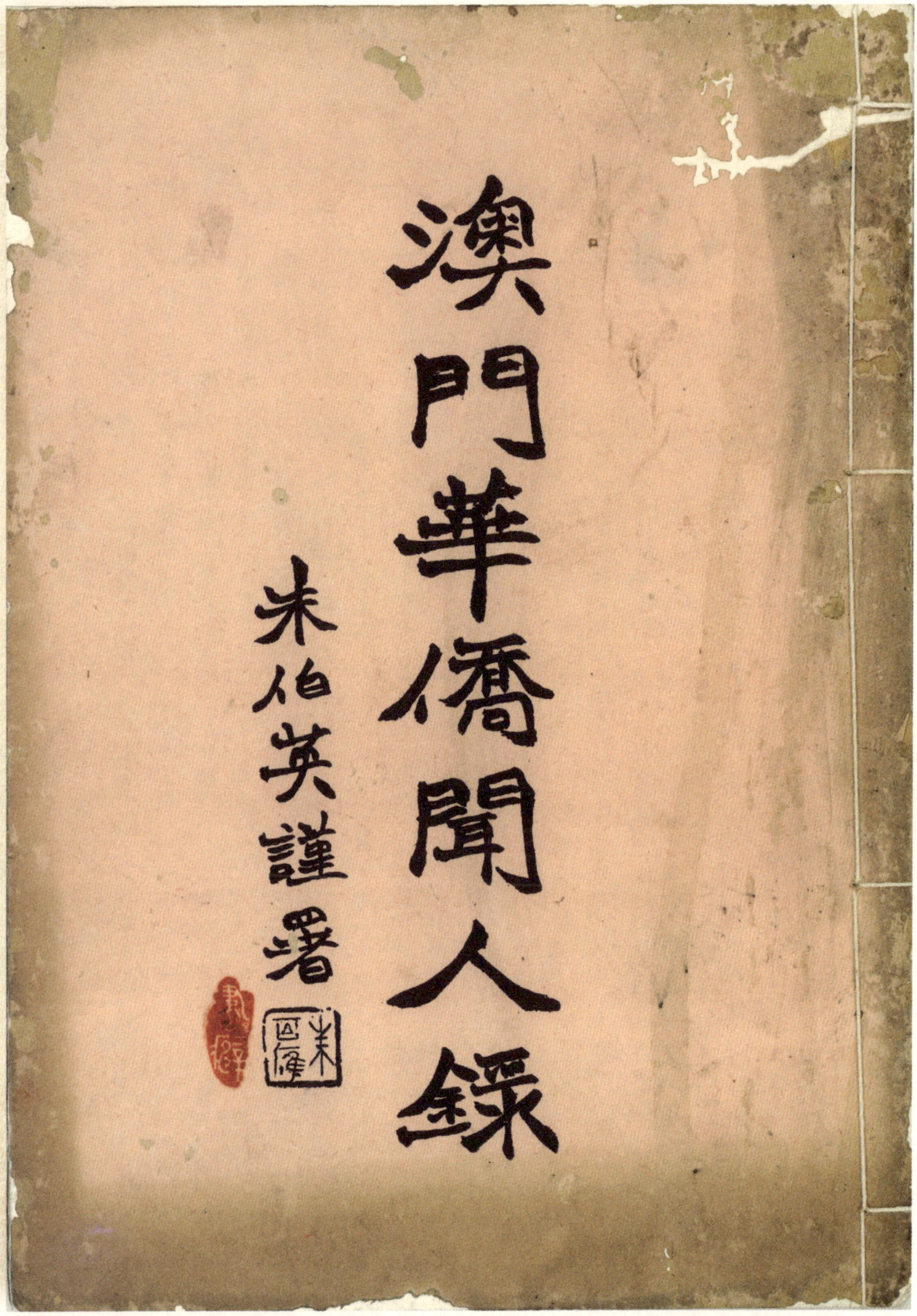

《澳门华侨闻人录》封面（罗景新先生藏品）

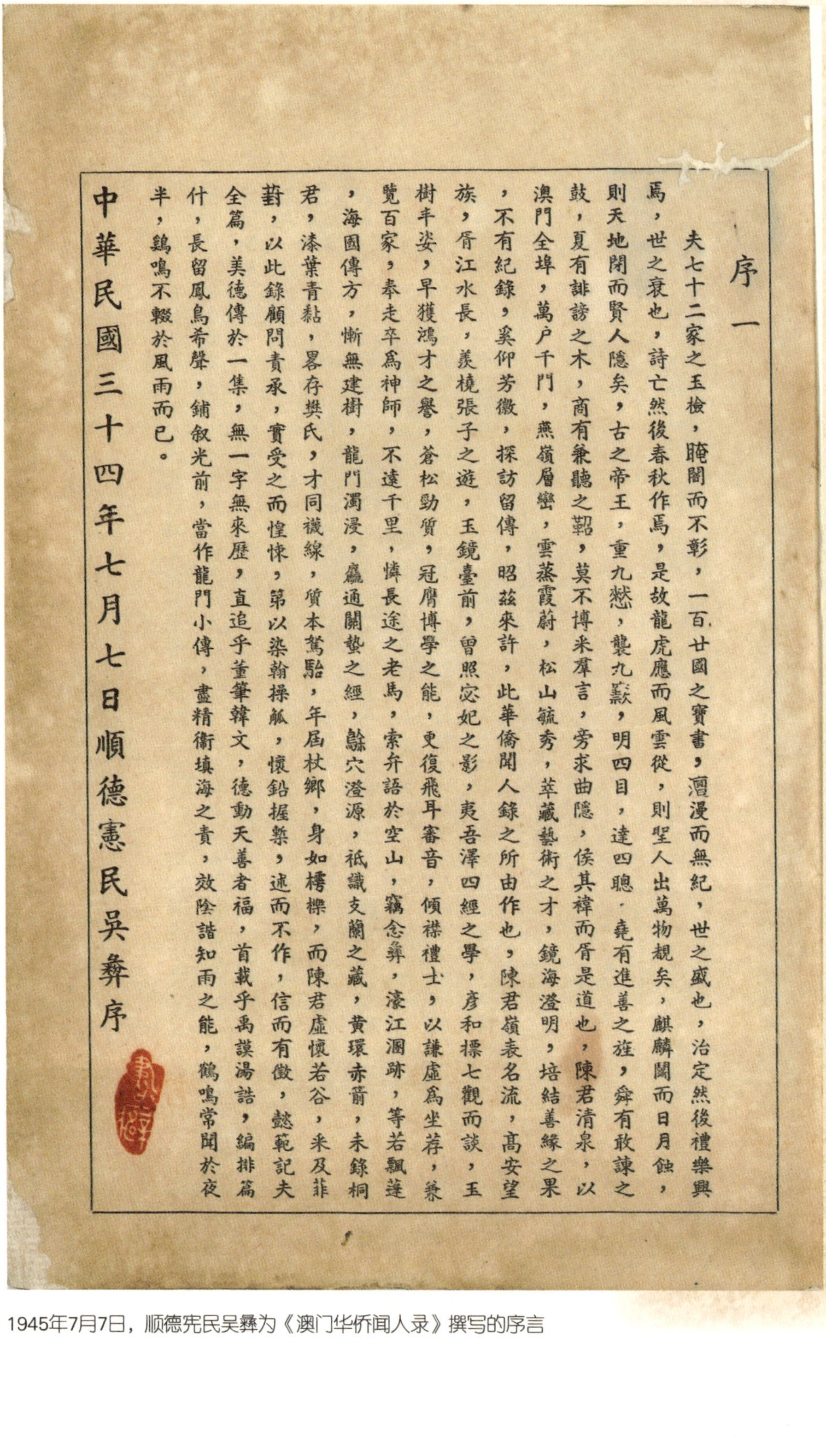

序一

夫七十二家之玉檢，晻閣而不彰，一百廿國之寶書，澶漫而無紀，世之盛也，治定然後禮樂興焉，世之衰也，詩亡然後春秋作焉，是故龍虎應而風雲從，則聖人出萬物覩矣，麒麟鬭而日月蝕，則天地閉而賢人隱矣，古之帝王，重九懋，襲九歎，明四目，達四聰，堯有進善之旌，舜有敢諫之鼓，夏有誹謗之木，商有兼聽之鞀，莫不博采羣言，旁求曲隱，俟其韙而胥是道也，陳君清泉，以澳門全埠，萬戶千門，燕嶺層巒，雲蒸霞蔚，松山毓秀，萃藏藝術之才，鏡海澄明，培結善緣之果，不有紀錄，奚仰芳徽，採訪留傳，昭茲來許，此華僑聞人錄之所由作也，陳君嶺表名流，高安望族，胥江水長，羨榿張子之遊，玉鏡臺前，曾照宓妃之影，夷吾澤四經之學，彥和標七觀而談，玉樹丰姿，早獲鴻才之譽，蒼松勁質，冠儕博學之能，更復飛耳審音，傾襟禮士，以謙虛爲坐荐，兼覽百家，奉走卒爲神師，不遠千里，憐長途之老馬，索弁語於空山，竊念彝，濠江泅跡，等若飄蓬，海國傳方，慚無建樹，龍門濁浸，矗通關塾之經，鯀穴澄源，祇識支蘭之藏，黃環赤箭，未錄桐君，漆葉青黏，畧存樊氏，才同襪線，質本駑駘，年居杖鄉，身如樗櫟，而陳君虛懷若谷，采及菲葑，以此錄顧問責承，實受之而惶悚，第以染翰操觚，懷鉛握槧，述而不作，信而有徵，懿範記夫全篇，美德傳於一集，無一字無來歷，直追乎董筆韓文，德動天善者福，首載乎禹謨湯誥，編排篇什，長留鳳鳥希聲，鋪叙光前，當作龍門小傳，盡精衛填海之責，效陰諧知雨之能，鶴鳴常聞於夜半，鷄鳴不輟於風雨而已。

中華民國三十四年七月七日順德憲民吳彝序

1945年7月7日，顺德宪民吴彝为《澳门华侨闻人录》撰写的序言

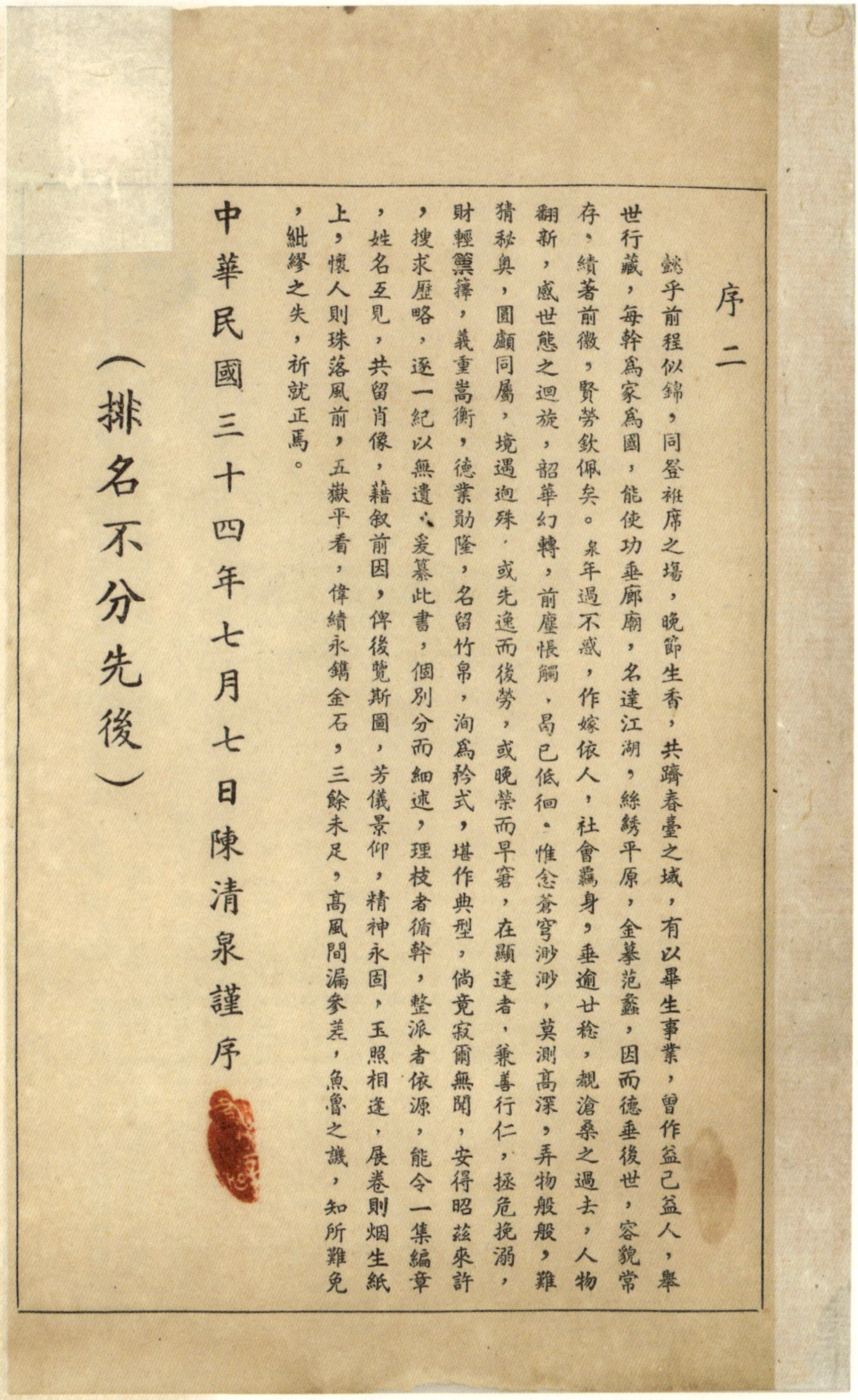

序二

懿乎前程似錦，同登衽席之場，晚節生香，共躋春臺之域，有以畢生事業，曾作益己益人，舉世行藏，每幹爲家爲國，能使功垂廊廟，名達江湖，絲綉平原，金摹范蠡，因而德垂後世，容貌常存，績著前徵，賢勞欽佩矣。泉年過不惑，作嫁依人，社會羈身，垂逾廿稔，覩滄桑之過去，人物翻新，感世態之迴旋，韶華幻轉，前塵悵觸，曷已低徊。惟念蒼穹渺渺，莫測高深，弄物般般，難猜秘奥，圜顱同屬，境遇迥殊，或先逸而後勞，或晚榮而早窘，在顯達者，兼善行仁，拯危挽溺，財輕簞籜，義重嵩衡，德業勛隆，名留竹帛，洵爲矜式，堪作典型，倘竟寂爾無聞，安得昭茲來許，搜求歷略，逐一紀以無遺，爰纂此書，個別分而細述，理枝者循幹，整派者依源，能令一集編章，姓名互見，共留肖像，藉叙前因，俾後覽斯圖，芳儀景仰，精神永固，玉照相逢，展卷則烟生紙上，懷人則珠落風前，五嶽平看，偉績永鐫金石，三餘未足，高風間漏參差，魚魯之譏，知所難免，紕繆之失，祈就正焉。

中華民國三十四年七月七日陳清泉謹序

（排名不分先後）

1945年7月7日，陈清泉为《澳门华侨闻人录》撰写的序言

（六）教材

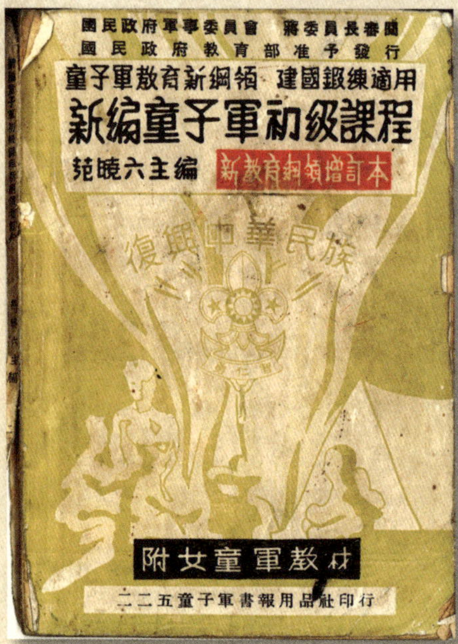

《新编童子军初级课程新纲领增订本》，1939年出版

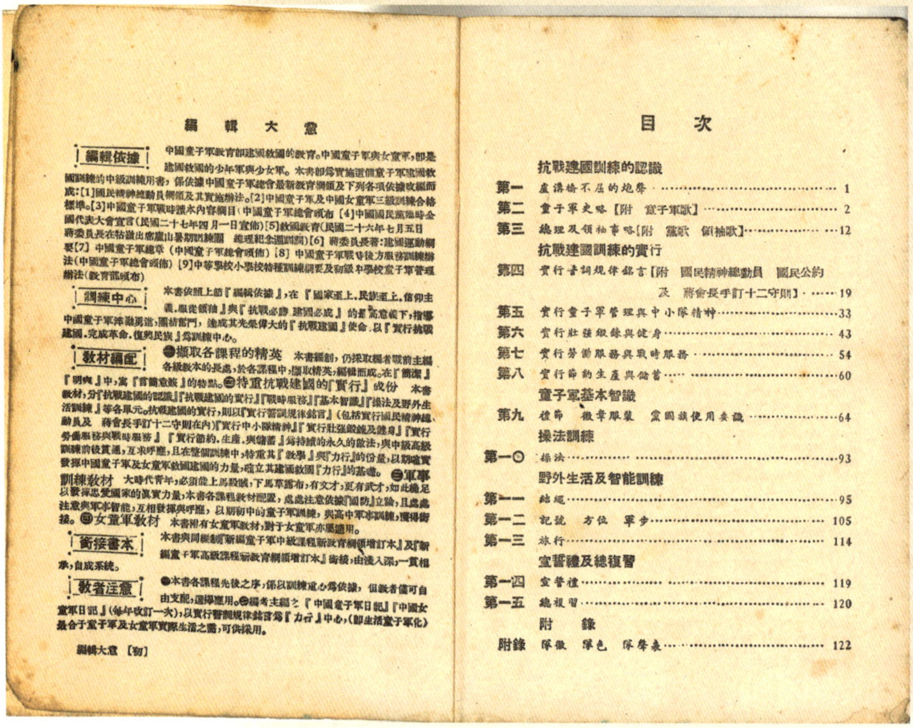

編 輯 大 意

編輯依據 中國童子軍教育即建國救國的教育。中國童子軍與女童軍，即是建國救國的少年軍與少女軍。本書即爲實施這個童子軍建國救國訓練的中級訓練用書，係依據中國童子軍總會最新教育綱領及下列各項依據改編而成：[1]國民精神總動員綱領及其實施辦法。[2]中國童子軍及中國女童軍三級訓練合格標準。[3]中國童子軍戰時課本內容綱目（中國童子軍總會頒布〔4〕中國國民黨臨時全國代表大會宣言（民國二十七年四月一日宣佈）[5]救國教育（民國二十六年七月五日蔣委員長在牯嶺出席廬山暑期訓練團 總理紀念週訓詞）[6] 蔣委員長著：建國運動綱要[7] 中國童子軍總章（中國童子軍總會頒佈）[8] 中國童子軍戰時後方服務訓練辦法（中國童子軍總會頒佈）[9]中等學校小學校特種訓練綱要及初級中學校童子軍管理辦法（教育部頒布）

訓練中心 本書依照上節『編輯依據』，在『國家至上、民族至上、信仰主義、服從領袖』與『抗戰必勝 建國必成』的最高意義下，指導中國童子軍淬勵勇進，團結奮鬥，達成其光榮偉大的『抗戰建國』使命，以『實行抗戰建國、完成革命、復興民族』爲訓練中心。

教材編配 ㈠擷取各課程的精英 本書編制，仍採取編者戰前主編各級教本的長處，於各課程中，擷取精英，編輯而成。在『簡潔』『明典』中，寓『言簡意賅』的特點。㈡特重抗戰建國的「實行」成份 本書教材，分『抗戰建國的認識』『抗戰建國的實行』『戰時服務』『基本智識』『操法及野外生活訓練』等各單元。抗戰建國的實行，則以『實行誓詞規律銘言』（包括實行國民精神總動員及 蔣會長手訂十二守則在內）『實行中小隊精神』『實行壯强鍛鍊及健身』『實行勞働服務與戰時服務』『實行節約、生產、與儲蓄』爲持續的永久的做法，與中級高級訓練前後貫通，互求呼應，且在整個訓練中，特重其『教學』與『力行』的份量，以期確實發揮中國童子軍及女童軍救國建國的力量，確立其建國救國『力行』的基礎。㈢軍事訓練教材 大時代青年，必須能上馬殺賊，下馬草露布，有文才，更有武才，如此纔足以發揮忠愛國家的眞實力量，本書各課程教材配置，處處注意依據『國防』立論，且處處注意與軍事智能，互相發揮與呼應，以期初中的童子軍訓練，與高中軍事訓練，獲得銜接。㈣女童軍教材 本書附有女童軍教材，對于女童軍亦屬適用。

銜接書本 本書與同編制『新編童子軍中級課程新教育綱領增訂本』及『新編童子軍高級課程新教育綱領增訂本』銜接，由淺入深，一貫相承，自成系統。

教者注意 ㈠本書各課程先後之序，係以訓練重心爲依據，但教者儘可自由支配，選擇應用。㈡編者主編之『中國童子軍日記』『中國女童軍日記』（每年改訂一次），以實行誓詞規律銘言爲『力行』中心，（即生活童子軍化）最合于童子軍及女童軍實際生活之需，可供採用。

編輯大意 〔初〕

目 次

《新编童子军初级课程新纲领增订本》目录（罗景新先生藏品）

《新编童子军初级课程新纲领增订本》，1940年出版（罗景新先生藏品）

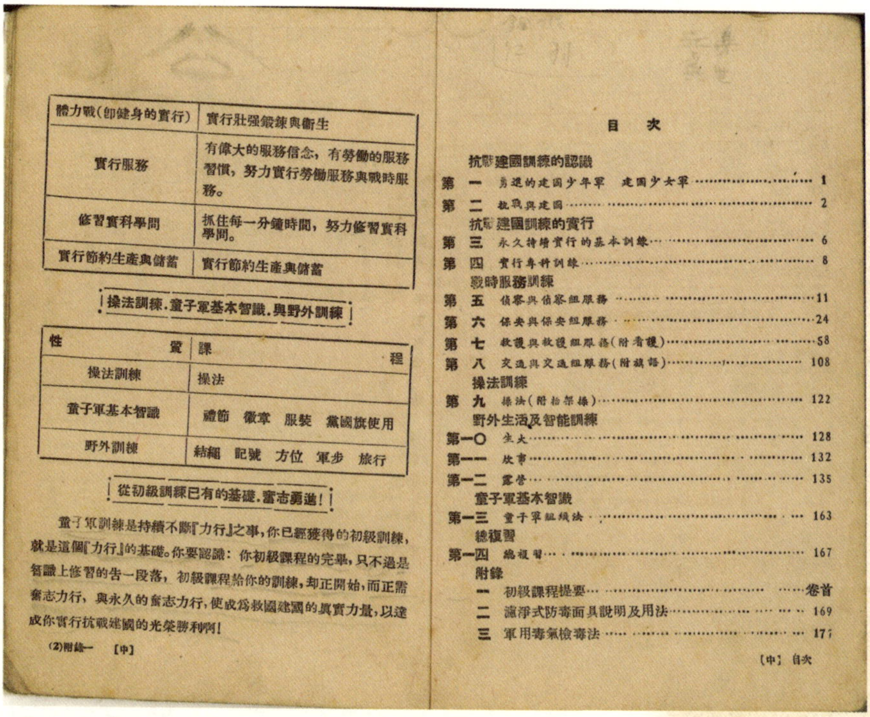

體力戰(卽健身的實行)	實行壯强鍛鍊與衞生
實行服務	有偉大的服務信念，有勞働的服務習慣，努力實行勞働服務與戰時服務。
修習實科學問	抓住每一分鐘時間，努力修習實科學問。
實行節約生產與儲蓄	實行節約生產與儲蓄

操法訓練.童子軍基本智識.與野外訓練

性質	課程
操法訓練	操法
童子軍基本智識	禮節　徽章　服裝　黨國旗使用
野外訓練	結繩　記號　方位　軍步　旅行

從初級訓練已有的基礎.奮志勇進!

童子軍訓練是持續不斷『力行』之事，你已經獲得的初級訓練，就是這個『力行』的基礎。你要認識：你初級課程的完畢，只不過是智識上修習的告一段落，初級課程給你的訓練，却正開始，而正需奮志力行，與永久的奮志力行，使成爲救國建國的眞實力量，以達成你實行抗戰建國的光榮勝利啊!

(2)附錄一　【中】

目　次

【中】目次

《新编童子军中级课程新纲领增订本》目录

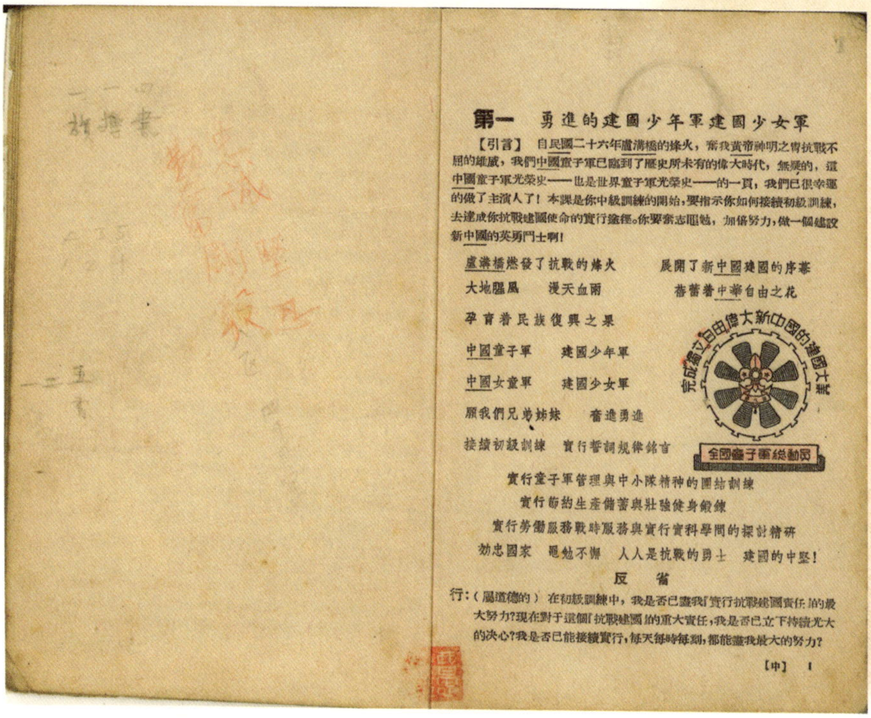

第一　勇進的建國少年軍建國少女軍

【引言】　自民國二十六年盧溝橋的烽火，奮我黃帝神明之胄抗戰不屈的雄威，我們中國童子軍已臨到了歷史所未有的偉大時代，無疑的，這中國童子軍光榮史——也是世界童子軍光榮史——的一頁，我們已很幸運的做了主演人了！本課是你中級訓練的開始，要指示你如何接續初級訓練，去達成你抗戰建國使命的實行途徑。你要奮志黽勉，加倍努力，做一個建設新中國的英勇鬥士啊!

盧溝橋燃發了抗戰的烽火　展開了新中國建國的序幕

大地飈風　漫天血雨　蓓蕾着中華自由之花

孕育着民族復興之果

中國童子軍　建國少年軍

中國女童軍　建國少女軍

願我們兄弟姊妹　奮進勇進

接續初級訓練　實行誓詞規律銘言

完成獨立自由偉大新中國的建國大業

全國童子軍總動員

實行童子軍管理與中小隊精神的團結訓練

實行節約生產儲蓄與壯強健身鍛鍊

實行勞働服務戰時服務與實行實科學問的探討精研

効忠國家　黽勉不懈　人人是抗戰的勇士　建國的中堅!

反　省

行：(屬道德的)　在初級訓練中，我是否已盡我『實行抗戰建國責任』的最大努力？現在對于這個『抗戰建國』的重大責任，我是否已立下持續光大的決心？我是否已能接續實行，每天每時每刻，都能盡我最大的努力？

【中】　1

《新编童子军中级课程新纲领增订本》内文

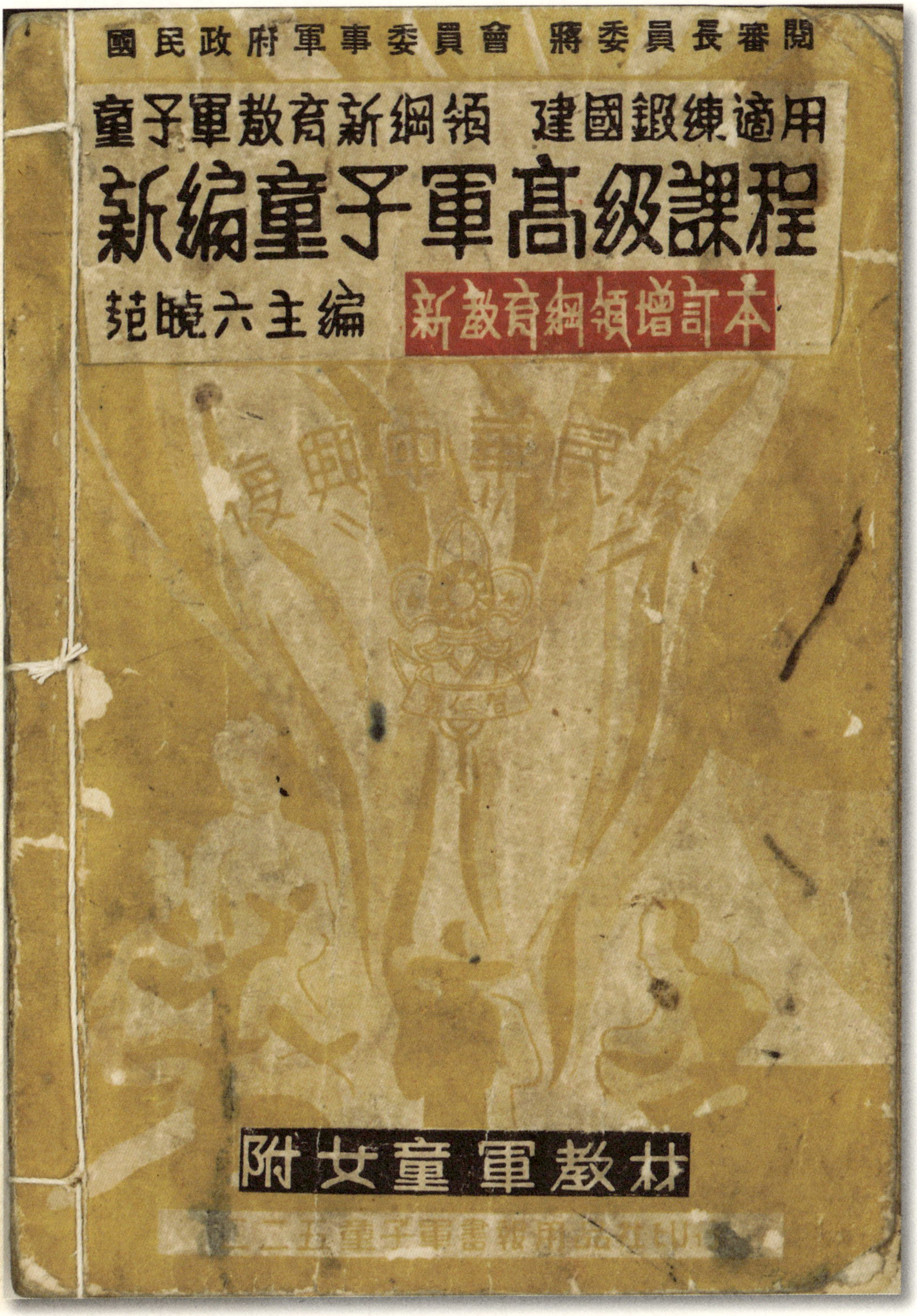

《新编童子军高级课程新纲领增订本》（罗景新先生藏品）

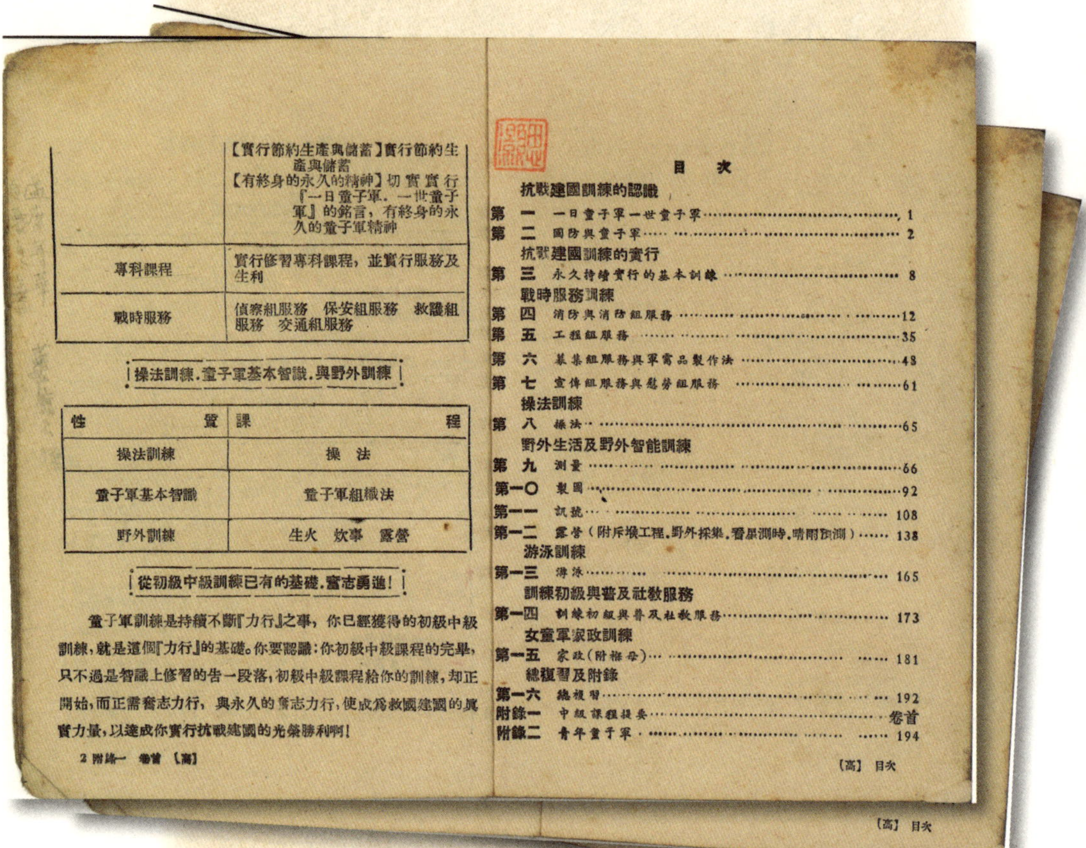

	【實行節約生產與儲蓄】實行節約生產與儲蓄 【有終身的永久的精神】切實實行『一日童子軍．一世童子軍』的銘言，有終身的永久的童子軍精神
專科課程	實行修習專科課程，並實行服務及生利
戰時服務	偵察組服務　保安組服務　救護組服務　交通組服務

操法訓練．童子軍基本智識．與野外訓練

性質	課程
操法訓練	操法
童子軍基本智識	童子軍組織法
野外訓練	生火　炊事　露營

從初級中級訓練已有的基礎．奮志勇進！

童子軍訓練是持續不斷『力行』之事，你已經獲得的初級中級訓練，就是這個『力行』的基礎。你要認識：你初級中級課程的完畢，只不過是智識上修習的告一段落，初級中級課程給你的訓練，却正開始，而正需奮志力行，與永久的奮志力行，使成為救國建國的眞實力量，以達成你實行抗戰建國的光榮勝利啊！

2 附錄一　卷首【高】

目　次

【高】目次

【高】目次

【高】目次

《新编童子军高级课程新纲领增订本》目录

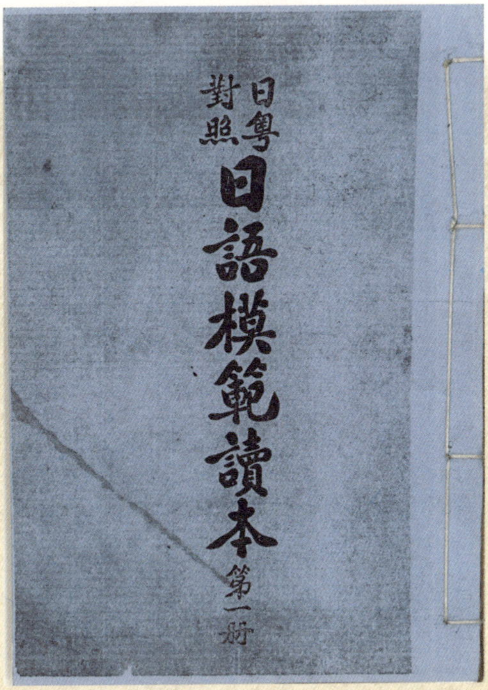

《日粤对照日语模范读本第一册》，1942年3月15日出版（罗景新先生藏品）

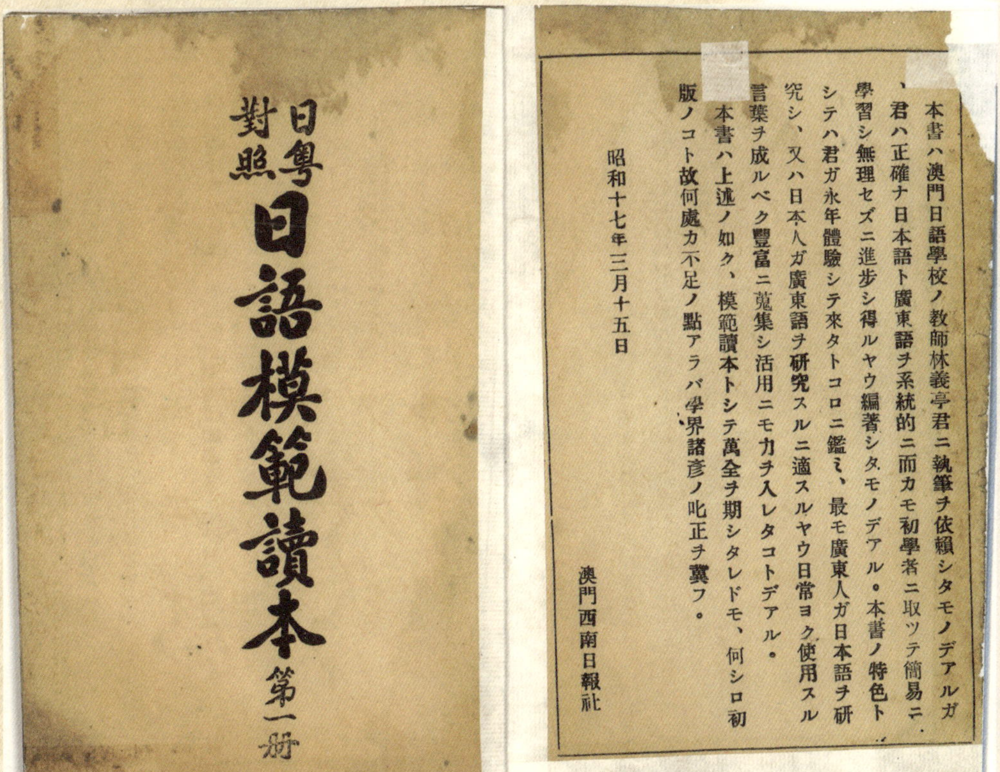

本書ハ澳門日語學校ノ教師林義亭君ニ執筆ヲ依頼シタモノデアルガ、君ハ正確ナ日本語ト廣東語ヲ系統的ニ而カモ初學者ニ取ツテ簡易ニ學習シ無理セズニ進步シ得ルヤウ編著シタモノデアル。本書ノ特色トシテハ君ガ永年體驗シテ來タトコロニ鑑ミ、最モ廣東人ガ日本語ヲ研究シ、又ハ日本人ガ廣東語ヲ研究スルニ適スルヤウ日常ヨク使用スル言葉ヲ成ルベク豐富ニ蒐集シ活用ニモ力ヲ入レタコトデアル。

本書ハ上述ノ如ク、模範讀本トシテ萬全ヲ期シタレドモ、何シロ初版ノコト故何處カ不足ノ點アラバ學界諸彥ノ叱正ヲ冀フ。

昭和十七年三月十五日

澳門西南日報社

《日粤对照日语模范读本第一册》内文

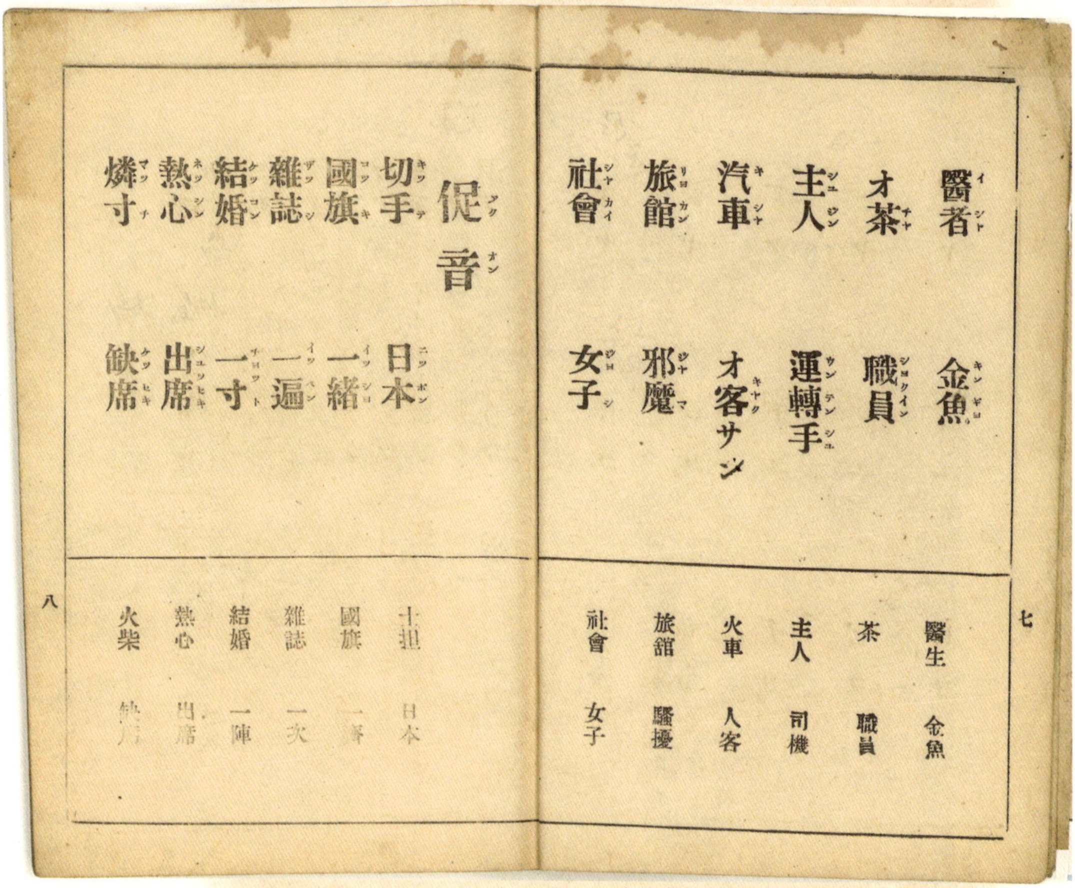

七

醫者　金魚
オ茶　職員
主人　運轉手
汽車　オ客サン
旅館　邪魔
社會　女子

醫生　金魚
茶　職員
主人　司機
火車　人客
旅館　騷擾
社會　女子

八

促音

切手　日本
國旗　一緒
雜誌　一遍
結婚　一寸
熱心　出席
燐寸　缺席

士担　日本
國旗　一齊
雜誌　一次
結婚　一陣
熱心　出席
火柴　缺席

《日粤对照日语模范读本第一册》内文

（七）期刊

《澳门中国青年救护团第一期学员毕业纪念刊》（罗景新先生藏品）

《澳门中国青年救护团第一期学员毕业纪念刊》目录

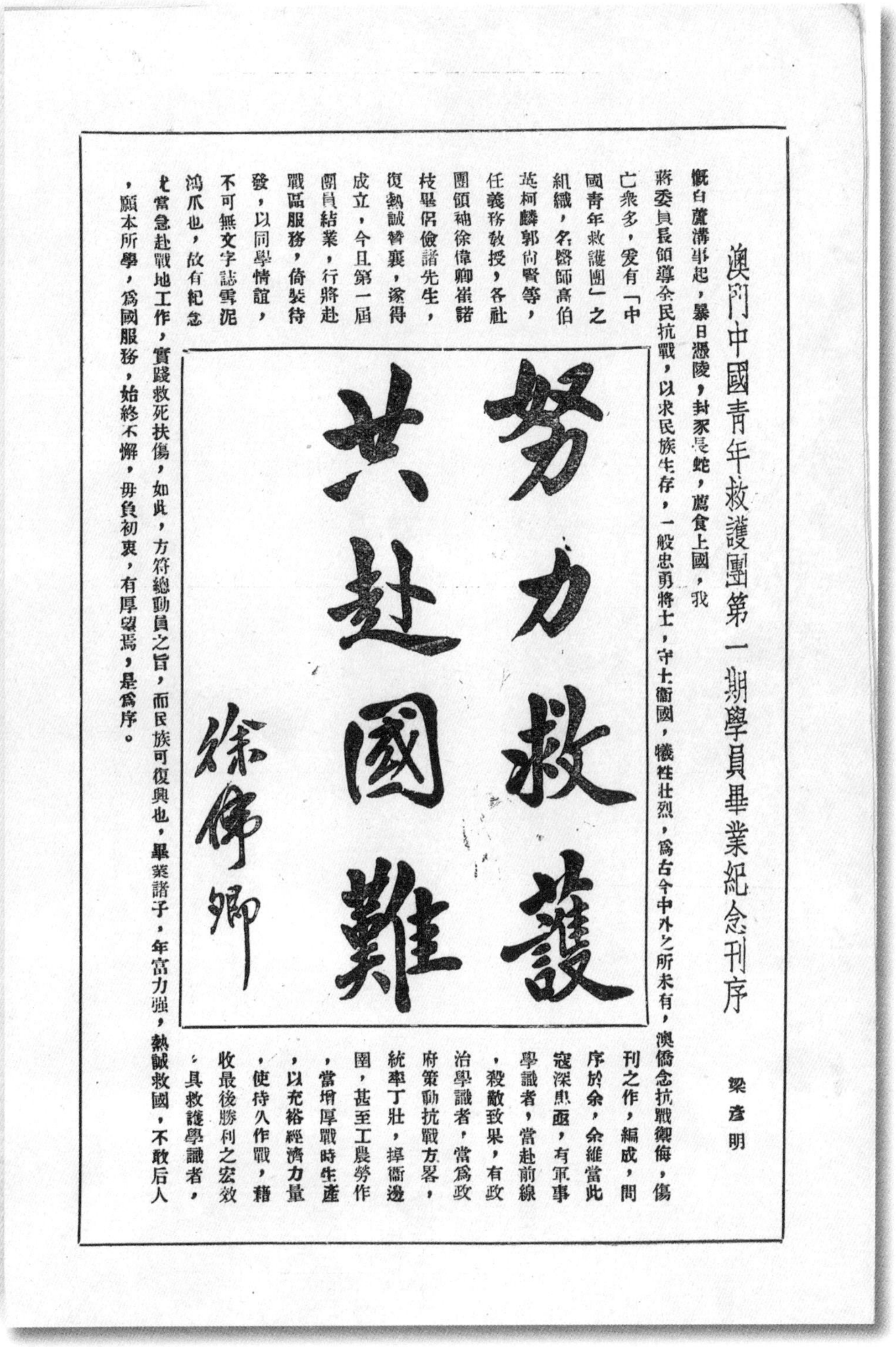

澳門中國青年救護團第一期學員畢業紀念刊序

梁彥明

慨自蘆溝事起，暴日憑陵，封豕長蛇，薦食上國，我蔣委員長領導全民抗戰，以求民族生存，一般忠勇將士，守土衛國，犧牲壯烈，為古今中外之所未有，澳僑念抗戰禦侮，傷亡衆多，爰有「中國青年救護團」之組織，名醫師高伯蓝柯麟郭尚賢等，任義務教授，各社團領袖徐偉卿崔諾枝畢侶儉諸先生，復熱誠贊襄，遂得成立，今且第一屆團員結業，行將赴戰區服務，倚裝待發，以同學情誼，不可無文字誌雪泥鴻爪也，故有紀念刊之作，編成，問序於余，余維當此寇深患亟，有軍事學識者，當赴前線，殺敵致果，有政治學識者，當為政府策勵抗戰方略，統率丁壯，捍衛邊圉，甚至工農勞作，當增厚戰時生產，以充裕經濟力量，使持久作戰，藉收最後勝利之宏效，具救護學識者，尤當急赴戰地工作，實踐救死扶傷，如此，方符總動員之旨，而民族可復興也，畢業諸子，年富力强，熱誠救國，不敢后人，願本所學，為國服務，始終不懈，毋負初衷，有厚望焉，是為序。

《澳门中国青年救护团第一期学员毕业纪念刊》内文

蔡元培先生为《淹留》题书刊名（罗景新先生藏品）

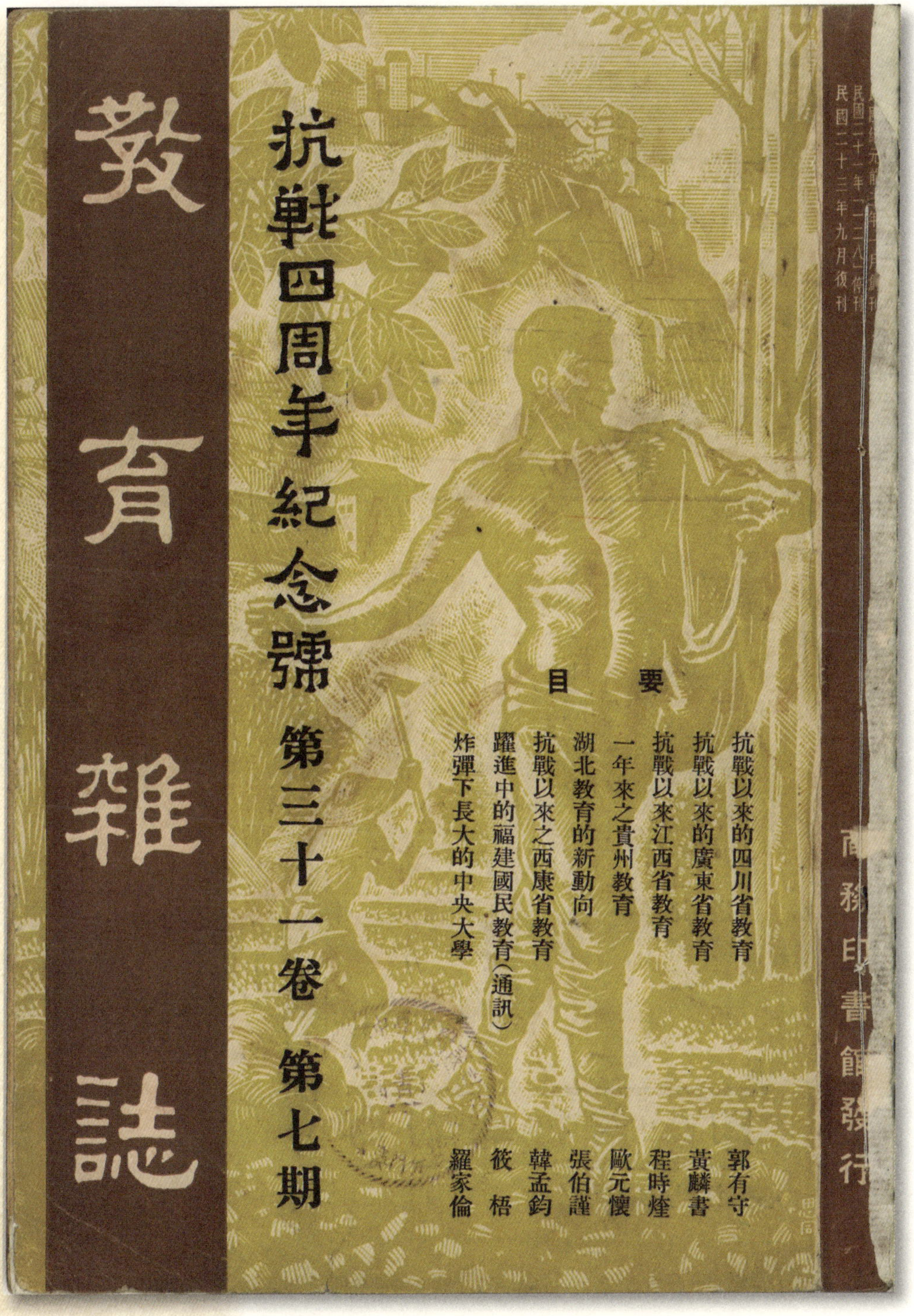

1941年《教育杂志》第三十一卷第七期为抗战四周年纪念号（尹德卫先生藏品）

（八）特刊

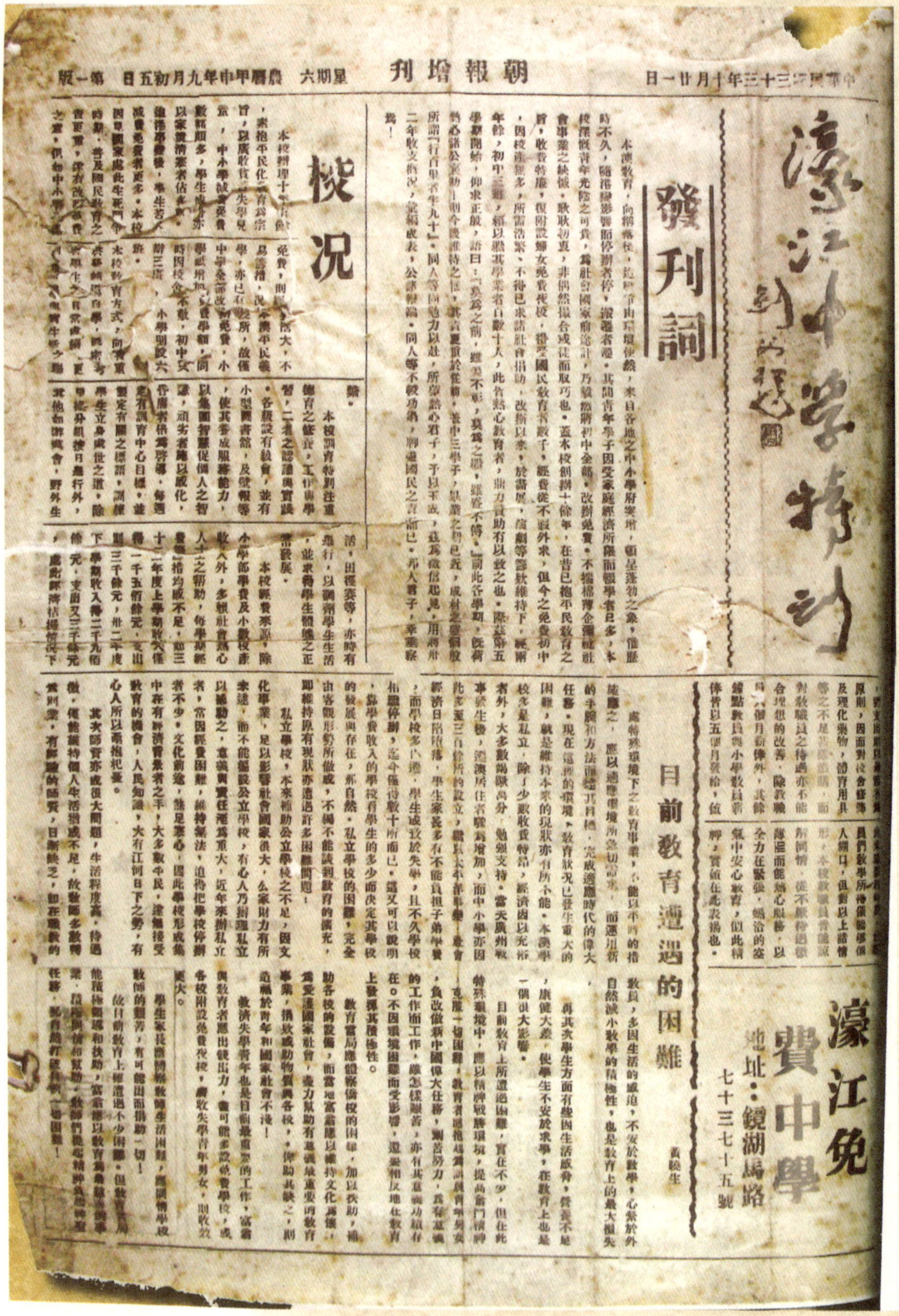

中華民國三十三年十月廿一日　朝報增刊　星期六　農曆甲申年九月初五日　第一版

濠江中學特刊

發刊詞

本澳教育，向稱發達，近[illegible]由環境使然，來自各地之中小學府寔增，顯呈蓬勃之象，惟歷時不久，隨港變影響陷停辦者停，搬遷者遷。其間青年學子因受家庭經濟所限而輟學者已多，本校深慨青年光陰之可貴，爲社會國家前途計，乃毅然將初中全部，改辦免費。不揣棉薄企彌補社會事業之缺憾。耿耿初衷，非偶然撮合或徒而取巧也。蓋本校創辦十餘年，在昔已抱平民教育之旨，收費特廉，復附設婦女免費夜校，發揚國民教育者數千。經費從不假外求，但今之免費初中，因校舍無多，所需浩繁，不得已求諸社會捐助，改辦以來，於茲屆[illegible]，戲劇等籌款維持下，經兩年餘，初中三班，賴以繼其學業者百數十人，此皆熱心教育者，鼎力資助有以致之也。際茲第五學期開始，仰求正鵠，語曰：「莫爲之前，雖美不彰，莫爲之繼，雖盛不傳」。前此各學期，既荷熱心諸公資助，則今後維持之恒，其責更賴於諸[illegible]。卷中三學子，畢業之期已近，成材之[illegible]，所謂「行百里者半九十」。同人等固勉力以赴，所望熱心君子，予以干[illegible]，茲爲徵信起見，用將卅二年收支情況，彙編成表，公諸輿論。同人等不較功過，聊盡國民之責而已。邦人君子，幸垂察焉！

校況

本校辦理十餘年[illegible]，素抱平民化教育爲宗旨，以廣收貧苦失學兒童，中小學試行免費數額即多，學生中亦以家境清寒者佔多數。[illegible]物價騰貴，學生若不減費免費者更多。本校因早鑒國家處此生死關頭時期，普及國民教育之重要，故有改[illegible]費之實，但如中小學[illegible]免費，則[illegible]擴大，不易籌措，況本澳平民義學，亦已有數所，故僅中學全部改爲免費，小學祗增加免費學額，同時因校舍不敷，初中女辦三班，小學則設六[illegible]路。本校教育方式，向重實[illegible][illegible]生之日常[illegible]，更[illegible]。

本校訓育特別注重德育之修養，工作與學習，二者之認識與實踐。各級設有級會，並有小型圖書館，及壁報等，使其養成服務能力，以集團智慧促個人之智識，頑劣者施以感化，昏庸者誘導啟導，每週必有訓育中心目標，並釐定有關之標語，訓練學生立身處世之道，除學校分組按月舉行外，其他如游藝會，野外生活，田徑賽等，亦時有舉行，以調劑學生生活，並求發學生體德之正常發展。

本校經費來源，除小學部學費及小數校產收入外，多賴社會熱心人士之幫助，每學期經費[illegible]措均感不足，如三十二年度上學期收入僅一千五百餘元，支出三千餘元，卅二年度下學期收入僅二千九百餘元，支出又三千餘元，處此經濟拮据情況下[illegible]

目前教育遭遇的困難

黃曉生

處特殊環境下之教育事業，不能以不[illegible]的措施應之，應以適應環境所急切需要，而選用新的手段和方法[illegible]其目標，完成適應時代的偉大任務。現在這樣的環境，教育狀況已發生重大的困難，就是維持本來的現狀亦有所不能。本澳學校多是私立，除了少數收費特昂，經濟困以充裕者外，大多數為鞠躬奮分，勉強支持。當天廣州戰事發生後，邁澳居住者驟然增加，而中小學亦因此突至三百餘所的設立，[illegible]大不[illegible]，社會經濟日陷衰落，學生家長多有不能負担子弟學費，而學校多八遷，學生或致於失學，且不久學校相繼停辦，迄今僅得數十所而已。這又可以說明，靠學費收入的學校看學生的多少而決定其學校的發展與存在，亦自然。私立學校的困難，完全由客觀形勢所做成，不獨不能談到教育的擴充，即維持原有現狀亦遭遇許多困難問題：

私立學校，本來補助公立學校之不足，因文化事業，足以影響社會國家很大，公家財力有所未逮，而不能普設公立學校，有心人乃辦理私立以補助之，意義與責任甚爲重大，近年來辦私立者，常因經費困難，維持無法，迫得把學校停辦者不少，文化前途，殊足寒心，因此學校形成集中在有錢資本者之手，大多數平民，缺乏接受教育的機會，人民知識，大有江河日下之勢，有心人所以亟抱杞憂。

其次師資亦成很大問題，生活程度高，待遇微，使能維持個人生活猶感不足，故教師多數轉業別業，有經驗的師資，日漸缺乏，[illegible]

再其次學生方面有些因生活[illegible]，康健大差，使學生不安於求學，在教育上也是一個很大影響。

目前教育上所遭遇困難，實在不少，但在此特殊環境中，應以精神戰勝環境，提高奮鬥精神，克服一切困難，教育者應抱[illegible]，負改做新中國偉大任務，刻苦努力，的工作而工作，勿怎樣艱苦，亦在。不因環境困難而受影響，還要[illegible]上發揮其積極性。

教育當局應體察僑校的困難，助各校的設備，而當地富紳應以[illegible]愛護國家社會，盡力幫助有[illegible]事業，捐款或助物資與各校，[illegible]造福於青年和國家社會不淺！

救濟失學青年也是目前最重要的[illegible]，與教育者應出錢出力，盡可能多[illegible]各校附設免費夜校，廣收失學青年[illegible]大。

學生家長應體諒教師生活困[illegible]教師的艱苦，有可能出而捐助一[illegible]

依目前教育上[illegible]遭遇不少困[illegible]能積極團結和扶助，[illegible]以教[illegible]業，[illegible]互相幫助，[illegible]任務，[illegible]困難！

[illegible]原則，因而對校舍修飾及理化藥物，體育用具等之不足[illegible]，而對教職員之待遇亦不能合理想的改善，除教職員六個月薪俸外，其餘鐘點教員與小學教員薪俸皆以五個月發給，值[illegible]員們教學所得僅能夠個人糊口，但對以上諸情形，本校教職員皆能諒解困難，從不厭待遇微薄而能熱心服務，以全力在緊張、融洽的空氣中安心教育，似此精神，實值在此表揚也。

濠江免費中學

地址：鏡湖馬路七十三七十五號

1944年《濠江中学特刊》

《迅雷》第十期，1945年11月7日出版（罗景新先生藏品）

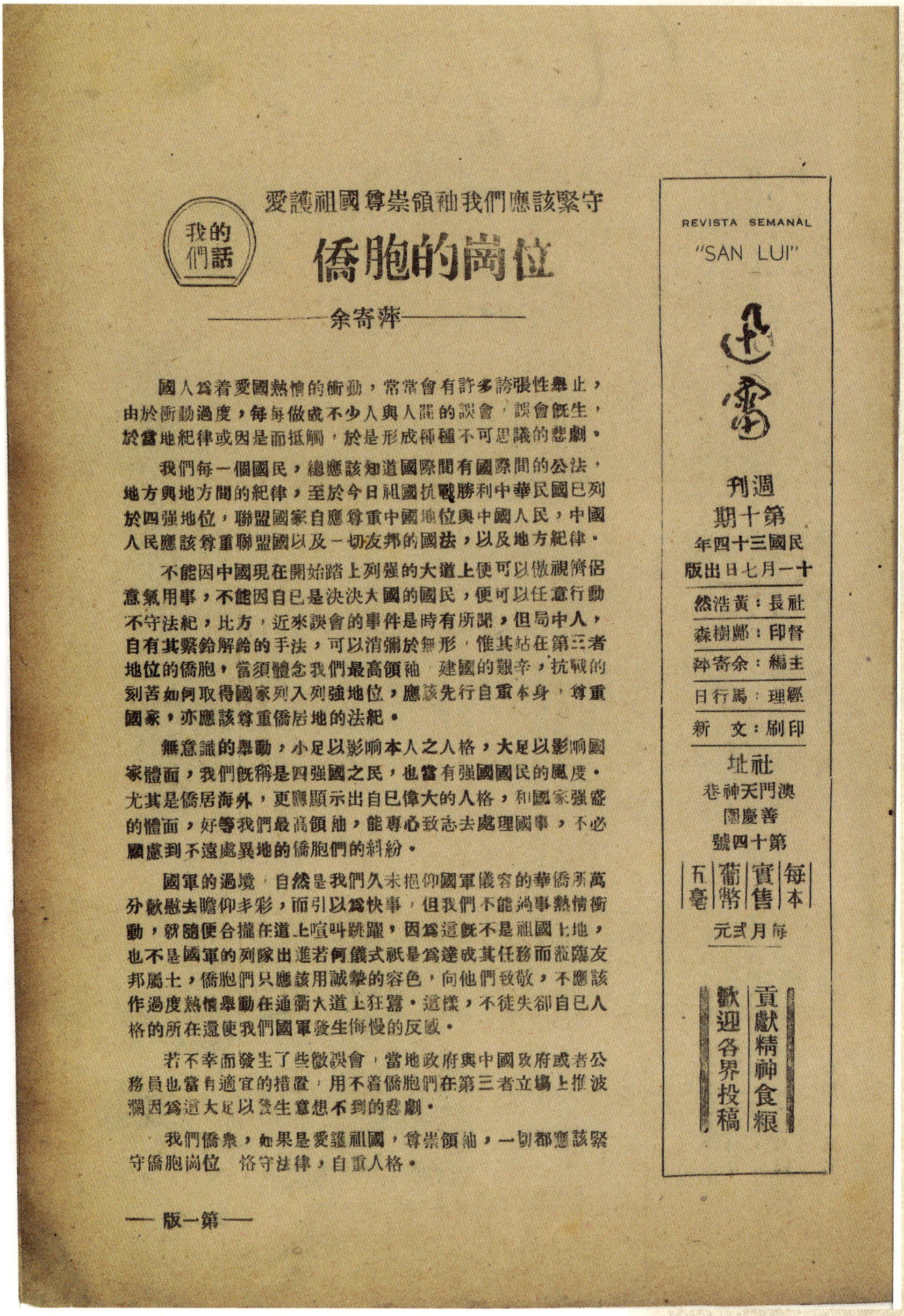

愛護祖國尊崇領袖我們應該緊守

我們的話

僑胞的崗位

——余寄萍——

國人爲着愛國熱情的衝動，常常會有許多誇張性舉止，由於衝動過度，每每做成不少人與人間的誤會，誤會既生，於當地紀律或因是而抵觸，於是形成種種不可思議的悲劇。

我們每一個國民，總應該知道國際間有國際間的公法，地方與地方間的紀律，至於今日祖國抗戰勝利中華民國巳列於四强地位，聯盟國家自應尊重中國地位與中國人民，中國人民應該尊重聯盟國以及一切友邦的國法，以及地方紀律。

不能因中國現在開始踏上列强的大道上便可以傲視儕侶意氣用事，不能因自巳是泱泱大國的國民，便可以任意行動不守法紀，比方，近來誤會的事件是時有所聞，但局中人，自有其緊鈴解鈴的手法，可以消彌於無形，惟其站在第三者地位的僑胞，當須體念我們最高領袖 建國的艱辛，抗戰的刻苦如何取得國家列入列强地位，應該先行自重本身，尊重國家，亦應該尊重僑居地的法紀。

無意識的舉動，小足以影响本人之人格，大足以影响國家體面，我們既稱是四强國之民，也當有强國國民的風度。尤其是僑居海外，更應顯示出自巳偉大的人格，和國家强盛的體面，好等我們最高領袖，能專心致志去處理國事，不必顧慮到不遠處異地的僑胞們的糾紛。

國軍的過境，自然是我們久未挹仰國軍儀容的華僑所萬分歡慰去瞻仰丰彩，而引以爲快事，但我們不能過事熱情衝動，就隨便合攏在道上喧叫跳躍，因爲這既不是祖國土地，也不是國軍的列隊出進若何儀式祇是爲達成其任務而蒞臨友邦屬土，僑胞們只應該用誠摯的容色，向他們致敬，不應該作過度熱情舉動在通衢大道上狂囂。這樣，不徒失卻自巳人格的所在還使我們國軍發生侮慢的反感。

若不幸而發生了些微誤會，當地政府與中國政府或者公務員也當有適宜的措置，用不着僑胞們在第三者立場上推波瀾因爲這大足以發生意想不到的悲劇。

我們僑衆，如果是愛護祖國，尊崇領袖，一切都應該緊守僑胞崗位 恪守法律，自重人格。

—第一版—

REVISTA SEMANAL
"SAN LUI"

迅雷

週刊
第十期
民國三十四年
十一月七日出版

社長：黃浩然
督印：鄺樹森
主編：余寄泙
經理：馬行日
印刷：文 新

社址
澳門天神巷
善慶園
第十四號

每本實售葡幣五毫
每月弍元

貢獻精神食糧
歡迎各界投稿

《迅雷》第十期内文

的目的是求國家民族的自由解放，是求從壓迫的殖民地地位轉變成獨立自主上所以越南與荷印的積極戰爭，我們還是認為正當的、關於這一點，我們從左翼「論壇」報的批評：印度尼西亞的自由鬥爭，即使荷蘭政府在英印軍的援助下，能暫時予以壓制，但索卡諾之運動，已使三世紀來荷蘭東印度的統治，走上末路，因荷印人民，已採納民主自由理想，反抗帝國主義了，更証明印度尼西亞民族目前所走的，不是「叛亂」而是正當的革命之路。

昨日之日本

日本之降為全部失敗乃其結算開始

檢討全部日本失敗原因，可得之結論，迺為「自甘於落後」之失敗，與外國，之壓迫無關。所謂明治維新於「世界之日本」，可謂並未予以若何較之好影響；反之其得認識世界帝國主義之機會，於焉乃欲將野蠻之生活，加諸弱小國家變為一世界的日本帝國主義而已，故謂明治維新，未能救得日本。何者、明治維新但復竊帝國主義者之黷武文化之片段，而於人類之發展無與焉。誠然吾人亦不能於別個帝國主義國家。尋覓向上之社會意義，然世界文化思潮，終能改變帝國主義之若干理論與行徑，然於日本則無之。於軍閥殘殺，財閥收買之下，日本之所謂學者與輿論，不能不默視其國家落後一個半個世紀而不能哀哭，而所謂指導日本人民者，俱為不學無術之輩・為吾人方期舊金山聯合國會議以人類文化共同生存為目標，而於世界和平有所貢獻時，彼日本之所謂社會科學家者流，則方以民族鬥爭傾軋及防範之觀點以研究所謂洲別之民族集團之理論，而高唱其領導計劃，則求其進步者難矣。

誠然吾人今日於人類共同文化之理論亦僅在奠其基礎，去成功之途尚遠：然已因此而奠定今日之和平則循此基礎以發展將來，所謂成功，亦在於思想之堅定而已・

此次日本皇室及政界能覺悟政戰兩面均已徹底失敗，而又能速即接受波次坦宣言，使其人民獲得再教育機會，實日本民族最大之解救，不然者，使其完全消滅於戰爭中，於人類歷史上亦僅能有野蠻之掙扎紀錄而已・然而若干日本軍人，仍有以為日本非戰敗而降者，換言之，其仍不了解同盟國所予日本人民之期待為何，實至可哀・

然由此吾人可見管理日本之工作為一人類最鉅之工作・蓋全未開化者，無所謂科學，無所謂，意識，若教導提孩由淺入深而已；而欲使日本再成國家，則欲於，其頑固之頭腦中，灌輸其所憎恨之人類自由思想剷除其差成本性之軍國主義，消滅其足以引起再作惡行之所有影響，實非易事・日本人此際宜自生一種認識，即在若干年代中，僅宜為求七千萬人之自由生活而作集團之努力，不宜於世界上求為「對立」之國家，此種暫時國家之解體，並非一種侮辱，乃為使日本全體人民得真正成為世界之民之獨一途經。換言之，在日本未能以新意識再組其政治國家之生命以前同盟國之管理，應有一最低限度，即為僅許其以地理名詞出現而已。消滅日本之「日本的世界」，唯一辦法，乃在打破其自大之國家觀念，使其獲人類共同生存之深切體驗與理解，實為救日本之不二行止也，因前日本為近衛及財閥者流，尚欲以巧謀手段獲得同盟國諒解，是亦未能徹底認識日本之生存，且有欲求造成某種形勢，使同盟國家間發生一種環境者，是則吾人不能不徹底打擊之，改造之・

日本之接受投降，乃為其全部失敗結算之開始，而非為貢獻於人類之最高努力，日本人尚須好自為之・

・續第八期完・

—張展—

—第三版—

《迅雷》第十期内文

《主心月刊》（第二卷三月号），1938年出版（尹德卫先生藏品）

國曆三月十五日澳門
高大主教生辰

本會同人恭祝

☆海星中小學校全影☆
（教廳立案）

在匈牙利京城舉行的國際聖體大會

國曆五月廿六（耶穌升天日）

大會程序

（國曆）

（一）五月廿三：歡迎宗座代表。

（二）五月廿五：歡迎各國來賓集會。

（三）五月廿六：（上午）大會開幕典禮，大禮彌撒，宣讀教宗詔書，代表致答詞。（下午）第一次集會，多瑙河上大遊行，聖體乘花轎，周圍由各高級神長環繞。

（四）五月廿七：（上午）兒童公領聖體。（下午）第二次公共集會，音樂及藝術集會。

（五）五月廿八：（上午）城中各堂舉行各熱心神工，各國人士分別舉行集會。（下午）第三次公共集會，男子公陪聖體。

（六）五月廿九：（上午）各會會員公領聖體。（下午）大會閉幕禮，用各國語無線電播音，教宗代表最後演講，唱謝主經。

（七）五月三十：聖王斯德望開幕瞻禮，國會廣場與聖斯德望大堂大禮彌撒，聖王斯德望（聖右手）遊行，歷史戲劇表演。

《主心月刊》（第二卷三月号）内文

结　语

抗战时期的澳门属于“中立”的特殊形态，也是东南亚乃至中国华南地区唯一未受战火侵袭的“孤岛”。澳门当局为能够在复杂多变的政治格局、周边众多政治力量之间寻求平衡，对日军所持的态度在1937年前后是有不同的，之前对澳门各界的抗战救亡活动，采取默认不管的政策，只要不刺激日军，都是睁一只眼闭一只眼，所以在1940年中山被日军占领以前，澳门各种新生社团和外来社团数目众多，各种赈难救亡活动较为活跃；之后，随着日军占领中山、香港，澳葡当局开始倒向日军一边，以各种政策和法律法规限定和约束各种赈难救亡活动，不允许公开针对日军的敌对行为存在，澳门社会各界的赈难救亡活动，开始为专门救济本土贫民和难民的慈善活动所替代。

应当说，在1940年以前，澳葡当局对中日战争所持的“中立”态度以及种种限定政策和法律法规，并没有影响澳门华人民间社团以及社会各界的抗战救亡热情，他们不愿看到自己的同胞受日军铁蹄的蹂躏和残害，所以他们没有听从历史命运的摆布，而是以特有的政治策略和民间智慧，以这个特殊的历史平台为基地，顺应澳门政府不同时期政治需要以及发展变化的客观形势，因势利导，开展各种形式的民族救亡与生存发展的社会救亡运动，进而为抗战的全面胜利发挥了其他区域所无法比拟的重要作用，做出了自己的卓越贡献，为世人所瞩目。

历史过程是复杂多变的，欲探明其真相，并非轻而易举。抗日战争研究既是历史问题，更是现实问题，尤其在东南亚各国历史上，是一个无法回避和跨越的历史灾难和现实梦魇。中华民族的抗日战争，在中国现代发展史上是一段令人难以抚平伤痛的国家记忆和民族伤痛，也是中华民族可歌可泣、抵御外辱、拯救危亡、雪耻国仇家恨、争取民族解放、自立自强于世界民族之林的抗争过程。期间澳门能够在错综复杂的政乱格局中，保持相对独立的社会环境，遥望刀光剑影搏杀而独处“孤岛无战事”局面，确实是一个例外，一个传奇，具有不可抗拒的神秘性，留下许多令人遐想不止的谜团。特别令人好奇的是，当时实际管治澳门的澳葡政府一直与日本保持频繁接触、联系不断，日军虽未直接派兵占领澳门，但却在澳门设有特务机关、领事馆、银行，办有中文报纸等等，为什么会是这样，其中有什么奥秘，这使人更对其真实历史的解密充满期待。再加上缺乏澳门与日本更为直接的史实根据，而直到当下为止，历史已经过去70多年了，仍不见有关真相的原始文件和档案记录公之于世，故引发研究者的种种猜测、假设和推理。

究竟抗战期间，澳门历史的真相是什么？为什么会出现这样的格局和态势，是国际外力促成还是双方妥协的结果？其深层的政治环境、社会因素以及真正的历史原因是什么？这是偶然，还是必然？是媾和，还是阴谋？是默契，还是条件？是巧合，还是人为？如何认识把握和阐释这样特殊的历史过程？依据这种客观存在，虽然有不少海内外的专业研究者以及各种论述做出种种猜测，提出富有见解的新论，但由于缺乏历史细节过程的直接资料和可靠根据，多是推测或假设，所以很难取得研究共识，因此，对这一有关中国抗战研究的重要问题，迄今仍然停滞不前，对其因果，发展过程等诸多重要问题，依然疑点重重，不得其详，真假难辨，众说纷纭，莫衷一是，始终未能取得实质性的进展，故而成为澳门抗战研究者十分关注的焦点和热点问题之一。

正是在这样一种复杂的背景、历史时空范畴和语境之中，澳门的抗战历史留下了诸多无法解开的哑谜，历史进程缺环或空白较多，历史发展在转折关头和主要节点上出现了失语，过程曲折而残缺不全，平添了许多神秘色彩，也为澳门抗战史研究提出了新的课题。而要最终揭开这个谜团，还要从研究和分析澳门特定的历史细节入手，要有第一手的原始档案或过硬的文献、实物资料支撑，才能找到解决问题的根本出路，尘封70多年的历史谜团才有可能揭开谜底。

历史的真相只有一个，复杂宏阔的历史场景是由无数细节和具体内容构成的，犹如人的经络体系，联系无处不在，细节决定历史。从研究历史细节和具体史实入手，探究复杂历史之间的内在联系和具体的各个问题，厘清其发展脉络，辨其源，明其流，彰明因果，一定能够拨开层层迷雾，接近历史真相，看到历史的多彩画面，解密历史真相。

现实是历史的延续和发展，历史并不是与我无关的事情，而是人类记忆的年轮，连接着昨天与今天，定义着过去和现在，是我们未来发展的借鉴。继往开来，创新发展，是延续本土历史文脉的基因，也是文化薪火代代相传的源泉。我们强调和重视历史的重要性，就是要培养社会大众的爱国爱澳意识，为建设更加美好的澳门未来，全面提升澳门社会大众的文化素质，奠定坚实的文化基础。

回顾历史，展望未来，我们坚信在全澳门和海内外广大历史研究者和本土历史爱好者的共同努力下，澳门抗战历史疑难问题的解决，指日可待，所有历史的谜团和纷争，伴随研究的具体和深入，共识将会越来越多，分歧将会越来越少，真相终将大白于天下，澳门抗战历史也将会以更加具体而丰富多彩的内容，为中国抗战史增添华章。

后　记

在中国抗日战争史研究中，澳门与抗日战争的丰富历史内容零散而阙如，未能全面反映国难当头、民族存亡之际，澳门同胞响应国家号召，挺身而出救亡图存的真实历史画卷。为全面客观地反映澳门同胞在抗战之中所做出的特殊贡献，填补学术空白和不足，推动澳门抗战史研究，澳门理工学院中西文化研究所，制订了澳门与抗战研究的系列计划，《孤岛影像：澳门与抗日战争图志》即是此研究系列之一。

《孤岛影像：澳门与抗日战争图志》，采用“左图右史”的编史传统，以大量反映澳门与抗日战争历史内容、较为丰富的历史图片和影像资料信息，将澳门与抗日战争的真实历史呈现出来，揭示以往鲜为人知的历史事实，讲述澳门与抗日战争的动人故事，彰显澳门同胞在孤岛中立地带所展开的别样的抗战救亡历史。其宗旨和目的就是以图像展现和解说历史，运用图像的直观性，使人们对澳门与抗战的历史产生最直接、最深刻的认识与理解。开展和加强此项研究，对于弘扬澳门人爱国爱澳的精神，具有重大的学术价值和现实意义。

《孤岛影像：澳门与抗日战争图志》的研究，获得澳门理工学院理事会的批准而立项，在搜集整理文献、档案、书刊资料、抗战文物和历史图片的过程中，澳门社会各界给予鼎力支持和积极帮助，其中图志的大部分影像，包括文物图片和实物文献，由澳门怀旧收藏学会会员罗景新、岑伟伦、姚鸿光、尹德卫、麦林、邓华开、谭志伟、陈国贤、高仕道、黄达开、郑国兴、姚润棠，以及收藏家章宝云、徐冠球先生等提供，他们作为文物收藏者和爱好者，将个人多年精心收藏的珍贵影像、文物和图片资料，毫无保留地奉献出来，确实为图志增色添彩，为世人认知抗战时期的澳门，以及抗战救亡中澳门同胞的抗战事迹，提供了直观而生动的历史根据。

澳门文化局中央图书馆、澳门博物馆、澳门民政总署文康部、澳门教育暨青年局、澳门中华教育会、同善堂、镜湖医院慈善会等公共和民间社团机构提供了文献资料和部分影像图片，使得研究计划和图志编辑工作得以如期完成，在此一并表示衷心感谢。

广东教育出版社在时间紧、稿件编辑工作量大的情况下，按时按质完成了编辑出版工作，特此向该社社长应中伟先生，责任编辑林玉洁、李木子女士致以诚挚的谢意。

《孤岛影像：澳门与抗日战争图志》，将澳门与抗战时期纷繁复杂的历史背景、艰难曲折的过程，采用读者喜闻乐见的图文并茂的形式展示出来，是开拓澳门与抗战研究的一次有益尝试。由于经验不足，受各种因素和条件所限，还有很多极有文献价值的影像图片、文物资料有待发掘，我们希望通过此图志的出版，起到抛砖引玉的作用，让更多的专业研究者和社会人士参与到研究中来，为将来编辑更为全面系统的澳门抗战史图志做一个铺垫。

图志中难免存在这样或那样的问题，有很多不足之处和疏漏，敬希读者提出批评指正。

编者

2015年8月12日

参考文献

叶美兰．略论抗日战争时期的澳门［J］．民国档案，1999年第3期．

郭昉凌．试论澳门在广东抗战中的地位和作用［J］．湛江师范学院学报，1999年第4期．

张量．澳门同胞支援祖国抗战初探——兼谈抗战时期中国共产党在澳门的活动［J］．抗日战争研究，2003年第1期．

查灿长．抗日战争时期的澳门报业［J］．贵州社会科学，2003年第3期．

张晓辉．抗战前期澳门的经济社会（1937.7—1941.12）［J］．民国档案，2005年第3期．

娄胜华．1931—1945年澳门救亡赈难社团的兴盛和转折［J］．民国档案，2007年第1期．

盛恩养．抗日战争时期的澳门美术［J］．南京艺术学院学报，2009年第3期．

郑振伟．1941—1945年间澳门教育界对教师和学生的救济工作［J］．民国档案，2013年第3期．

钟子程：抗日战争时期澳门的难民救济工作研究［D］．广州：暨南大学，2007.

冯翠．抗日战争时期的澳门华人社会——以慈善救济为中心的考察［D］．广州：暨南大学，2014.

黄启臣．澳门通史［M］．广州：广东教育出版社，1999.

邓开颂，吴志良，陆晓敏主编．粤澳关系史［M］．北京：中国书店，1999.

吴润生，梁荣栋主编．澳门镜湖医院慈善会会史［M］．澳门：澳门镜湖医院慈善会，2001.

傅玉兰主编．抗战时期的澳门［M］．澳门：澳门文化局澳门博物馆，2002.

刘先觉，陈泽成主编．澳门建筑文化遗产［M］．南京：东南大学出版社，2005.

吴志良，汤开建，金国平主编．澳门编年史（第五卷）［M］．广州：广东人民出版社，2009.

廖泽云，许世元，冯志强主编．镜湖春秋·文物集（Ⅰ、Ⅱ）［M］．澳门：镜湖医院慈善会，2011.

薛凤旋编著．澳门五百年：一个特殊中国城市的兴起与发展［M］．香港：三联书店（香港）有限公司、澳门大学，2012.

澳门民政总署文化康体部．城市经纬——新马路及其周边街道特展［M］．澳门民政总署文化康体部，2012.

高士道，岑伟伦编著．澳门货币图录［M］．澳门：日记集邮怀旧店，1999.

利冠棉，林发钦编著．明信片中的澳门［M］．澳门：澳门历史教育学会，2008.

陈志峰主编．双源惠泽　香远益清——澳门教育史料展图集［M］．澳门：澳门中华教育会，2010.

廖泽云，许世元，冯志强主编．镜湖春秋·图片集［M］．澳门：镜湖医院慈善会，2013.

陈树荣主编．同善堂一百周年特刊［M］．澳门：同善堂值理会，1992.

陈树荣主编．同善堂一百一十周年纪念集［M］．澳门：同善堂值理会，2002.

同善堂值理会．同善堂一百二十周年特刊［M］．澳门：华辉印刷有限公司，2013.

刘羡冰．鉴古知今再思考（刘羡冰系列之八·学史鉴史之三）［M］．澳门：澳门理工学院，2014.

陈树荣主编．冼玉清诞辰百年纪念集［C］．澳门：澳门历史学会，1995.

鸣谢

澳门怀旧收藏学会
澳门中央图书馆
澳门大学图书馆
澳门镜湖医院慈善会
同善堂
澳门中华教育会
澳门博物馆
澳门民政总署文化康体部
风光摄影电业行

罗景新先生
岑伟伦先生
姚鸿光先生
尹德卫先生
麦林先生
邓华开先生

谭志伟先生
陈国贤先生
高仕道先生
章宝云先生
黄达开先生
徐冠球先生
郑国兴先生
姚润棠先生
林洁冰女士
何少金女士
林中贤先生
黄义满先生
黄永谦先生
陈志峰先生

图书在版编目（CIP）数据

孤岛影像：澳门与抗日战争图志 / 林发钦，王熹编著. —广州：广东教育出版社，2015.8
（抗战研究丛书）
ISBN 978-7-5548-0780-4

Ⅰ. ①孤…　Ⅱ. ①林…　②王…　Ⅲ. ①抗日战争史—澳门—图集　Ⅳ. ①K265.06

中国版本图书馆CIP数据核字（2015）第166640号

策　　划：应中伟
责任编辑：林玉洁　叶曙明　李木子　李鹏
责任技编：姚健燕
封面设计：陈国梁

孤岛影像：澳门与抗日战争图志
GUDAO YINGXIANG：AOMEN YU KANGRI ZHANZHENG TUZHI

广 东 教 育 出 版 社 出 版 发 行
（广州市环市东路472号12-15楼）
邮政编码：510075
网址：http://www.gjs.cn
广东新华发行集团股份有限公司经销
广州市岭美彩印有限公司印刷
（广州市荔湾区花地大道南海南工商贸易区A幢）
787毫米 × 1092毫米　16开本　18.25印张　365 000字
2015年8月第1版　2015年8月第1次印刷
ISBN 978-7-5548-0780-4
定价：120.00元
质量监督电话：020-87613102　邮箱：gjs-quality@gdpg.com.cn
购书咨询电话：020-87615809